Livro da vida

Dados Internacionais de Catalogação na Publicação (CIP)
(Câmara Brasileira do Livro, SP, Brasil)

Ávila, Teresa de, 1515-1582
  Livro da vida / Teresa de Ávila ; traduzido pelas Carmelitas Descalças do Convento de Santa Teresa do Rio de Janeiro. – Petrópolis, RJ : Vozes, 2024.

  Título original: Libro de la vida

  1ª reimpressão, 2025.

  ISBN 978-85-326-6796-0

  1. Cristianismo 2. Santos católicos – Biografia 3. Teresa, de Ávila, Santa, 1515-1582 4. Vida espiritual – Cristianismo I. Título.

23-187042   CDD-922.22

Índices para catálogo sistemático:
1. Santos : Igreja Católica : Autobiografia 922.22

Eliane de Freitas Leite – Bibliotecária – CRB 8/8415

Santa Teresa de Jesus

Livro da vida

Traduzido pelas Carmelitas Descalças
do Convento de Santa Teresa do Rio de Janeiro

EDITORA
VOZES

Petrópolis

© 2024, Editora Vozes Ltda.
Rua Frei Luís, 100
25689-900 Petrópolis, RJ
www.vozes.com.br
Brasil

Tradução do texto original segundo a edição crítica do R.P. Frei Silvério de Santa Teresa, Carmelita Descalço.

Obras de Santa Teresa de Jesus, traduzidas pelas Carmelitas Descalças do Convento de Santa Teresa do Rio de Janeiro. Tomo I.

Todos os direitos reservados. Nenhuma parte desta obra poderá ser reproduzida ou transmitida por qualquer forma e/ou quaisquer meios (eletrônico ou mecânico, incluindo fotocópia e gravação) ou arquivada em qualquer sistema ou banco de dados sem permissão escrita da editora.

IMPRIMATUR

Por comissão especial do Exmo. e Revmo. Sr. Dom Manuel Pedro da Cunha Cintra, bispo de Petrópolis.
Frei Desidério Kalverkamp, OFM
Petrópolis, 31/07/1961

CONSELHO EDITORIAL

Diretor
Volney J. Berkenbrock

Editores
Aline dos Santos Carneiro
Edrian Josué Pasini
Marilac Loraine Oleniki
Welder Lancieri Marchini

Conselheiros
Elói Dionísio Piva
Francisco Morás
Gilberto Gonçalves Garcia
Ludovico Garmus
Teobaldo Heidemann

Secretário executivo
Leonardo A.R.T. dos Santos

PRODUÇÃO EDITORIAL

Aline L.R. de Barros
Eric Parrot
Jailson Scota
Marcelo Telles
Mirela de Oliveira
Natália França
Otaviano M. Cunha
Priscilla A.F. Alves
Rafael de Oliveira
Samuel Rezende
Vanessa Luz
Verônica M. Guedes

Editoração: Israel Vilas Bôas
Diagramação: Raquel Nascimento
Revisão gráfica: Heloísa Brown
Capa: Rafael Machado

ISBN 978-85-326-6796-0

Este livro foi composto e impresso pela Editora Vozes Ltda.

Ó Virgem e Mãe dulcíssima do Carmo,
tuas são estas páginas que desabrocham
sob o teu materno olhar,
no agasalho de teu coração,
todo ternura e misericórdia.

SUMÁRIO

Aprovação (I), 15
Aprovação (II), 17
Aprovação (III), 19
Carta, 21
Prólogo, 23

Capítulo 1 25
Em que trata de como começou o senhor a despertar esta alma para a virtude em sua meninice e o quanto ajuda serem virtuosos os pais

Capítulo 2 29
Trata de como foi perdendo as virtudes e de quanto importa na meninice manter relações com pessoas virtuosas

Capítulo 3 34
Em que narra como lhe serviu a boa companhia para reavivar seus desejos, e de que maneira começou o Senhor a lhe dar alguma luz sobre o engano que tinha vivido

Capítulo 4 38
Diz como a ajudou o Senhor a triunfar de si mesma para tomar o hábito, e as muitas enfermidades que lhe começou a dar Sua Majestade

Capítulo 5 45
Continua a narrar suas grandes enfermidades e a paciência que para as sofrer lhe deu o Senhor. Diz como do mal tira Ele o bem, segundo se verá pelo que lhe aconteceu no lugarejo onde foi curar-se

Capítulo 6 52
Trata do muito de que foi devedora ao Senhor por lhe dar conformidade em tão grandes sofrimentos. Como tomou por medianeiro e advogado ao glorioso São José, e quanto isto lhe valeu

Capítulo 7 59
Conta de que modo foi perdendo as mercês que o Senhor lhe havia feito, e quão culpada vida começou a ter. Diz os males que há em não serem muito fechados os mosteiros de monjas

Capítulo 8 72
Trata do grande proveito que, para não perder a alma, lhe veio de não se afastar por completo da oração, e de quão excelente remédio é para recuperar o bem perdido. Persuade a todos que tenham oração. É tão útil que, ainda quando se venha a deixá-la, há grande vantagem em, por algum tempo, fruir de tão grande bem

Capítulo 9 79
Trata dos modos pelos quais começou o Senhor a despertar sua alma, dando-lhe luz em tão grandes trevas e fortalecendo-a nas virtudes para que não o ofendesse mais

Capítulo 10 84
Começa a declarar as mercês que o Senhor lhe fazia na oração; diz até que ponto podemos cooperar da nossa parte e o muito que importa entendermos as mercês que o Senhor nos faz. Pede à pessoa a quem envia esta relação que daqui em diante seja secreto o que escrever, pois lhe mandam narrar em minúcias as graças recebidas do Senhor

Capítulo 11 .... **91**
Diz a razão de não amarmos com perfeição a Deus desde logo. Começa a declarar, mediante uma comparação, quatro graus de oração. Trata aqui do primeiro. É muito proveitoso para os principiantes e para os que não têm gostos na oração

Capítulo 12 .... **101**
Continua a falar a respeito do primeiro estado. Diz até que ponto podemos chegar por nós mesmos com o favor de Deus. Há perigo em querer elevar o espírito a coisas sobrenaturais e extraordinárias, antes que o Senhor o faça

Capítulo 13 .... **106**
Prossegue na explicação do primeiro estado e dá avisos para certas tentações que o demônio costuma suscitar algumas vezes. Advertências para elas. É muito proveitoso

Capítulo 14 .... **117**
Começa a declarar o segundo grau de oração, que é já dar o Senhor a sentir à alma gostos mais particulares. Declara-o para dar a entender como são já sobrenaturais. É muito de notar

Capítulo 15 .... **124**
Prossegue na mesma matéria e dá alguns avisos acerca do modo de proceder na oração de quietação. Trata de como são muitas as almas que chegam a ter essa oração e poucas as que passam adiante. São muito necessárias e proveitosas as coisas que aqui se apontam

Capítulo 16 .... **133**
Trata do terceiro grau de oração e vai declarando coisas muito elevadas. Explica o que pode a alma que a Ele chega e os efeitos produzidos por essas tão grandes mercês do Senhor. É muito próprio para arrebatar o espírito em louvores de Deus e para dar grande consolo a quem chegar ao referido grau

Capítulo 17 138
Prossegue na mesma matéria ao declarar o terceiro grau de oração. Acaba de expor os efeitos que produz. Diz os impedimentos provindos da imaginação e da memória

Capítulo 18 144
Em que trata do quarto grau de oração. Começa a declarar por excelente maneira a grande dignidade a que Deus eleva a alma neste estado. Servirá de estímulo aos que tratam de oração, para se esforçarem por chegar a tão alto estado, pois é possível alcançá-lo na Terra, não pelos próprios merecimentos, senão pela bondade do Senhor. Leia-se com advertência, porque a declaração é feita de mui delicado modo e encerra instruções muito notáveis

Capítulo 19 152
Prossegue na mesma matéria. Começa a declarar os efeitos que produz na alma esse grau de oração. Com insistência, exorta todos a não voltarem atrás, ainda que, depois dessa mercê, tornem a cair, como também a não abandonarem a oração. Diz os danos que advirão de assim não procederem. É muito de notar e de grande consolação para os fracos e pecadores

Capítulo 20 161
Em que trata da diferença que há entre união e arroubamento. Declara o que é arroubamento e diz alguma coisa do bem que recebe a alma a quem o Senhor por sua bondade faz chegar a tal ponto. Diz os efeitos que produz. É muito para admirar

Capítulo 21 175
Prossegue e termina a exposição do último grau de oração. Diz o sofrimento da alma que nele está por tornar a viver no mundo e a luz que, para ver os enganos deste, lhe dá o Senhor. É de boa doutrina e utilidade

Capítulo 22 182
Trata de quão seguro caminho é para os contemplativos não levantarem o espírito a coisas altas, se não o levanta o Senhor. Diz como, pela humanidade de Cristo, se há de chegar à mais elevada contemplação. Conta um engano em que esteve algum tempo. É de muito proveito este capítulo

Capítulo 23 193
Volta a narrar sua vida. Diz como começou a ter mais perfeição e por que meios. É proveitoso às pessoas que se ocupam em dirigir almas que têm oração, para saberem como hão de proceder nos princípios. Proveito que lhe resultou de achar quem soubesse guiá-la

Capítulo 24 203
Prossegue no relato iniciado e diz como progrediu sua alma depois que principiou a obedecer. Refere quão pouco lhe aproveitava resistir às mercês de Deus e como Sua Majestade lhas dava com maior abundância

Capítulo 25 207
Trata da maneira e forma de entender as falas que, sem ruído exterior, Deus faz à alma, e de alguns enganos que nisto pode haver. Meios de conhecer quando são palavras divinas. É de muito proveito para quem se vir neste grau de oração, porque está muito bem declarado e contém abundante doutrina

Capítulo 26 219
Prossegue na mesma matéria. Declara e narra certos acontecimentos que a levavam a perder o temor e a afirmar que era bom espírito o que lhe falava

Capítulo 27 223
Trata de outro modo de ensinar o Senhor à alma, dando-lhe a conhecer de forma admirável a sua vontade. Relata também a grande mercê que lhe fez o Senhor, duma visão não imaginária. É muito importante este capítulo

Capítulo 28 .... **234**
Em que narra as grandes mercês que lhe concedeu o Senhor, e como este lhe apareceu pela primeira vez. Declara o que é visão imaginária, os grandes efeitos e sinais que deixa quando é de Deus. Este capítulo é muito útil e importante

Capítulo 29 .... **244**
Prossegue o que fora começado e narra algumas grandes mercês que lhe fez o Senhor. Coisas que lhe dizia Sua Majestade e que lhe infundiram confiança e lhe ensinaram o modo de responder aos que a contradiziam

Capítulo 30 .... **252**
Retoma o fio da narração de sua vida e conta como remediou o Senhor em grande parte seus tormentos ao trazer aonde estava o santo varão Frei Pedro de Alcântara, da ordem do glorioso São Francisco. Trata de grandes tentações e sofrimentos interiores que tinha algumas vezes

Capítulo 31 .... **264**
Trata de algumas tentações exteriores, representações e tormentos provenientes do demônio. Trata também de algumas coisas demasiado proveitosas para aviso de pessoas que seguem o caminho da perfeição

Capítulo 32 .... **277**
Em que narra como aprouve ao Senhor pô-la em espírito no lugar do inferno que, por seus pecados, tinha merecido. Dá uma ideia do que se lhe representou, e que nada é em comparação da realidade. Começa a tratar do modo e dos meios pelos quais se fundou o Mosteiro de São José, onde agora está

Capítulo 33 .... **287**
Prossegue na mesma matéria da fundação do mosteiro do glorioso São José. Diz como lhe mandaram que não se envolvesse nela. Por quanto tempo a deixou e alguns trabalhos de que padeceu. Como a consolava o Senhor

Capítulo 34 297
Trata de como nesse tempo foi conveniente que se ausentasse do lugar em que vivia. Diz a causa, e conta como a mandou seu prelado a consolar uma senhora de alta nobreza que estava muito aflita. Começa a tratar do que então lhe sucedeu. Narra a grande mercê que lhe fez o Senhor de, por seu intermédio, mover a que o servisse mui deveras uma pessoa de elevada posição, em quem ela encontrou depois favor e amparo. Tudo quanto diz é muito digno de nota

Capítulo 35 309
Prossegue a mesma matéria da fundação deste mosteiro de nosso glorioso pai São José. Diz por que meios dispôs o Senhor que nele se viesse a guardar a santa pobreza. Motivo de sua volta da casa daquela senhora. Refere algumas outras coisas que sucederam

Capítulo 36 317
Prossegue na matéria começada e diz como se concluiu e fundou o mosteiro do glorioso São José. Relata as grandes contradições e perseguições originadas pela tomada de hábito das religiosas, os trabalhos e tentações que em grande número lhe sobrevieram, e como de tudo a fez sair vitoriosa para honra e glória do Senhor

Capítulo 37 332
Trata dos efeitos que lhe ficavam na alma quando lhe fazia o Senhor alguma mercê. Dá, ademais, muito boa doutrina. Diz como se há de procurar e ter em muita conta adquirir mais um grau de glória. Por nenhum trabalho deixemos bens que são perpétuos

Capítulo 38 340
Em que trata de várias grandes mercês que lhe fez o Senhor ao mostrar-lhe alguns segredos do céu, assim como de outras elevadas visões e revelações que Sua Majestade houve por bem conceder-lhe. Diz os efeitos que produziam e o grande aproveitamento que lhe deixavam na alma

Capítulo 39 355
Prossegue na mesma matéria ao dizer as grandes mercês que lhe fez o Senhor. Refere como Sua Majestade lhe prometeu favorecer as pessoas pelas quais intercedesse e como lhe concedeu esse favor em algumas ocasiões assinaladas

Capítulo 40 369
Prossegue na mesma matéria e relata as grandes mercês que lhe fez o Senhor. Algumas encerram muito boa doutrina. Foi seu principal intento, como já disse, primeiro obedecer e depois relatar as graças que são proveitosas às almas. Com este capítulo termina a narração que escreveu de sua vida. Seja para glória do Senhor. Amém

Carta, 381

APROVAÇÃO (I)

do Exmo. e Revmo. Sr. Cardeal-arcebispo do Rio de Janeiro, Dom Sebastião Leme da Silveira Cintra.

Pedindo, na oração da Festa de Santa Teresa, a graça de sermos alimentados com o pábulo de sua celeste doutrina, a Santa Igreja dá bem a entender o preço em que tem os escritos teresianos e o desejo de que todos os fiéis vão neles haurir sustento, luz, fortaleza, amor de Deus.

Hoje, mais do que nunca, parece-nos proveitosa, necessária quase, a leitura das obras da grande doutrina do carmelo.

Que ensina Santa Teresa? O que, de presente, mais precisamos. Do amor de Deus e do próximo; da vida sobrenatural de oração e de fé; do exercício das virtudes, iluminado e transfigurado pelo amor; da sujeição filial; da dedicação ilimitada à Igreja de Deus; do zelo insaciável pela glória do Senhor e pela salvação das almas. Nada se nos afigura mais oportuno e prático.

Se, em alguns capítulos, a santa se eleva às mais sublimes alturas da teologia mística, nem por isso será infrutífera a sua leitura a qualquer alma de boa vontade.

Não é pouco bem o conhecimento das grandezas de Deus e das maravilhas do seu amor. A mesma Santa Teresa afirma que um de seus fins, ao relatar as mercês do Senhor a seu respeito, é "engulosinar" as almas, isto é, movê-las à fidelidade, ao sacrifício, à oblação total, ao amor sem limites para com um Deus que, desde este mundo, assim ama a seus amigos. Sobretudo Santa Teresa convida à oração, que não é, em seu ver, senão "um comércio de amizade com aquele que sabemos que nos ama". E é pela oração que nos elevaremos a Deus e atingiremos os altos píncaros do amor em que se gozam as delícias da divina familiaridade, num prelúdio do face a face do céu.

É com o mais vivo prazer que aprovamos e abençoamos a tradução brasileira das obras de Santa Teresa de Jesus, empreendida pelo mais antigo de nossos carmelos do Brasil. Desejamos que todos os fiéis se nutram com o pábulo da celeste doutrina teresiana, esperando que entre nós produzam estas obras os frutos maravilhosos que têm produzido em toda a Igreja no decurso de mais de três séculos e meio.

Rio de Janeiro, 18 de dezembro de 1935.

† Sebastião
Cardeal-arcebispo

APROVAÇÃO (II)

do Mui Reverendo Padre Frei Pedro Tomás do Carmo, prepósito-geral da Ordem dos Carmelitas Descalços, eleito em 1937.

J.M.J.T.
Casa generalícia dos Carmelitas Descalços
Roma, 4 de agosto de 1937.

Reverenda Madre Priora,

Para os filhos e filhas do carmelo é necessário conhecer bem a ciência, isto é, as ascensões à perfeição carmelitana que nos foi ensinada por essa nossa mãe incomparável que foi Santa Teresa de Jesus.

Não posso, pois, deixar de aplaudir com grandíssima alegria a notícia de que essa excelente comunidade, que já nos deu a versão em língua brasileira das Constituições e outras leis dos nossos mosteiros, em breve nos dará ainda a tradução das obras de nossa Santa Madre Teresa de Jesus.

Às numerosas filhas do carmelo brasileiro proporcionará esta obra poderosíssima um meio de conhecer o espírito da Santa Madre e, sobretudo, servirá de luz e guia para subir pelas veredas maravilhosas da perfeição carmelitana.

Como depende de mim, portanto, não só aprovo, mas abençoo a bela iniciativa, fazendo votos para que em breve se torne realidade. Muito cordial e paterna é a minha bênção para Vossa Reverência e para toda a santa comunidade.

No Senhor,
Frei Pedro Tomás do Carmo
Prepósito-geral

APROVAÇÃO (III)

do Revmo. Padre Frei Guilherme de Santo Alberto, prepósito--geral da Ordem dos Carmelitas Descalços, de 1925 a 1937.

> Casa-geral dos Carmelitas Descalços
> Roma, 21 de novembro de 1935.

M.R. Me. Priora,

Fico bem satisfeito por saber que essa ótima Comunidade –já tão benemérita pela tradução em língua brasileira das leis próprias dos nossos mosteiros – quer agora prestar-nos com a tradução das obras de nossa Santa Madre Teresa de Jesus.

Não só aprovo a dita tradução – pelo que a mim toca –, mas recomendo-a de todo o meu coração, certo como estou de que será quase impossível – para nós, filhos e filhas do carmelo reformado – atingir a perfeição religiosa que nos é própria sem conhecer, penetrar a fundo, e percorrer o caminho maravilhoso que nos foi traçado por nossa incomparável madre nas suas obras inspiradas.

Seja, pois, bem-vinda, a desejada tradução, que proporcionará às numerosas filhas do carmelo brasileiro meios mais fáceis de beberem em abundância naquelas puríssimas águas nas quais cobrarão forças para galgar, a passos seguros, a íngreme subida da mística montanha do carmelo.

Fazendo votos para que assim aconteça, abençoo V.R. e toda comunidade, e subscrevo-me de V.R. Devmo, no Senhor

Frei Guilherme de Santo Alberto
Prepósito-geral

CARTA

do Revmo. Padre Silvério de Santa Teresa, o sábio autor da edição crítica das obras de Santa Teresa de Jesus e de São João da Cruz, da história do carmelo reformado e de muitas outras obras importantes que afirmam a sua incomparável autoridade em assuntos teresianos.

Não acho palavras assaz significativas para elogiar dignamente a nobre e difícil empresa de trasladar à bela e delicada língua de Camões os escritos da Virgem de Ávila, empresa que já levam muito adiante as carmelitas descalças do Convento de Santa Teresa do Rio de Janeiro. A obra não carece de dificuldades, posto que a linguagem eminentemente popular de Santa Teresa resiste muito mais à traslação fiel a outro idioma do que a linguagem culta em que se escrevem pela maior parte as outras obras.

O amor, porém, não conhece dificuldades, e as descalças do Rio se arrojaram à execução da empresa com competência e ânimo decidido; e o êxito mais lisonjeiro hoje lhes sorri, como poderá apreciar quem tiver gosto de ler os tomos desta consciente tradução dos escritos da insigne Doutora Mística.

Vemos com complacência esta obra, e ainda mais nos comprazemos de que a levem a feliz termo nossas irmãs de hábito do Brasil. Sempre havíamos lamentado que nosso povo irmão, onde se conheceu a obra reformadora de Santa Teresa como na Espanha e onde floresceu em outros tempos a descalcez teresiana, tando de monjas como de religiosos, não só na metrópole, senão nos seus antigos domínios, não houvesse realizado maiores trabalhos para verter em português obras de reputação universal. Nesse ponto a literatura portuguesa estava muito aquém da inglesa, francesa, alemã e italiana. Hoje, fica libertada deste olvido ou atraso com a nova tradução que faz o Brasil, conformando-se nisto com todos os povos cultos que contam a santa entre os escritores mais insignes que honram a humanidade. Por outra parte, a literatura mística e ascética é deficiente quando nela não se encontra a autora das Moradas.

Portugal tinha especiais obrigações para com a Virgem de Ávila, pois foi ela grande amiga deste heroico povo, ao qual pertenceram algumas das mais íntimas pessoas que neste mundo teve, como Dom Teutônio de Bragança e Dona Leonor Mascarenhas, aia de Filipe II e de seus filhos. Ainda mais. O primeiro livro que se imprimiu de Santa Teresa, o Caminho de perfeição, saiu à luz em prelos portugueses e sob a direção de seu dedicado amigo Dom Teutônio, então arcebispo de Évora, ao qual havia confiado a santa os originais para que os publicasse.

Reiteramos nossas felicitações às carmelitas da formosa capital do Brasil, e pedimos a Deus que levem a feliz termo seus trabalhos, para a honra da santa e para o bem espiritual de tantos devotos e admiradores que entre os povos de língua portuguesa conta a reformadora do carmelo.

Frei Silvério de Santa Teresa, C.D.
Burgos, Festa de Santa Teresa, 15 de outubro de 1935.

PRÓLOGO

Vida da Santa Madre Teresa de Jesus

E algumas das mercês que Deus lhe fez, escritas por ela mesma a mandado de seu confessor[1], a quem se dirige, e diz assim:

JHS

1. Quisera eu que, assim como me mandaram com ampla licença escrever o meu modo de oração e as mercês que o Senhor me tem feito, também me houvessem permitido, bem por miúdo e com clareza, dizer meus pecados e minha ruim vida. Dar-me-ia grande consolação; mas não mo permitiram, antes muito me ataram neste ponto. Por isso, por amor do Senhor, peço tenha diante dos olhos quem esta narração de minha vida ler, que fui ruim, a ponto de ainda não ter achado santo, dos que se converteram a Deus, com quem me consolar. Sim, pois vejo que, depois do chamado do Senhor, não tornavam a ofendê-lo. Eu não só voltava a ser pior, mas parecia estudar o modo de resistir às mercês de Sua Majestade, com quem me via obrigada a servir mais e tinha consciência de não ser capaz de pagar nem o menos que já devia[2].

---

1. O padre dominicano Frei Garcia de Toledo.
2. Estas expressões e muitas outras que se encontram amiúde nos escritos de Santa Teresa devem ser atribuídas à sua humildade e à dor que lhe causava a lembrança das resistências do Senhor. Seu coração agradecido em extremo, seu espírito altamente iluminado quanto ao que merece Deus das criaturas – primeiro pelo que é em si mesmo e depois pelos seus benefícios e particulares mercês –, compreendia que não é muito chorar toda a vida a mínima infidelidade. É fato averiguado e incontestável que nunca perdeu a inocência do batismo. Não

2. Seja bendito para sempre Aquele que tanto me esperou e a quem, com todo o coração, suplico que me dê graça para, com toda a clareza e verdade, redigir esta relação que meus confessores me mandaram fazer. O mesmo Senhor também o quer há muito tempo, bem o sei, mas não me tinha atrevido. Seja para sua glória e louvor e para que, futuramente, conhecendo-me eles melhor, ajudem a minha fraqueza, e eu, de algum modo, possa servir ao Senhor pelo muito que lhe devo. – Para sempre o louvem todas as criaturas. Amém.

---

só o atestam unanimemente todos os seus biógrafos e confessores, mas na própria bula de canonização dirimiu todas as dívidas o Santo Padre Gregório XV com as seguintes palavras: "Entre as demais virtudes suas, em que, como esposa adornada do Senhor, se avantajou esta serva de Deus, resplandeceu de modo particular sua inteiríssima castidade, a qual tão excelentemente guardou, que, não só conservou até a morte o propósito de guardar virgindade que tinha feito desde menina, senão também na alma e no corpo teve pureza angélica, livre de toda mácula e pecado".

CAPÍTULO 1

Em que trata de como começou o senhor a despertar esta alma para a virtude em sua meninice e o quanto ajuda serem virtuosos os pais.

1. O fato de ter pais virtuosos e tementes a Deus e de ser tão favorecida do Senhor, se eu não fora tão ruim, bastar-me-ia para ser boa. Era meu pai afeiçoado a ler bons livros, e assim os tinha em língua vulgar para que os lessem seus filhos. Isto, com o cuidado que minha mãe tinha de nos fazer rezar e de nos ensinar a ser devotos de Nossa Senhora e de alguns santos, começou a despertar-me à piedade, a meu parecer na idade de seis ou sete anos. Fazia-me muito bem não ver em meus pais estima senão para a virtude. Tinham muitas.

Era meu pai[3] homem de muita caridade com os pobres, piedade com os enfermos e bondade com os criados; tanto é assim que jamais se pôde conseguir dele que tivesse escravos, porque lhes tinha grande compaixão; e tendo uma vez, em

---

3. Chamou-se o pai de Santa Teresa, Dom Afonso Sanches de Cepeda, fidalgo da antiga nobreza espanhola. Nasceu em Toledo, mas viveu em Ávila, cidade de Castela, a Velha, chamada Ávila dos santos e dos cavaleiros em razão dos filhos ilustres que deu à Igreja e à pátria, dos quais o mais célebre foi por certo a grande reformadora do carmelo. Foi casado duas vezes. De seu primeiro matrimônio com Dona Catarina del Peso y Henao teve três filhos: João, Maria e Pedro. Do segundo, com Dona Beatriz de Ahumada, mãe da santa, nasceram-lhe: Fernando, Rodrigo, Teresa, Lourenço, Antônio, Pedro, Jerônimo, Agostinho e Joana.

casa, uma dum seu irmão, a regalava como a seus filhos. Dizia causar-lhe insuportável pena só o pensar que ela não era livre. Foi grande verdade; jamais alguém o ouviu jurar, nem murmurar. Honestíssimo, em extremo.

2. Minha mãe também tinha muitas virtudes e era de grandíssima honestidade; passou a vida com frequentes enfermidades. Como ser de muita formosura, jamais deu ocasião a que se entendesse que dela fazia caso; e, apesar de morrer aos trinta e três anos, já usava traje de pessoa idosa. Era de trato muito ameno e de bastante entendimento. Foram grandes os trabalhos que passou durante o tempo em que viveu. Morreu mui cristãmente.

3. Éramos três irmãs e nove irmãos; todos, pela bondade de Deus, assemelharam-se a seus pais em ser virtuosos, exceto eu que, no entanto, fui a mais querida de meu pai. E, antes que eu começasse a ofender a Deus, não era isto, ao que parece, sem nenhuma razão, pois tenho lástima quando relembro as boas inclinações que me tinha dado o Senhor e quão mal usei delas.

4. Meus irmãos em nada me impediam de servir a Deus. Tinha um irmão quase de minha idade[4] que era o meu mais querido, conquanto eu a todos tivesse grande amor e eles a mim; ficávamos juntos a ler as vidas de santos. Como eu via os martírios que por Deus passavam as santas, parecia-me que compravam muito barato o irem gozar de Deus, e desejava muito morrer assim, não por amor, ao que entendo, mas para gozar tão em breve dos grandes bens que lia haver no céu. Unia-me, por isso, com meu irmão, para tratar dos meios de o conseguirmos. Planejávamos ir à terra dos mouros, esmolando, por amor de Deus, para que lá nos cortassem a cabeça; e parece-me que nos dava o Senhor ânimo em tão tenra idade

---

4. Rodrigo, quatro anos mais velho do que a santa.

para o executar se houvesse algum meio, mas os ternos pais muito nos embaraçavam[5].

Em extremo nos espantávamos quando líamos que a pena e a glória hão de ser para sempre. Acontecia-nos tratar disso largas horas, e gostávamos de dizer muitas vezes: Para sempre! Sempre! Sempre! Ao pronunciar estas palavras, muito tempo era o Senhor servido que me ficasse impresso na alma, nesses tenros anos, o caminho da verdade.

5. Como vi que era impossível ir aonde me matassem por Deus, intentamos ser eremitas e, numa horta que havia em casa, procurávamos, como podíamos, fazer ermidas, amontoando umas pedrinhas que logo se nos caíam; e assim, em nada achávamos remédio a nosso desejo. Faz-me agora devoção ver como me dava Deus tão depressa o que perdi por minha culpa.

6. Fazia esmolas como podia, mas pouca era a possibilidade. Procurava solidão para rezar minhas devoções, que eram bastantes, em especial o Rosário, do qual era minha mãe mui devota, e assim nos incutia a mesma devoção. Quando brincava com outras meninas, gostava muito de figurar mosteiros, fazer como se fôssemos monjas e, ao que me parece, desejava sê-lo, ainda que não tanto como foram sobreditas as coisas.

7. Recordo-me de que ao tempo em que morreu minha mãe, tinha eu doze anos de idade, ou pouco menos[6]. Quando

---

5. Tendo sete anos de idade, tentou a santa realizar seus desejos de martírio. Esquivava-se da casa paterna; juntamente com seu irmão Rodrigo, atravessa parte da cidade, transpõe uma das portas do Sol e a ponte do Rio Adaja e lá vai pela estrada de Salamanca, em busca da "terra de mouros", quando, encontrados os fugitivos por Dom Francisco Álvarez de Cepeda, seu tio, são restituídos à casa. Teresa, acusada pelo irmão como autora da aventura, longe de se desculpar, chora inconsolavelmente, vendo frustrados seus planos de martírio. A Igreja celebra essa linda façanha nessa estrofe do hino à santa: Arauto do Rei Superno, / Abandonas, Teresa, a casa paterna, / Para dar às terras dos bárbaros / A fé de Cristo ou o teu sangue.

6. Aqui há engano, Santa Teresa tinha de treze para quatorze anos.

precipitei a entender o que havia perdido, fui aflita a uma imagem de Nossa Senhora e supliquei-lhe com muitas lágrimas que me servisse de mãe. Penso que essa prece, ainda que feita com simplicidade, tem me valido; pois conhecidamente com esta Virgem Soberana me tenho achado em tudo o que lhe encomendo, e finalmente me converteu a si.

Aflige-me agora ver e pensar qual a causa de não perseverar eu por inteiro nos bons desejos com que comecei.

8. Ó Senhor meu! Tendes, o que parece, determinado que me salve – praza a Vossa Majestade assim suceda! – e já então queríeis fazer tantas mercês como me tendes feito; por que não houveste por bem, não em proveito meu, mas em reverência a vós, que não se sujasse tanto a pousada onde tão de contínuo havíeis de habitar? Aflige-me, Senhor, ainda, o dizer isto, porque sei que foi minha toda a culpa, pois vejo que nada poupaste para que, desde essa idade, fosse eu toda vossa.

Queixar-me de meus pais também não posso, porque neles não via senão grande virtude e cuidado de meu bem.

Entretanto, crescendo eu em idade e começando a entender as graças naturais que me dera o Senhor, as quais, segundo diziam, eram muitas, quando por elas lhe havia de ser agradecida, comecei a ajudar-me de todas para ofender como agora direi.

CAPÍTULO 2

Trata de como foi perdendo as virtudes e de
quanto importa na meninice manter relações
com pessoas virtuosas.

1. Parece-me ter começado a fazer-me muito dano o que agora direi. Considero algumas vezes que mal fazem os pais quando não procuram que vejam sempre seus filhos exemplos de virtude, por todas as maneiras, pois, sendo minha mãe tão virtuosa, como disse, pouco tomei do bem ao chegar ao uso da razão, e até quase nada; e o mal prejudicou-me muito. Era ela afeiçoada a livros de cavalaria e não usava tão mal desse passatempo como o fiz eu, pois não se descuidava de seus deveres; mas deixava-nos liberdade para os ler. Porventura assim fazia para não pensar nos grandes padecimentos que tinha e trazer ocupados os filhos para que não andassem perdidos em outras coisas. Isso contrariava tanto o meu, pai que era preciso ardis para que não o visse. Comecei a tomar o costume de ler esses livros; e aquele pequeno senão que nela vi foi esfriando meus desejos e fazendo-me faltar nos demais. Não me parecia mau fazer assim, apesar de gastar muitas horas do dia e da noite em tão vão exercício e às escondidas de meu pai. Em tal extremo ficava embebida que, se não achava livro novo, não tinha contentamento.

2. Comecei a trazer galas, a desejar agradar, a parecer bonita, cuidando muito das mãos, dos cabelos, dos perfumes e de todas as vaidades desse gênero, que não eram poucas, por ser eu muito industriosa. Má intenção não tinha, pois não quise-

ra que ofendesse alguém a Deus por minha causa. Durou-me muitos anos essa grande preocupação de demasiado alinho, juntamente com outras que não me pareciam pecado; agora vejo quão má devia ser.

Tinha alguns primos-irmãos que frequentavam a casa de meu pai. Outros não achavam entrada, pois era muito recatado e prouvera a Deus o fosse também como esses, pois vejo agora o perigo que há em tratar, na idade em que se deve começar a criar virtudes, com pessoas que não reconhecem a vaidade do mundo, antes para ele nos arrastam. Eram quase da minha idade, pouco mais velhos. Andávamos sempre juntos; tinham-me grande amor. Acerca de todas as coisas que lhes davam prazer conversávamos, e ouvia eu as aventuras de suas afeições e leviandades, nada boas; e o pior é que se me ia acostumando a alma ao que foi causa de todo o seu mal.

3. Se me coubesse aconselhar, diria aos pais que, nessa idade dos filhos, tivessem grande desvelo em escolher pessoas que hão de tratar com eles; é grande o perigo, porquanto o nosso natural propende antes para o pior do que para o melhor.

Assim me aconteceu: tendo uma irmã[7] de mais idade que eu, de sua extrema sensatez e virtude nada aprendi, e tomei todo o dano de uma parenta que muito frequentava a nossa casa. Era de modos tão levianos que minha mãe fizera tudo para a desviar da nossa convivência, parecendo adivinhar o mal que por ela me havia de vir; mas era tanta a ocasião que tinha de entrar que não o pôde conseguir. Afeiçoei-me ao seu trato. Com ela amiúde conversava e me entretinha porque me ajudava em todos os passatempos de meu agrado e ainda me metia neles, tomando-me também por confidente das suas conversações e vaidades.

Até esse tempo em que tratei com ela, por volta de meus quatorze anos, e creio que mais (para ser amiga, digo, e ouvir

---

[7]. Dona Maria Cepeda, filha do primeiro matrimônio de Dom Afonso.

suas confidências), não penso que houvesse deixado a Deus por culpa mortal, nem perdido o temor de o ofender, ainda que maior o tivesse de manchar a honra. Deu-me esse temor força para a não perder de todo; e, penso, coisa alguma do mundo faria mudar nesse ponto, nem amor de pessoa alguma me levaria a transigir. Assim tivera eu fortaleza para não ir contra a honra de Deus como meu natural mandava para não fraquejar no que me parecia estar a honra do mundo; sem perceber, entretanto, que a perdia por muitos outros caminhos!

4. Nesse vão apego à honra havia extremos. Quanto aos meios para conversar, de nenhum modo me inquietava; só para não me perder de todo, tinha grande circunspecção.

Sentiam muito meu pai e meus irmãos semelhante amizade; repreendiam-me muitas vezes. Como, porém, não podiam tirar-lhe as ocasiões que tinha de frequentar nossa casa, ficavam suas diligências sem resultado, porque era muita a minha sagacidade para qualquer mal. Espanta-me algumas vezes o prejuízo causado pela má companhia, e se não o houvesse experimentado, não o poderia crer. Em especial no tempo da mocidade deve ser maior o mal. Quisera eu que os pais, com o meu exemplo, fixassem escarmentados para vigiarem muito este ponto. O certo é: de tal maneira me mudou essa amizade, que, da natural inclinação à virtude que tinha minha alma, quase nada ficou; e ela, e outra que tinha o mesmo gênero de passatempos, pareciam imprimir em mim seus defeitos.

5. Por aqui o grande proveito que faz a boa companhia. Tenho por certo que, se tratasse naquela idade com pessoas virtuosas, não me teria desviado da virtude; e, se desde o princípio tivesse quem me ensinasse a temer a Deus, cobraria minha alma forças para não cair. Aos poucos, perdendo todo esse temor, só me ficou o de manchar a honra, pelo qual em todas as circunstâncias era atormentada. Com pensar que não se viria a saber, atrevia-me a muitas coisas bem contrárias a ela e a Deus.

6. A princípio me fez mal, creio, o que ficou dito e a culpa não devia caber a ela, senão a mim; depois, já a minha disposição para o mal bastava, juntamente com ter criadas que para todas as vaidades me ajudavam. Se houvesse alguma que me aconselhasse para o bem, talvez me fizesse proveito; mas cegava-as o interesse, bem como a afeição a mim. Não era eu inclinada a muito mal, senão a passatempos de boa conversação, pois a coisas desonestas tinha natural aborrecimento; contudo, posta em ocasiões arriscadas, estava em perigo, e nele punha meu pai e meus irmãos. De tudo me livrou Deus de tal maneira, que bem mostrou, como procurava, malgrado meu, que inteiramente não me perdesse; todavia, não foi possível ser tão secreto sem que houvesse bastante detrimento em minha honra e suspeita de meu pai.

Não havia, parece-me, três meses que andava eu nessas vaidades, quando me levaram a um mosteiro[8] existente no lugar, onde se educavam meninas de minha condição, embora não tão ruins de costumes como eu. Foi feito com tanta dissimulação que, além de mim, só o soube algum parente, porque aguardaram ocasião em que não produzisse estranheza, pois, tendo-se casado minha irmã, não seria conveniente eu ficar sozinha em casa, sem mãe.

7. Era tão excessivo o amor que me tinha meu pai, e tanta a minha dissimulação, que não podia ele julgar-me mal; e, assim, não perdi suas boas graças. Como foi breve o tempo, ainda que houvesse transpirado alguma coisa, nada se podia dizer com certeza; pois, com grande cuidado que eu tinha de honra, fazia todas as diligências para salvaguardar o segredo, sem pensar que não podia ser oculto a quem tudo vê. Ó Deus meu, que danos faz no mundo o ter em pouco esta verdade e imaginar que haja contra Vós coisa secreta! Tenho por certo que grandes males se evitariam se entendêssemos que o prin-

---

8. O Mosteiro de Nossa Senhora da Graça, das religiosas de Santo Agostinho.

cipal não está em nos precatarmos dos homens, senão de nos guardarmos de descontentar a Vós.

8. Nos primeiros oito dias senti muito, mais pelo receio que tinha de se haver divulgado minha vaidade, do que por estar ali; porque já andava cansada e não deixava de ter grande temor de Deus quando o ofendia, e logo procurava confessar-me. Vivia em desassossego, de modo que no fim de oito dias, e creio que ainda antes, estava muito mais contente do que na casa de meu pai. Todas gostavam de mim; essa graça me deu o Senhor, de agradar a todos, onde quer que estivesse; e assim era muito querida. Estava eu então extremamente avessa a me fazer monja; contudo, gostava de ver tão boas religiosas como eram as daquela casa, de grande honestidade, religião e recato.

Ainda assim, não deixava o demônio de me tentar, e os de fora procuravam desassossegar-me com recados. Como, porém, não achavam entrada, depressa acabou tudo. Começou minha alma a voltar aos bons costumes de minha primeira idade, e vi a grande mercê que faz Deus a quem se põe na companhia dos bons.

Dir-se-ia que andava Sua Majestade estudando e investigando por que modo poderia tornar-me a si. Bendito sejais, Senhor, que tanto me suportastes. Amém.

9. Uma coisa penso poder escusar-me de algum modo, se eu não tivera tantas culpas: era a conversação com quem, a meu ver, podia dar em casamento e terminar bem; e diziam meu confessor e outras pessoas com quem me aconselhava que em muitos assuntos eu não ia contra Deus.

10. Dormia certa monja[9] em nosso dormitório de educandas, por meio da qual quis o Senhor, ao que parece, começar a dar-me luz, como agora direi.

---

9. Dona Maria de Briceno e Contreras, religiosa agostiniana de grande santidade e nobreza de sangue.

CAPÍTULO 3

Em que narra como lhe serviu a boa companhia
para reavivar seus desejos, e de que maneira
começou o Senhor a lhe dar alguma luz sobre
o engano que tinha vivido.

1. Começando eu, pois, a gostar da boa e santa conversação com essa monja, folgava de ouvi-la falar tão bem de Deus, pois era muito discreta e santa. Em nenhum tempo, em meu parecer, perdi o gosto de ouvir essas coisas. Contou-me como se tinha resolvido a ser monja só por ler o que diz o Evangelho: "Muitos são chamados e poucos os escolhidos" (Mt 20,16). Dizia-me o prêmio que dá o Senhor aos que tudo deixam por Ele.

Começou essa boa companhia a desterrar os costumes que a má havia deixado, tornando a elevar meu pensamento aos desejos das coisas eternas e a diminuir um tanto a grande aversão que eu tinha de ser monja, pois era grandíssima. Se via alguma derramar lágrimas quando rezava ou praticava outras virtudes, tinha-lhe muita inveja porque era meu coração tão duro, nesse tempo, que, se lesse toda a Paixão, não derramaria uma lágrima, o que me causava muita pena.

2. Ano e meio estive nesse mosteiro, com bastante melhora. Comecei a rezar muitas orações vocais e a pedir a todos que me encomendassem a Deus para que me desse o estado em que melhor o havia de servir; desejava, entretanto, que não fosse o de monja, pois não foi Deus servido de me dar este desejo, mas também temia o casamento.

Ao cabo do tempo que ali passei, já estava afeiçoada a ser religiosa, embora naquela casa, por haver entendido certas práticas de virtude que estavam em vigor, a mim pareciam extremas em demasia. Algumas das mais novas me ajudavam a pensar assim, pois se todas tivessem o mesmo parecer, de muito me teria servido. Por outro lado, tinha uma grande amiga[10] em outro mosteiro e estava resolvida a não ser monja – caso houvesse de ser – senão onde ela estava. Deixava-me levar mais pelo que agradava à minha sensualidade e vaidade do que pelo bem e interesse de minha alma. Vinham-me algumas vezes esses bons pensamentos de consagrar-me a Deus, mas logo passavam e eu não podia me persuadir nem resolver.

3. Nesse tempo, apesar de andar descuidada de meu remédio, mais zeloso andava o Senhor, dispondo-me para o estado que melhor me convinha. Deu-me uma grande enfermidade que me obrigou a voltar para a companhia de meu pai. Quando fiquei boa, levaram-me à casa de minha irmã, que residia numa aldeia, para que pudesse vê-la; era extremo o amor que me tinha, e por sua vontade eu nunca sairia de junto dela. Seu marido também gostava muito de mim, ao menos me mostrava muito carinho. Ter sido benquista por toda a parte onde andei é uma das grandes graças que devo ao Senhor, mas por tudo lhe correspondia como quem sou.

4. Estava no caminho para a casa dum irmão[11] de meu pai, muito avisado e de grandes virtudes, viúvo, a quem também andava o Senhor dispondo para si. Em idade avançada, veio a deixar tudo que tinha, fez-se religioso e morreu tão santamente que deve estar gozando de Deus. Quis que me detivesse com ele alguns dias. Era sua ocupação ler bons livros em língua vulgar, e sua conversação era quase sempre acerca de Deus e da vaidade do mundo. Fazia-me ler alto a seu lado, e eu, ainda que não fosse amiga de tais livros, dava mostras de gostar,

---

10. Dona Joana Sores.
11. Dom Pedro de Cepeda.

porque nisto de dar contentamento aos outros, mesmo à custa de sacrifícios, tenho tido extremos. Em outros fora virtude; em mim bem sei que era grande defeito, porque muitas vezes agia sem discrição.

Oh! Valha-me Deus! Por que caminhos andava Sua Majestade dispondo-me para o estado em que se quis servir de mim! Bem posso dizer que, contra a minha vontade, me levou a cometer violência contra eu mesma! Seja bendito para sempre. Amém.

5. Não obstante terem sido poucos os dias que passei na casa desse tio, com a força que faziam em meu coração as palavras de Deus, tanto lidas como ouvidas, e a boa companhia, fui entendendo as verdades que compreendera quando menina: o nada de tudo que passa, a vaidade do mundo, a brevidade com que tudo acaba. Pus-me a pensar, e a temer, que iria talvez para o inferno se houvesse morrido; e, conquanto minha vontade ainda não se inclinasse de todo a ser monja, vi que este era o melhor e mais seguro estado; e assim, pouco a pouco, determinei-me a abraçá-lo, muito embora fazendo-me violência.

6. Nessa peleja estive três meses, em combate contra mim mesma com este argumento: os trabalhos e sacrifícios da vida monástica não podiam ser maiores que os do purgatório, e eu bem havia merecido os do inferno; portanto, não seria muito passar o restante da vida numa espécie de purgatório, para em seguida ir diretamente ao céu.

Em toda essa deliberação no que tange à escolha de estado, creio que mais me movia o temor servil que o amor. Sugeria-me o demônio que eu não poderia sofrer os trabalhos da religião, sendo tão afeita a regalos. A isto acudia eu com a lembrança dos trabalhos pelos quais passou Cristo; pois não era demasiado que eu passasse por alguns em virtude de seu amor. Pensava também, provavelmente, que Ele me ajudaria a levá-los, mas disto não me recordo bem. Padeci infindas tentações.

7. Fui acometida, nesse tempo, de muitas febres com grandes desfalecimentos, pois sempre tive pouca saúde. Deu-me a vida o já ter ficado amiga de ler bons livros. Li as Cartas de São Jerônimo, e estas animaram-me de tal sorte que me determinei a falar a meu pai. Era quase como tomar o hábito religioso. Porquanto, sendo tão briosa, penso que não tornaria atrás por nenhum motivo uma vez que o houvesse dito. Era tanto o que me queria que de nenhum modo pude conseguir sua licença; os mesmos resultados tiveram os rogos de algumas pessoas às quais pedi que lhe falassem. O mais que se pôde arrancar dele foi que, depois de sua morte, fizesse o que quisesse. Já eu sabia não poder fiar-me de mim, e, receando que minha fraqueza me fizesse tornar atrás, não me pareceu acertado esperar, de modo que procurei meu desejo por outro caminho, como agora direi.

CAPÍTULO 4

Diz como a ajudou o Senhor a triunfar de si mesma para tomar o hábito, e as muitas enfermidades que lhe começou a dar Sua Majestade.

1. Nesse tempo, andando com tais determinações, persuadi um irmão meu a se fazer religioso, convencendo-o da vaidade do mundo. De acordo, resolvemos ir um dia, logo ao amanhecer, ao mosteiro onde estava aquela minha amiga. A esse dera preferência, apesar de, nessa última determinação, já estivesse tão mudada que a qualquer outro teria ido, se imaginasse poder nele servir melhor a Deus, ou se meu pai quisesse. De meu descanso, já nenhum caso fazia.

Vem-me à memória – e penso ser verdade – que, ao sair da casa de meu pai, foi tal meu sentimento, que, penso, não o terei maior na hora da morte. Parecia-me que os ossos se me apartavam uns dos outros, pois, como não havia amor de Deus que superasse o amor a meu pai e a meus parentes, era necessário fazer-me em tudo tanta violência a tal ponto que, se o Senhor não me esforçasse, não bastariam minhas considerações para passar adiante. Chegado o momento, deu-me ânimo contra mim, de modo que o efetuei.

2. Em tomando o hábito, logo o Senhor me deu a entender como favorece aos que no seu serviço se fazem violência. A que eu precisara fazer-me ninguém percebia, antes imaginavam em mim grandíssima vontade. Deu-me, na mesma hora, contentamento tão extremo de ter abraçado aquele es-

tado que jamais faltou até hoje, e mudou Deus a secura que tinha minha alma em imensa ternura. Davam-me deleite as coisas da religião, e é verdade que, estando algumas vezes a varrer em horas que dantes costumava ocupar-me com regalos e enfeites, à lembrança de que daquilo estava livre, sentia tão novo gozo que me espantava e não podia entender de onde me vinha.

Quando me recordo disso, não há coisa, por difícil e grave que seja, que, em se apresentando a ocasião, duvide acometer. Já tenho feito experiência em muitos casos: se me esforço, ao princípio, e me determino a agir – quando a obra é só por Deus –, até começar, quer Ele, para maior merecimento nosso, que a alma sinta esses temores; mas quanto maiores forem, tanto maior e mais saboroso será depois o prêmio de sairmos com a vitória. Ainda nesta vida paga-o Sua Majestade por tais modos que só quem o goza percebe. Tenho experiência disso, como afirmei acima, em muitos casos deveras graves; e, assim, jamais aconselharia – se fosse pessoa que houvesse de dar parecer –, que por medo se deixasse de empreender alguma obra quando amiúde acode uma boa inspiração de fazê-la. Se for puramente por Deus, não há de se temer mau resultado, pois poderoso é Ele para tudo. Bendito seja para sempre. Amém.

3. Seriam bastantes, ó Sumo Bem e descanso meu, as mercês que me havíeis feito até aqui, trazendo-me vossa piedade e grandeza por tantos rodeios a estado tão seguro e à casa onde tínheis muitas servas, das quais pudera aprender para crescer em vosso serviço. Não sei como hei de passar daqui; quando lembro as circunstâncias de minha profissão, a grande determinação e o contentamento com que a fiz, e o desposório que contraí convosco. Isto não posso dizer sem lágrimas; e justo seria que fossem de sangue e, se me despedaçasse o coração, não seria demasiado sentimento pelo muito que depois vos ofendi.

Parece-me agora que tinha razão de não querer tão grande dignidade, pois mal havia de usar dela. Vós, porém, Senhor meu, em quase vinte anos que usei mal dessa mercê, quisestes ser o agravado, para que eu fosse melhorada. Dir-se-ia, Deus meu, que prometi não guardar na mínima coisa as minhas promessas. Não foram depois as minhas obras, que não sei que intenção era a minha; para mais se ver quem sois Vós, esposo meu, e quem sou eu. Verdade é, decerto, que muitas vezes a dor de minhas grandes culpas é mitigada pelo contentamento que me dá o fazerem elas reconhecer a multidão das vossas misericórdias.

4. Em quem, Senhor, podem assim resplandecer como em mim, que tanto obscureci com as minhas más obras as grande mercês que logo me começastes a fazer? Ai de mim, Criador meu, se quero dar desculpa, nenhuma tenho, nem posso culpar alguém senão a mim! Para alguma coisa pagar do amor que me começastes a mostrar, não deverei empregar o meu senão em Vós, e fora este o remédio a todo mal. Mas não o mereci, nem tive tal ventura... Valha-me agora, Senhor, vossa misericórdia.

5. A mudança de vida e de alimentação prejudicou-me a saúde, e, ainda que o contentamento fosse demasiado, não resisti. Começaram a aumentar os desmaios, com uma dor de coração tão imensa que espantava os que me viam; além de muitos outros males adjacentes. Assim passei o primeiro ano; bem mal de saúde, mas não me parece haver ofendido muito a Deus. Como era a doença tão grave que eu vivia sempre ameaçada de perder os sentidos, e algumas vezes chegava a perdê-los, era grande a diligência com que meu pai procurava algum remédio. Não o tendo encontrado nos médicos daqui, resolveu levar-me a um lugarejo muito afamado para cura de outras enfermidades, onde, como lhe disseram, ficaria também eu livre da minha. Foi comigo aquela amiga de quem falei, a qual era antiga na casa. Em nosso convento não se prometia clausura.

6. Estive quase um ano por lá e durante três meses padeci tão incomportável tormento, pelo regime rigoroso a que

me submeteram, que não sei como aguentei; por fim, apesar de ter resistido, minha compleição delicada sucumbiu, como vou contar.

Devia começar o tratamento no princípio do verão e fui nos primeiros dias do inverno. Todo esse tempo passei em casa da minha irmã, já citada, que vivia na aldeia, aguardando o mês de abril porque estava próximo e, assim, evitávamos idas e vindas.

7. Na ida, aquele tio meu que morava – como deixei dito – no caminho, deu-me um livro que se chama Terceiro abecedário, o qual tratava de ensinar a oração de recolhimento. Conquanto nesse primeiro ano tivesse eu lido bons livros – pois não quis mais usar outros, já compreendendo quanto mal me haviam feito –, não sabia eu como proceder na oração, nem como me recolher. Muito me alegrou o dito livro, e determinei-me a segui-lo. Gostando de ler, com todas as minhas forças e já me havendo feito o Senhor o dom de lágrimas, comecei a ter momentos de solidão, a confessar-me com frequência e a enveredar por aquele caminho, tendo por mestre o referido livro. Outro guia, quero dizer, confessor que me entendesse, não achei, embora depois o procurasse durante vinte anos. Isso contribuiu sobremaneira para me prejudicar e me fazer tornar atrás muitas vezes, e ainda poderia ter sido causa de minha total ruína, pois se o tivesse, ajudar-me-ia a sair das ocasiões em que estive de ofender a Deus.

Pôs-se logo Sua Majestade a fazer-me grandes mercês nesses princípios; e assim continuou até o fim do tempo que passei nessa solidão, que foi cerca de nove meses. Não vivia tão livre de ofender a Deus como o livro me dizia, mas passava por cima dessas coisas, julgando quase impossível tanto recato. Tinha cuidado de não cometer pecado mortal, e prouvera a Deus o tivesse sempre! Dos veniais não fazia caso, e foi minha ruína. Começou o Senhor a regalar-me tanto por esse caminho, que me fazia mercê de me dar oração de quietação e, alguma vez, até de união, ainda que eu não entendesse nem uma nem outra coisa, tampouco o muito que o devia prezar. Creio que me teria feito grande bem entendê-lo. Verdade é que a de união durava muito pouco, talvez nem o tempo de uma Ave-Maria; deixava-me, porém, tão grandes efeitos que, não tendo eu ainda vinte anos, me parecia trazer o mundo debaixo dos pés, e assim recordo que lastimava os que seguiam suas leis mesmo em coisas lícitas.

Procurava, o mais que podia, trazer Jesus Cristo, nosso Bem e Senhor, presente dentro de mim, e era esse o meu modo de oração. Se pensava em algum passo, no meu interior o representava; mas preferia a leitura de bons livros, que era toda a minha recreação. É que Deus não me deu talento para discorrer com a inteligência, nem para tirar proveito da imaginação: tenho-a tão tardia que ainda para pensar e representar em mim a humanidade do Senhor e trazê-la presente como procurava, nunca o pude conseguir. Verdade é que, por essa via de não poder agir com o entendimento, mais depressa chegam à contemplação os que perseveram, mas somente à custa de muitos trabalhos e penas. Se falta ocupação à vontade, e o amor não acha coisa presente em que se ocupe, fica a alma como que sem arrimo nem exercício; dá grande pena a solidão acompanhada de secura e grandíssimo combate aos pensamentos.

8. Aqueles que têm essa disposição têm maior pureza de consciência do que as pessoas que podem agir com o entendimento. Com efeito, quem medita no que é o mundo, no quanto deve a Deus, no muito que sofreu Cristo, no pouco que faz em seu serviço, e no que dá o Senhor a quem o ama, tira doutrina para se defender das distrações e evitar as ocasiões e os perigos. Aqueles, porém, que não se podem valer do raciocínio, correm maior risco e muito se devem ocupar em leitura, pois, de sua parte, não conseguem tirar boas considerações.

É penosíssimo esse modo de proceder na oração; e a leitura, por curta que seja, é-lhes útil e até necessária para se recolherem, pois supre a oração mental que não podem ter. Se os obrigam a permanecer longo tempo na oração sem auxílio dum livro, será impossível perseverarem em demasia nesse exercício; e se porfiarem, sentirão detrimento na saúde, porque é luta muito penosa.

9. Agora parece-me que providencialmente quis o Senhor que não conseguisse achar quem me ensinasse porque me teria sido impossível, creio, perseverar na oração os dezoito anos que passei com semelhantes trabalhos e grandes securas, não podendo, como digo, discorrer com entendimento. Em todo esse tempo, a não ser depois da Comunhão, jamais ousava começar a oração sem livro, a tal ponto temia minha alma pôr-se sem ele, como se saísse a pelejar contra uma multidão. Com esse remédio, que era como uma companhia ou escudo que aparava os golpes dos muitos pensamentos, estava controlada, porque a secura não era o ordinário, mas vinha sempre que me faltava livro, pois logo se desbaratava a alma. Com ele, começava a recolher os pensamentos dispersos e, como por afagos, recolhia o espírito. Acontecia, amiúde, que só com tê-lo à mão, não era preciso mais. Algumas vezes lia pouco; outras, muito, conforme a mercê que o Senhor me fazia.

Pensava, nesses primeiros tempos de que estou a falar, que, tendo eu livros, não haveria perigo que me tirasse de tanto bem; e com o favor de Deus, creio, assim teria sucedido se houvesse achado mestre ou alguém que me ensinasse desde o princípio a fugir das ocasiões, ou a prontamente me apartar quando nelas me visse. Se então me acometesse o demônio abertamente, parece-me que de nenhuma maneira me faria cometer pecado grave. Mas foi tão sutil, e eu tão miserável, que de pouco me serviram todas as minhas determinações, embora me tenham sido de grandíssimo auxílio no tempo em que servi bem a Deus, para poder sofrer as terríveis enfermidades que tive, com tão grande paciência como me deu Sua Majestade.

10. Espanto-me muitas vezes ao pensar na imensa bondade de Deus, e regala-se minha alma na contemplação de sua grande magnificência e misericórdia. Por tudo seja bendito, pois tenho visto de modo claro que não deixa de pagar, desde esta vida, até um bom desejo. Por vis e imperfeitas que fossem minhas obras, este Senhor meu as ia melhorando, aperfeiçoando e tornando meritórias, ao passo que logo tratava de ocultar meus males e pecados. Ainda mesmo aos que os viram, com seus olhos, permite Sua Majestade que fiquem cegos e os percam de memória. Doura minhas culpas, faz resplandecer uma virtude que o próprio Senhor põe em mim, fazendo-me quase violência para que a tenha.

11. Quero tornar ao que me mandaram escrever. Digo apenas que, se fosse contar por miúdo as delicadezas do Senhor para comigo nesses princípios, seria preciso outro engenho, que não o meu, para saber encarecer quanto neste particular lhe devo, e a ingratidão e a maldade com que lhe correspondi, pois tudo olvidei. Seja para sempre bendito por tanto me haver feito sofrer. Amém.

CAPÍTULO 5

Continua a narrar suas grandes enfermidades e a paciência que para as sofrer lhe deu o Senhor. Diz como do mal tira Ele o bem, segundo se verá pelo que lhe aconteceu no lugarejo onde foi curar-se.

1. Esqueci-me de dizer como, no ano de noviciado, passei grandes desassossegos com coisas que em si tinham pouca importância. Culpavam-me muitas vezes estando inocente, e eu o sofria com muito desgosto e imperfeição ainda que, com o grande contentamento que tinha de ser monja, tudo suportasse. Como me viam procurar solidão e chorar meus pecados, pensavam que era descontentamento, e assim o diziam.

Eu era afeiçoada a todas as coisas da religião, mas não podia sofrer a mínima aparência de desprezo. Folgava de ser estimada, tinha esmero exagerado em quanto fazia, e tudo me parecia virtude; isso, porém, me serve de desculpa, porque sempre sabia procurar o que me contentava, e assim a ignorância não me escusa. O que pode diminuir minhas culpas é não estar fundado em muita perfeição o mosteiro. Eu, por minha ruindade, abraçava o defeituoso, deixando de lado o que havia de bom.

2. Estava de cama então uma religiosa, com grandíssima e mui dolorosa enfermidade. Em consequência de opilações, ficara com aberturas no ventre, por onde rejeitava tudo o que comia. Morreu em pouco tempo. Eu via que todas temiam aquele mal; quanto a mim, fazia-me grande inveja a sua paciência. Pedi a Deus que, se me desse igual virtude, me enviasse as enfermidades que bem quisesse. De nenhuma tinha medo, ao que me

parece, pois estava desejosa de ganhar bens eternos a ponto de me determinar a granjeá-los por qualquer meio. Disso admiro-me agora, porque não tinha ainda, segundo posso julgar, amor a Deus como depois de começar a orar: era apenas uma luz que me fazia conhecer o pouco calor de todas que têm fim e o alto dos bens que com elas adquirimos, pois são eternos.

O certo é que Sua Majestade atendeu à minha súplica: antes de dois anos fiquei tão enferma que o meu mal – embora diferente – não foi menos penoso nem deu menos trabalho, creio, e durou três anos, como agora direi.

3. Chegado o tempo pelo qual estávamos aguardando, naquela aldeia[12] onde disse ter ficado, por minha irmã, por meu pai e pela monja, minha amiga que comigo viera e me queria muitíssimo, fui levada com extremosos cuidados do meu bem-estar.

Começou logo o demônio a inquietar minha alma, mas de tudo veio Deus a tirar muito bem. Residia no lugarejo onde fui curar-me um eclesiástico que, além de ser pessoa de bastante nobreza e inteligência, tinha letras, ainda que não muitas. Comecei a confessar-me com ele, porque sempre fui amiga de letras, conquanto grande mal tenham feito à minha alma confessores meio letrados aos quais recorria por não achar outros, tão doutos como quisera.

Quando são virtuosos e de costumes santos, tenho visto por experiência ser melhor que de todo não as tenham, porque nem em si confiam sem consultar outros mais sábios, nem eu confiaria neles; e bom letrado nunca enganou. Esses outros tampouco deviam querer enganar-me, mas é que eles mesmos não sabiam o que ensinavam. Eu pensava que fossem competentes e não me julgava obrigada a mais do que lhes dar crédito. A doutrina que a mim pregavam era, aliás, larga e de mais liberdade; se fosse rigorosa, sou tão ruim que iria buscar outros. O que era pecado venial diziam-me não ser pecado; o

---

12. Castellanos de la Canada.

que era gravíssimo, mortal, afirmavam ser venial. Fez-me isso tanto dano que não é muito dizê-lo eu aqui a fim de precaver outras pessoas contra tão grande mal. Aos olhos de Deus, bem vejo não ser escusa, pois era demasiado ver coisas não serem boas em si para que eu me guardasse delas. Por castigo de meus pecados, creio, permitiu Deus que esses confessores se enganassem e me enganassem. Eu, por minha vez, enganei muitas outras, repetindo-lhes o que deles tinha ouvido.

Permaneci nessa cegueira mais de dezessete anos, creio, até que um padre dominicano, grande letrado, tirou-me por inteiro desse erro. Os da Companhia de Jesus incutiram-me grande temor, mostrando-me a gravidade de tão maus princípios, como adiante direi.

4. Comecei, pois, a confessar-me com o eclesiástico de que falei, e ele se afeiçoou a mim em demasia, porque poucas faltas eu tinha então a confessar em comparação com o que tive depois; e assim fora sempre desde que me fizera monja. Não era má a afeição, mas, em virtude de excesso, vinha a não ser boa. Tinha ele entendido de mim que coisa grave contra Deus não estava determinada a fazer por nenhum motivo; assegurava-me o mesmo de si, de modo que era muita a confiança recíproca. Embebecida em Deus, como então vivia, o que mais gosto me dava era falar só dele em todas as minhas conversas; e, sendo eu tão criança, isto lhe causava confusão. Por fim, pela grande amizade que me tinha, começou e declarar-me a perdição em que vivia; e não era pouca, pois já há quase sete anos estava em mui perigoso estado, com afeição e relações com uma mulher do mesmo lugar e, não obstante isso, celebrava missa. Era coisa tão pública que tinha perdido a honra e a fama, e ninguém ousava argui-lo.

A mim causou grande lástima, porque me queria muito. Tinha eu a grande leviandade e cegueira de considerar virtude o ser agradecida e pagar na mesma moeda a quem me queria. Maldita seja tal lei, que vai ao ponto de se ir contra a de Deus! É um desatino cuja prática se usa no mundo, mas que me tresvaria: a Deus devemos todos os benefícios que nos fazem e, entretanto, temos por virtude uma amizade, ainda quando seja ela causa de ir contra Ele. Ó cegueira do mundo! Oxalá fôsseis servido, Senhor, que eu houvesse sido ingratíssima contra todos, e não o fora contra Vós no mínimo ponto: mas foi tudo ao revés, por meus pecados.

5. Como procurasse saber e informar-me mais das pessoas de sua casa, melhor conheci sua perdição e vi que o pobre não tinha tanta culpa porque a desventurada mulher pusera feitiço num pequeno ídolo de cobre, rogando-lhe que, por seu amor, o trouxesse ao pescoço, e ninguém tinha sido capaz de lho arrancar.

Não creio, com efeito, em feitiços; apenas digo o que vi para avisar aos homens que fujam de mulheres que usam de semelhantes ardis. Estejam certos de que estas, por terem perdido a vergonha para com Deus (sendo obrigadas mais do que os homens a guardar honestidade), em nenhuma coisa mereçem confiança. A troco de levar adiante sua paixão e aquele sentimento que nelas põe o demônio, não veem o que fazem. Eu, apesar de tão ruim, neste ponto jamais caí, nem pretendi fazer mal e nem se pudesse quis eu forçar alguém a ter-me amor, porque disto me guardou o Senhor; mas se Ele me tivesse deixado, teria eu agido mal demais como nas coisas, pois de mim nada há que fiar.

6. Quando isto soube, comecei a mostrar-lhe mais afeição. Bom era o fim, má a obra, pois para conseguir um bem, por grande que fosse, não havia de fazer um pequeno mal. Falava-lhe com frequência de Deus. Isto devia aproveitar-lhe, mas o que sobretudo o moveu, creio, foi o querer-me muito. Para me dar prazer, acabou por entregar-me o pequeno ídolo, que logo mandei lançar ao rio. Mal o tinha tirado, começou, como quem desperta dum grande sono, a entrar em si e a ver tudo o que tinha feito naqueles anos; e, espantando-se de seu procedimento, doendo-se de sua perdição, pôs-se a aborrecer a causa de seus males. Muito lhe deve ter valido Nossa Senhora, da qual

era muito devoto de sua conceição e no seu dia lhe fazia grande festa. Por fim, deixou por completo de ver a tal pessoa, e não se fartava de dar graças a Deus, que o tinha iluminado.

Morreu ao cabo de exatamente um ano, contado desde o primeiro dia em que o vi. Todo esse tempo passou sobremaneira no serviço de Deus, pois aquela grande afeição que me tinha nunca entendi ser má, ainda que pudesse ser mais espiritual. Verdade é que houve ocasiões em que, se a lembrança de Deus não estivesse bem presente, poderia haver perigo de o ofender gravemente. Como já disse, coisa que em meu entender fosse pecado mortal, não seria então capaz de fazer. E parece-me que essa disposição que ele via em mim contribuiu para me ter amizade, pois, segundo creio, devem os homens ser mais amigos de mulheres inclinadas à virtude; e elas, por este caminho, conseguirão melhor suas pretensões, como depois direi.

Tenho por certo que este, de quem falei, está em via de salvação, pois morreu muito bem e muito apartado daquela ocasião de pecar. Parece que o Senhor quis salvá-lo por esses meios.

7. Estive naquele lugar três meses, com grandíssimos padecimentos, pois foi o tratamento mais enérgico do que comportava a minha compleição. Findados dois meses, à força de remédios, quase se me tinha acabado a vida; cresceram-me tanto as dores de coração, das quais me tinha curado, que me parecia às vezes tê-lo rasgado por dentes agudos. Chegaram a temer que fosse raiva. Além da falta absoluta de forças – porque nada podia comer, apenas bebia alguma coisa –, tinha grande fastio, febre contínua e o organismo muito gasto em consequência de me terem feito tomar purgativos todos os dias ao longo de um mês. Estava tão abrasada que meus nervos começaram a encolher com dores insuportáveis; nem de dia nem de noite podia ter descanso algum. Sentia profundíssima tristeza.

8. Eis o que havia lucrado quando me tornou a trazer meu pai. Fez-me novamente examinar por vários médicos. Todos me desenganaram ao declarar que, além de todos esses males,

estava tísica. Disto pouco se me dava; o que me afligia era ter dores contínuas, dos pés à cabeça, porque – no dizer dos próprios médicos –, são intoleráveis essas dores de nervos e, como os meus se encolhiam todos, sofria duro tormento. Prouvera a Deus não o tivera eu perdido por minha culpa!

Nesse sofrimento mais agudo estive cerca de três meses. Parecia impossível alguém suportar tantos males em conjunto. Eu mesma agora pasmo de os haver sofrido e tenho por grande mercê do Senhor a paciência que me deu Sua Majestade, a qual se via claramente dele vir. Muito me foi útil, para isso, haver lido a história de Jó nos Morais de São Gregório. Parece que o Senhor me tinha preparado e disposto por meio desta leitura, e da oração, que eu já começara a ter, a fim de poder suportar meus males com tanta conformidade. Com o mesmo Senhor eram todas as minhas práticas. Trazia muito de ordinário no pensamento estas palavras de Jó e costumava repeti-las: "Se das mãos do Senhor recebemos os bens, por que não recebemos também os males?" (Jó 2,10). Isto parecia dar-me novas forças.

9. Veio a Festa de Nossa Senhora em agosto, que até então, desde abril, havia durado o tormento, conquanto maior nos últimos três meses. Logo tratei de confessar-me, que de o fazer a miúdo sempre fui amiga. Pensaram que o pedia por medo de morrer e, para não me alarmar, meu pai não consentiu. Ó amor carnal e demasiado, que, ainda de pai tão católico e esclarecido – pois o era deveras, e não foi nele ignorância –, teria podido fazer-me grande mal! Naquela mesma noite fui acometida duma crise tão forte que fiquei sem sentidos pouco menos de quatro dias. Deram-me, nesse estado, o Sacramento da Unção, e cada hora ou momento pensavam ver-me expirar. Não faziam senão repetir o Credo, como se eu entendesse alguma coisa. Por vezes me julgaram já morta; até cera cheguei a achar depois nos olhos.

10. Grande era o pesar de meu pai, por não me ter permitido a confissão; não se cansava de orar e clamar a Deus.

Bendito seja aquele que se dignou ouvi-lo; pois, estando há um dia e meio aberta a sepultura no meu mosteiro à espera do corpo e feitas já as exéquias num convento de nossos frades fora da cidade, quis o Senhor que eu recobrasse os sentidos e tornasse a mim.

Logo quis confessar-me. Comunguei com muitas lágrimas. Em meu parecer, por sentimento e pena de haver ofendido a Deus, isto bastaria para me salvar se não me servisse de escusa o engano em que me tinham feito cair alguns confessores que afirmaram não haver pecado mortal onde decerto havia, como vi depois. As dores que me ficaram eram intoleráveis, de modo que não estava bem em mim; apesar disso fiz a confissão inteira, em meu parecer, de tudo o quanto tinha consciência de haver ofendido a Deus. Essa mercê, entre outras, me fez Sua Majestade: depois que comecei a comungar, jamais deixei de confessar coisa em que julgasse haver pecado, mesmo venial. Contudo, considero bem duvidosa minha salvação se então tivesse morrido, por serem, de uma parte, tão pouco letrados os confessores, e, de outra, por ser eu tão ruim, além de muitos outros motivos.

11. É certo, com efeito, que neste ponto de minha vida, vendo como, por assim dizer, ressuscitou-me o Senhor, sinto tão grande espanto que chego quase a tremer. Parece-me que te fora bem, ó minha alma, ponderar de que perigo te livrara o Senhor e, já que por amor não deixavas de ofendê-lo, ao menos por temor o deixasses, pois te poderia matar outras mil vezes em estado mais perigoso. Creio que não exagero muito em dizer outras mil, ainda que ralhe comigo quem me mandou ter moderação no contar os meus pecados. E bem aformoseados vão...

Por amor de Deus, a Ele peço que de minhas culpas nada diminua, pois aqui mais se vê a magnificência de Deus e o quanto tolera uma alma. Bendito seja para sempre! Praza à Sua Majestade que eu antes fique reduzida a cinzas que torne a deixar de lhe ter amor.

CAPÍTULO 6

Trata do muito de que foi devedora ao Senhor por lhe dar conformidade em tão grandes sofrimentos. Como tomou por medianeiro e advogado ao glorioso São José, e quanto isto lhe valeu.

1. Após os quatro dias que passei como morta, fiquei em tal estado, que só o Senhor sabe os incomportáveis tormentos que eu sentia. A língua dilacerada, de tão mordida; a garganta apertada, em consequência de nada haver tomado e da fraqueza extrema que mal me deixava respirar – a ponto de nem água poder engolir. Parecia-me estar toda desconjuntada, com a cabeça em grandíssimo desatino. Fiquei encolhida, à semelhança de um novelo – pois nisto vieram a parar os tormentos daqueles dias –, tão incapaz de mover braços, pés, mãos e cabeça, se outros não me moviam, como se estivesse morta. Só um dedo da mão direita, ao que me lembro, podia menear. Não sabiam como tocar em mim, pois sentia tantas dores, que não podia sofrer. Serviam-se de um lençol, o qual duas pessoas seguravam, cada uma de seu lado, para me mudarem de posição.

Durou isso até Páscoa florida[13]. O alívio que tinha era que, se não se chegavam a mim, as dores cessavam muitas vezes. Só com esse pouco já me parecia estar boa, pois tinha receio faltar-me a paciência; assim, tive grande contentamento de já me ver sem tão agudas e contínuas dores, ainda que as sentisse insuportáveis quando me vinham os frios intensos

---

13. Domingo de Ramos.

das violentas quartãs duplas de que fiquei padecendo, além de completo fastio.

2. Tão grande era a minha pressa de voltar ao meu mosteiro que, mesmo nesse estado, me fiz levar. A que esperavam morta receberam com alma, mas o corpo, pior que morto, causava pena de ser visto. O extremo de fraqueza não se pode dizer; só tinha ossos. Assim fiquei mais de oito meses; o estar tolhida, ainda que fosse melhorando, durou quase três anos. Quando comecei a andar de gatinhas, louvava a Deus. Sofri com grande resignação e até, exceto nos primeiros tempos, com grande alegria, pois tudo me parecia bagatela em comparação com as dores e tormentos do princípio. Muito conformada estava com a vontade de Deus, ainda que me deixasse sempre assim.

Se tinha desejos de sarar, penso, era unicamente para ficar só e orar como antes, pois na enfermaria não havia meios. Confessava-me muito a miúdo e, de ordinário, tratava de Deus, de modo que se edificavam todas, admirando-se da paciência que o Senhor me dava, pois, a não vir das mãos de Sua Majestade, parecia impossível poder sofrer tanto mal com tanto contentamento.

3. De muito me valeram as mercês recebidas do Senhor na oração; esta me fazia entender que coisa é amá-lo. Só daquele pouco tempo, vi brotarem em mim virtudes novas, como vou dizer, embora não demasiado fortes para me sustentar no caminho da justiça. Não dizia mal de pessoa alguma, por pouco que fosse; antes, de costume, evitava toda murmuração, pois trazia muito diante dos olhos não dever dizer de outrem o que não queria que dissessem de mim. Guardava isto com muito extremo, nos casos que se apresentavam, embora não com tanta perfeição que não resvalasse quando me davam grandes ocasiões, mas era bem raro. O mesmo preceito persuadia tanto às que cercavam e tratavam comigo, que se habituaram a observá-lo. Acabaram todas por entender que, onde estava eu, tinham seguras as costas,

e que o mesmo estilo guardavam minhas discípulas e aquelas com quem eu tinha amizade e parentesco. Em outras coisas, entretanto, tenho de prestar muitas contas a Deus pelo mau exemplo que lhes dava. Praza a Sua Majestade perdoar-me dos muitos males de que fui causa, embora minha intenção não fosse tão má como depois eram os atos.

4. Fiquei desejosa de soledade, amiga de falar e de tratar de Deus, em achando com quem mais contentamento e deleite me dava isto que toda a galanteria, ou, por melhor dizer, toda a grosseria da conversação do mundo. Comungava e confessava-me muito mais a miúdo que dantes e sempre com grandes desejos. Era amicíssima de ler bons livros. Tinha grandíssimo arrependimento quando me acontecia ofender a Deus; lembro-me de que não ousava muitas vezes fazer oração, por temor do grandíssimo pesar que nela ia sentir de o haver ofendido, o que era para mim o pior castigo. Isto foi crescendo depois e chegou a tal extremo que não sei a que comparar esse tormento. E não era, nem pouco nem muito, por temor. Isto jamais! O que me afligia era a lembrança dos regalos que o Senhor me fazia na oração e do muito de que lhe era devedora, e ver quão mal lho pagava. Não podia sofrer, e atormentava-me em extremo as muitas lágrimas com que chorava minhas culpas ao ver como era pouca a emenda, não bastando minhas resoluções, nem essa mesma dor em que me via, para não tornar a cair quando me expunha a ocasiões de queda. Pareciam-me lágrimas enganosas que tornavam depois maior a culpa, porque via a grande mercê que me fazia o Senhor em mas dar juntamente com tão grande arrependimento. Procurava logo confessar-me e, de minha parte, fazia, creio, de tudo para recuperar a graça.

Todo mal advinha de não cortar pela raiz as ocasiões e de ter confessores que pouco me ajudavam. Se esses me dissessem que eu andava em perigo e era obrigada a não ter aquelas relações mundanas, creio que sem dúvida ficaria tudo remediado, pois eu de modo algum sofreria estar em pecado mortal um só dia se disso tivesse consciência.

Todos esses sinais que temos de Deus vieram-me com a oração, e a maior graça era ir tudo envolto, sem lembrança de castigo. Todo o tempo que passei tão mal tive a consciência muito em guarda acerca de pecados mortais. Oh! Valha-me Deus! Desejava eu a saúde para melhor servi-lo, e ela foi a causa de todo o meu mal!

5. Vendo-me tão tolhida em tão pouca idade, no estado em que me tinham posto os médicos da terra, resolvi recorrer aos do céu, pois desejava curar-me, embora sofresse com muita alegria. Imaginava que tendo saúde serviria muito mais a Deus, mas por vezes refletia também que, se me havia de condenar curada, melhor seria continuar como estava. É um dos nossos erros: não nos submetermos por inteiro ao que faz o Senhor, apesar de saber Ele melhor do que nós o que nos convém.

6. Comecei a mandar celebrar missas e a recitar orações muito aprovadas; nunca fui amiga de outras devoções praticadas por algumas pessoas, sobretudo mulheres, com cerimônias que lhes causam consolação, e a mim parecem insuportáveis. Deu-se, pois, a entender que não convinham; eram supersticiosas. Tomei por advogado e senhor o glorioso São José, e encomendei-me muito a ele. De claro vi que, assim desta necessidade como de outras maiores referentes à honra e à perda da alma, este pai e senhor meu salvou-me com lucro melhor para mim do que eu lhe sabia pedir. Não me recordo de lhe haver, até essa hora, suplicado graça que tenha deixado de obter. Coisa admirável são as grandes mercês que me há feito Deus por intermédio deste bem-aventurado santo, e os perigos de que me há livrado, assim de corpo como de alma. A outros santos parece ter dado o Senhor graça para socorrer numa determinada necessidade; ao glorioso São José, tenho experiência de que socorre em todas. Quer o Senhor dar a entender que, assim como lhe foi sujeito na Terra – pois São José, na qualidade de pai, embora adotivo, o podia mandar –, assim no céu atende a todos os seus pedidos.

A mesma coisa, por experiência, viram outras pessoas a quem eu aconselhava encomendar-se a ele; e hoje há muitas que lhe são devotas e experimentam cada dia essa verdade.

7. Procurava eu fazer sua festa com toda a solenidade que podia, mais levada pela vaidade que pelo espírito, querendo que fosse tudo do melhor e mais primoroso, embora com boa intenção. Mas tinha isto de mal: se o Senhor me dava graça para algum bem, tudo fazia com imperfeição e muitas faltas. Para o mal e para os exageros e vaidades, tinha grande esperteza e diligência. O Senhor me perdoe!

A todos quisera persuadir que fossem devotos desse glorioso santo, pela grande experiência que tenho de quantos bens alcança de Deus. Não conheço pessoa que deveras lhe seja devota e lhe renda particulares obséquios que não a veja medrar na virtude, porque muitíssimo ajuda ele às almas que se encomendam ao seu patrocínio. De alguns anos para cá, parece-me, sempre no dia de sua festa lhe peço alguma coisa, e nunca deixei de a ver cumprida. Se o pedido não é muito razoável, ele o endireita para maior bem meu.

8. Se eu fosse pessoa com autoridade para escrever, gostaria de me prolongar e narrar, ainda que por miúdo, as mercês que esse bendito santo tem feito a mim e a outros; mas, para não ir além do que me mandaram, em muitas coisas direi menos do que desejaria, e outras, pelo contrário, falarei mais do que seria mister; enfim, com quem para tudo que é bom tem pouca discrição. Só peço, por amor de Deus, que o prove quem me não crer; e verá por experiência o grande bem que é encomendar-se a esse excelso patriarca e ter-lhe amor. Em particular, as pessoas de oração sempre deveriam ser-lhe afeiçoadas. Não sei em verdade como se pode pensar na Rainha dos Anjos, no tempo em que tanto passou com o Menino Jesus, sem dar graças a São José pelo auxílio que lhes prestou. Quem não encontrar mestre que o ensine, tome esse glorioso santo por mestre, e não errará no caminho. Praza ao Senhor não

tenha eu errado em me atrever a falar nele, porque, embora apregoando ser-lhe devota, muito tenho faltado no seu serviço e na sua imitação.

Mostrou São José em mim quem é ao agir de modo que pude levantar-me, andar e não estar tolhida; e eu mostrei quem sou, usando mal dessa mercê.

9. Quem pudera pensar que eu havia de cair tão depressa, depois de tantos dons de Deus, depois de haver começado a receber de Sua Majestade virtudes que me estimulassem a servi-lo; tendo estado quase morta e em tão grande perigo de ser condenada, e tendo sido ressuscitada, alma e corpo, de modo que os que me tinham visto se espantavam de estar eu viva? Que é isto, Senhor meu? Em tão perigosa vida havemos de viver? Enquanto isto, escrevo; parece-me que, mediante vosso favor e vossa misericórdia, poderia dizer o mesmo que São Paulo, embora sem a mesma perfeição: "Já não vivo eu, senão Vós, criador meu, viveis em mim" (Gl 2,20). Há alguns anos me tendes de vossa mão, ao que posso entender, e vejo-me com desejos e determinações – e de alguma maneira o provei por experiência em muitos casos – de não fazer coisa contra vossa vontade, por mínima que seja, pois sem advertência devo ofender em demasia Vossa Majestade. Também me parece que não se me oferecerá empresa por amor de Vós que eu deixe de acometer com grande denodo; e, de fato, nalgumas, para as levar a cabo, me tendes ajudado. Não quero o mundo, nem coisa que dele proceda; nem me parece achar contentamento em algum objeto fora de Vós. Tudo o mais é para mim pesada cruz.

Bem posso enganar-me – e assim será –, não tendo isto que digo; mas Vós sabeis, meu Senhor, que não minto. Temo, todavia, e com muita razão, que uma vez mais me abandoneis, pois sei até onde vai a minha fortaleza e pouca virtude quando me deixais de confortar e ajudar sempre, a fim de que eu não me afaste de Vós. Praza a Vossa Majestade que, ainda agora parecendo-me sentir o que acabo de dizer, não esteja eu abandonada de Vós.

Não sei como queremos viver, sendo tudo tão incerto. Julgo, Senhor meu, já impossível deixar-vos tão inteiramente como tantas vezes vos deixei; mas não posso ficar sem temer, porque assim que vos apartáveis um pouquinho de mim, logo dava com tudo no chão.

Bendito sejais para sempre, pois, ainda quando deixava eu a Vós, não me deixastes Vós a mim por completo que me não tornasse eu a levantar, dando-me Vós sempre a mão; e muitas vezes, Senhor, eu a não aceitava, nem queria entender como de novo me estáveis chamando, segundo agora direi.

CAPÍTULO 7

Conta de que modo foi perdendo as mercês que o Senhor lhe havia feito, e quão culpada vida começou a ter. Diz os males que há em não serem muito fechados os mosteiros de monjas.

1. Comecei, de passatempo em passatempo, de vaidade em vaidade, de ocasião em ocasião, a meter-me em mui grandes perigos e a andar com a alma tão estragada em muitas frivolidades que já tinha vergonha de me tornar a chegar a Deus em tão particular amizade como é o trato da oração. Ajudou-me a isso o fato de começarem a escançar os gostos e regalos nas coisas de virtude, em consequência de terem crescido meus pecados. Via eu ao claro, Senhor meu, que me faltava a mim o gosto porque vos faltava eu a Vós.

Foi este o mais terrível engano que me podia fazer o demônio, sob o pretexto de humildade: pus-me a ter receio de fazer oração por me ver tão perdida. Parecia-me melhor andar com a maioria – pois em ser ruim das piores – e só rezar vocalmente e o que tinha de obrigação; não era justo ter oração mental e tanto trato com Deus quem merecia estar com os demônios e vivia a enganar-nos, pois no exterior tinha boas aparências.

Não se há de culpar a casa onde eu estava, pois, com minha esperteza, conseguia terem boa opinião de mim. Não era, aliás, com advertência, fingindo cristandade, porque em matéria de vanglória e hipocrisia – glória seja dada a Deus! – não me recordo de o ter jamais ofendido, tanto quanto posso julgar.

Logo no primeiro movimento sentia tanto pesar que o demônio saía perdendo, e, eu, ficava com lucro; e assim, nesse particular, muito poucas tentações tenho tido. Porventura se permitira Deus que eu nisto fosse tentada tão de rijo como em outras coisas, também teria caído; mas até agora me tem guardado Sua Majestade: seja para sempre bendito! Até, longe disso, desgostava-me muito que me tivessem em boa conta, sabendo o que em segredo havia em mim.

2. A razão de não me considerarem tão ruim era que, embora eu fosse moça e me achasse em tantas ocasiões, viam que me apartava muitas vezes e buscava solidão para rezar e ler muito; gostava de falar de Deus; era amiga de fazer pintar sua imagem em muitas partes e de ter oratório, ornando-o de modo a causar devoção; não murmurava, e ainda havia em mim outros costumes do mesmo gênero que tinham aparência de virtude; e eu, tão vã, como sabia prevalecer-me das coisas a que o mundo em geral tem estima. Com isso, davam-me tanta liberdade quanto às muito antigas, e ainda mais, e tinham grande segurança a meu respeito. Em verdade, tomar a liberdade de fazer coisas sem permissão, como por exemplo, por buracos ou paredes à noite, nunca me pareceu algo que pudesse conciliar com minha consciência num mosteiro ao falar desta forma; nem o fiz, porque me teve o Senhor em sua mão. Parecia-me, ao olhar e ponderar com advertência e atenção essas outras muitas coisas, que seria muito malfeito pôr em perigo, por minha ruindade, a honra de tantas boas religiosas; como se fossem louváveis outras coisas que eu fazia! Embora fosse verdade, não era o mal tão de caso pensado como seria o que acima disse.

3. O que me prejudicou não pouco, a meu ver, foi não estar em mosteiro muito encerrado; porque a liberdade que as boas podiam ter sem culpa, pois não tendo prometido clausura, não estavam obrigadas a mais, para mim, que sou má, decerto me teria levado ao inferno, se o Senhor, por tantos meios, remédios e particulares dons, não me tivera arrancado

a esse risco. Tenho por grandíssimo perigo mosteiros de mulheres com liberdade[14]; mais os considero portas abertas para o caminho do inferno às que quiserem ser ruins do que remédio para suas fraquezas.

Isso que digo não se entenda do meu, porque há nele tantas monjas que servem muito deveras e com perfeição ao Senhor, que Sua Majestade, bom como é, as não pode deixar de favorecer; não é, aliás, dos muito abertos, e nele se guarda toda religião. Falo de outros que sei e tenho visto.

4. Digo que me causa isso grande lástima. É preciso o Senhor fazer particulares chamamentos, e não uma, senão muitas vezes, para que se salvem, a tal ponto estão autorizadas as honras e conversações do mundo. Tão mal-entendidas são as obrigações do estado religioso que praza a Deus não tenham por virtude o que é pecado, como eu amiúde fazia. Dar-lhes a entender essas coisas é tão difícil, que é mister, para o conseguir, que o Senhor nisso ponha muito deveras a mão.

Se os pais tomassem meu conselho, dir-lhes-ia que, se não lhes importa pôr suas filhas em lugar onde estejam não em caminho de salvação, mas em pior perigo que no mundo, ao menos olhem pelo que toca a própria honra. Prefiram casá-las em condições muito desvantajosas, ou tê-las em casa, a metê-las em semelhantes conventos, a menos que tenham muito boas inclinações, e praza a Deus que isso lhes baste! Com efeito, no mundo, se alguém quiser ser ruim não o poderá dissimular por muito tempo; aqui o poderá muitíssimo, conquanto afinal o Senhor o descubra; e não só prejudica a si, senão a todas. E muitas vezes não têm culpa as pobrezinhas, porque seguem os costumes que encontram. É digno de lástima ver como muitas querem apartar-se do mundo e, pensando que vão servir ao Senhor e viver preservadas de perigos, se vêm a achar em dez mundos juntos sem saberem como se hão de defender ou re-

---

14. Liberdade para saírem a passar temporadas em casa de parentes, como acontecia antes do Concílio de Trento.

mediar, pois a mocidade, a sensibilidade e o demônio se unem para convidar e inclinar a seguir várias coisas que são do mesmo mundo; e esse ali é tido por bom, a modo de dizer[15].

Parece-me, em parte, o caso dos desventurados hereges, que se querem cegar e fazer entender aquilo que é bom, que seguem e o creem assim, quando na realidade não o creem, porque dentro de si têm quem lhes diga que estão errados.

5. Oh! Grandíssimo mal! Grandíssimo mal o dos religiosos – falo agora tanto de mulheres como de homens – que vivem em casa onde não se guarda religião; em mosteiro onde há dois caminhos: o da virtude e observância e o do relaxamento, ambos igualmente trilhados... E digo mal; não por igual, pois, por nossos pecados, o mais imperfeito é o mais frequentado e, como tal, é também o mais favorecido. Tão pouco trilhado é o da verdadeira religião que o religioso ou religiosa que deveras quer começar a viver em tudo segundo seu chamamento, mais tem de se guardar dos membros de sua casa do que de todos os demônios; e mais cautela e dissimulação há de ter para falar na amizade que deseja travar com Deus, que em outras amizades e afeições que o demônio introduz nos mosteiros. Não sei, ao certo, como estranhamos haver tantos males na Igreja, quando os que haviam de ser modelos de que todos copiassem as virtudes tão apagado têm em si o debuxo primoroso que, com seu grande espírito, os santos passados deixaram nas ordens religiosas! Praza à Divina Majestade dar remédio a tanto mal, com vê que é mister. Amém.

6. Comecei eu também a ter dessas conversações, vendo que era costume, sem cuidar que resultariam para minha alma o prejuízo e a distração que depois constatei haver em semelhantes tratos. Parecia-me que essas visitas, sendo coisa tão generalizada em muitos mosteiros, não fariam maior mal

---

15. Refere-se às conversações exteriores nos locutórios muito frequentados naquele tempo em que os seculares não tinham outras distrações e prezavam-se de mostrar-se espirituais.

a mim do que às outras que eu via serem boas. Não considerava eu que tinham muito mais virtudes e que havia perigo para mim onde para elas não haveria tanto; pois algum duvido que deixe de haver, ainda quando não seja senão perda de tempo. Estando eu, certa vez, com uma pessoa, bem ao princípio de a conhecer, quis o Senhor dar-me a entender que não me convinham aquelas amizades, avisando-me e esclarecendo-me em tamanha cegueira. De fato, representou-se Cristo diante de mim, com muito rigor, dando-me a entender o quanto aquilo lhe pesava. Com os olhos da alma o vi, mais claramente do que pudera ver com os do corpo, e ficou-me sua imagem tão impressa que ainda agora, passados mais de vinte e seis anos, tenho a sensação de o ver presente. Fiquei muito atemorizada e perturbada, e não quis mais receber a pessoa com quem estava.

7. Muito me prejudicou pensar que não é possível ver alguma coisa a não ser com os olhos do corpo. Ajudou-me o demônio nessa falsa persuasão, fazendo-me entender que era impossível; havia-o imaginado; podia ter sido artifício diabólico e outras coisas semelhantes; embora sempre me ficasse um parecer-me que era Deus, e não imaginação. Como, porém, não me dava gosto aquela lembrança, tratei de me dissuadir. Finalmente, como a ninguém ousei contar o sucedido e instaram muito comigo, assegurando-me de que ver essa referida pessoa não fazia mal e não era perder a honra, senão ganhá-la, voltei à mesma conversação, e até, em outros tempos, a outras, porque foram muito os anos em que tomei essa recreação pestilencial. Por estar nela metida, não me parecia tão má quanto era, embora algumas vezes visse claramente não ser boa; mas nenhuma me causou tanta distração como a dessa pessoa, porque lhe tive muito afeto.

8. Estando outra vez na mesma companhia, vimos – e outros que ali estavam também viram – vir para nós uma espécie de sapo grande com andar muito mais ligeiro do que o ordinário. Não posso explicar como podia haver, em pleno dia, semelhante animal, pois nunca houve, e a impressão que em

mim produziu não me parece sem mistério e, de igual modo, jamais me saiu da memória. Ó grandeza de Deus! Com quanta solicitude e piedade me estáveis avisando por todos os modos, e quão pouco me aproveitou!

9. Havia ali uma religiosa antiga, minha parenta, grande serva de Deus e muito observante. Esta também me avisava algumas vezes, e eu não só não lhe dava crédito, mas desgostava-me com ela, parecendo-me que se escandalizava sem razão.

Quis dizê-lo para que se entenda minha maldade e a grande bondade de Deus, e quanto mereci o inferno por tão grande ingratidão; e ademais para que, se em qualquer tempo Deus ordenar e for servido de que se leia isto, as monjas aprendam com meu escarmento. A todas peço, por amor de Nosso Senhor, que fujam de semelhantes recreações. Praza a Sua Majestade por meu meio tirar dessa ilusão alguma das muitas que enganei dizendo que não era mal e incutindo segurança em tão grande perigo; tudo em consequência de minha cegueira, pois propositadamente não as queria enganar. O certo é que pelo mau exemplo que lhes dei, repito, fui causa de bastantes males, não pensando agir de maneira tão errônea.

10. Estando eu enferma, naqueles primeiros tempos, embora nem a mim soubesse valer, fui acometida de grandíssimo desejo de fazer bem aos outros; tentação muito frequente nos principiantes, ainda que comigo tenha dado bom resultado.

Como queria tanto a meu pai, queria dar-lhe parte no tesouro que me parecia ter achado na oração, pois a meu ver não existia nesta vida; e assim, com rodeios, como pude, comecei a procurar que a tivesse. Dei-lhe livros a esse propósito. Como era muito virtuoso, segundo já disse, achou tanta disposição nele este exercício, que em cinco ou seis anos, mais ou menos, foram tais seus progressos que eu louvava muito ao Senhor e sentia grandíssimo consolo. Consideráveis provações de muitos lados lhe vieram; todas sofreu com perfeita conformidade. Ia ver-me muitas vezes consolando-se de discorrer acerca das coisas de Deus.

11. Depois, andando eu tão dissipada e sem ter oração, como vi que me julgava a mesma de antes, não o pude sofrer sem desfazer o engano; porque estive um ano, e ainda mais, apartada desse exercício, a imaginar ter mais humildade. Esta, como depois direi, foi minha maior tentação, e poderia acabar de perder-me. Pois com a oração, se num dia fazia a Deus alguma ofensa, em muitos outros tornava a recolher-me e a apartar-me mais das ocasiões.

Como o bendito homem vinha com os mesmos assuntos, era duro para mim vê-lo tão enganado pensando que eu continuava a tratar com Deus como costumava, e disse-lhe que já não tinha oração, mas ocultei-lhe a causa. Aleguei minhas enfermidades que me estorvavam, pois, apesar de me haver curado daquela tão grave, sempre tenho tido e ainda tenho outras bem grandes. Desde certo tempo, é verdade, têm diminuído de intensidade, não deixando, entretanto, de me atormentar de muitas maneiras. Entre outras, durante vinte anos, todas as manhãs, tinha vômitos de modo a não poder alimentar-me antes de meio-dia e, às vezes, mais tarde. Depois que comungo com mais frequência, acometem-me à noite quando vou deitar-me, com muito maior sofrimento, porque sou obrigada a provocá-los mediante penas ou coisas semelhantes; se o deixo de fazer, sinto-me muito mal e quase nunca estou – penso não exagerar – sem muitas dores, e algumas vezes bem graves, em especial no coração, conquanto o mal, que dantes era contínuo, seja agora muito espaçado. Da paralisia aguda e outras enfermidades de febres que costumava ter com frequência, acho-me boa há oito anos. De todos esses males já tão pouco se me dá que muitas vezes chego a alegrar-me, parecendo-me que de algum modo com isto sirvo ao Senhor.

12. Acreditou meu pai nas minhas palavras porque era incapaz de dizer mentira, e eu, segundo o que com ele tratava, também não a havia de dizer. Acrescentei, para o convencer mais, que já fazia muito em poder rezar o ofício no coro, não obstante ver bem que isto não me servia de desculpa, pois

não era causa bastante para omitir um exercício que não exige forças corporais, senão somente amor e costume; e o Senhor sempre dá oportunidade para a oração quando a queremos ter.

Sempre, repito, pois ainda que em certas ocasiões ou em casos de enfermidade não se consiga por vezes ter muito tempo de solidão, não deixa de haver outras épocas em que se tenha saúde para isso. Na mesma enfermidade e nas ocasiões difíceis, eis a verdadeira oração para a alma que sabe amar: oferecer seus sofrimentos, recordar-se daquele por quem se sofre e conformar-se com seus males, além de mil outros bons pensamentos que se oferecem, exercitam o amor; pois para a oração não é tão indispensável haver tempos de soledade que, em faltando esses, não seja possível orar. Mediante um pouquinho de cuidado, granjeiam-se grandes bens nas épocas em que o Senhor, com trabalhos, nos tira o tempo da oração; e assim os havia eu achado quando tinha boa consciência.

13. Meu pai, com a boa opinião que tinha de mim e o amor que me consagrava, acreditou em tudo, e até ficou compadecido; mas, como era já tão altivo seu estado, as suas visitas se tornaram rápidas, retirava-se logo que me tinha visto, dizendo que prolongá-las era perder tempo. Eu, que o desperdiçava em outras vaidades, não apurava tanto as coisas.

Não foi só ele, mas várias outras pessoas procurei que tivessem oração. Andando eu metida ainda nessas vaidades, como as via amigas de rezar vocalmente, ensinava-lhes o modo de meditar, dava-lhes livros, e disso tiravam proveito, porque sempre, desde que comecei a oração, como já disse, desejo que todos sirvam a Deus. Parecia-me justo, uma vez que eu não servia ao Senhor conforme a minha consciência, que não se perdessem as luzes que me havia dado Sua Majestade, e outros o servissem em meu lugar. Digo isso para que se veja em que grande cegueira vivia, pois me deixava perder enquanto procurava salvar os outros.

14. Nesse tempo foi meu pai acometido pela enfermidade de que morreu, a qual durou algum tempo. Fui tratar

dele, estando mais enferma na alma que ele no corpo, e metida em muitas vaidades. Tanto quanto posso julgar, porém, não era a ponto de estar em pecado mortal, durante todo esse tempo, mais perdido a que me refiro, pois advertidamente nunca ficaria em mau estado.

Passei demasiados trabalhos em sua enfermidade; creio que lhe paguei alguma coisa dos que ele tinha passado nas minhas. Apesar de me sentir muito mal, esforçava-me. Faltando-me ele, faltava-me todo o bem e regalo com que me cercava; contudo, tive tão grande ânimo para não mostrar minha dor e manter-me a seu lado até que expirasse, como se nada estivesse sentindo. Parecia-me, entretanto, que se me arrancava a alma ao ver que se lhe ia acabando a vida, porque o amava muito.

15. Foi para louvar a Deus a morte que teve; seu desejo de morrer; os conselhos que nos dava após haver recebido a Extrema Unção [Unção dos Enfermos]; a encarregar-me de encomendá-lo a Deus e para ele pedir misericórdia; e de sempre servimos ao Senhor, tendo presente como tudo acaba. Dizia-nos com lágrimas o grande pesar que sentia de não o haver servido como deveria; quisera ser – ter sido – frade, e da mais estrita observância.

Tenho por muito certo que o Senhor, com antecedência de quinze dias, lhe deu a entender que não havia de viver, pois antes não pensava nisso, embora estivesse mal e, a partir de então, nenhum caso fazendo de haver melhorado muito e de afirmarem os médicos que ficaria bom, só cuidava de preparar a alma.

16. Foi seu maior mal uma dor grandíssima nas espáduas, a qual jamais o deixava e por vezes se tornava tão aguda que muito o afligia. Disse-lhe eu que sendo, como era, muito devoto do Senhor, com a cruz às costas, pensasse que, com essa dor, queria Sua Majestade dar-lhe a sentir alguma coisa do que havia sofrido naquele passo. Ficou tão consolado que nunca mais lhe ouvi um gemido, ao que me parece.

Três dias passou quase sem sentidos. No dia em que morreu, restituiu-lhe o Senhor o conhecimento de modo tão perfeito que causou pasmo; e assim o teve até que no meio do Credo, dizendo-o ele mesmo, expirou. Ficou como um anjo, e bem convencida estou de que o era, por assim dizer, tão boa era sua alma e tais as suas disposições.

Não sei para que contei isto, senão para tornar mais culpada minha vida ruim, depois de ter visto tal morte coroar tal existência. Ao menos, para me parecer um pouco com tal pai, devera ter melhorado. Dizia seu confessor, um dominicano muitíssimo douto, que não duvidava de que tivesse ido diretamente para o céu, porque, confessando-o havia alguns anos, louvava sua pureza de consciência.

17. Esse dominicano[16], padre muito virtuoso e temente a Deus, foi-me de grande proveito, porque me confessei com ele e tomou a peito fazer bem à minha alma e abrir-me os olhos acerca da perdição em que eu vivia. Fazia-me comungar de quinze em quinze dias; pouco a pouco, tratando com ele, falei-lhe da minha oração. Disse-me que não a deixasse, pois não me poderia causar senão proveito. Voltei a fazê-la, ainda que sem me tirar das ocasiões; e nunca mais a deixei.

A vida que levava era penosíssima, porque na oração percebia mais minhas faltas. De um lado, Deus me chamava; de outro, eu seguia o mundo. Davam-me grande contentamento todas as coisas divinas; as humanas traziam-me atada. Em meu parecer, queria eu conciliar esses dois contrários tão inimigos um do outro, que são: vida espiritual, contentamentos, gostos e passatempos dos sentidos. Na oração, padecia grande trabalho, porque o espírito não era senhor, senão escravo; e não me podia encerrar dentro de mim, que era o meu método na oração, sem encerrar juntamente comigo mil vaidades. Passei assim muitos anos, e agora me espanto como pode uma criatura sofrer sem deixar uma ou outra coisa.

---

16. O Padre Vicente Varrón.

Bem sei que deixar a oração já não estava em minhas mãos, porque me tinha nas suas aquele que me queria para me fazer maiores mercês.

18. Oh! Valha-me Deus! Se houvera de dizer as ocasiões de que me tirava o Senhor nesses anos; e como tornava eu a meter-me nelas, e de quantos perigos de perder de todo o crédito Vós me librastes! Eu nas minhas obras a descobrir o que era, e o Senhor a encobrir males e a fazer brilhar alguma pequena virtude, se é que a tinha, e a torná-la grande aos olhos de todos. Dessa maneira sempre me tinham em grande conta porque, embora transparecessem às vezes minhas vaidades, como viam outras obras que lhes pareciam boas, não me julgavam mal.

É que já via o Sabedor de todas as coisas que isto era mister para me darem algum crédito, quando depois viesse eu a tratar de seu serviço; e olhava sua soberana grandeza não meus grandes pecados, senão o desejo que eu muitas vezes tinha de o servir e a pena que sentia por me faltar fortaleza para o realizar.

19. Ó Senhor da minha alma! Como poderei encarecer as mercês que nesses anos me fizestes! E como, no tempo em que eu mais vos ofendia, num instante me dispúnheis, com grandíssimo arrependimento para que gozasse de vossos regalos e mercês! Na verdade, escolhíeis, Rei meu, o mais delicado e penoso castigo que para mim podia haver, como quem bem sabia o que mais me havia de doer. Com regalos grandes castigáveis meus delitos. E não creio dizer desatinos, embora fora justo ficar desatinada ao repassar na memória minha ingratidão e maldade.

Era tão mais penoso, para minha condição, receber mercês quando havia caído em graves culpas do que receber castigos; uma só dessas graças, penso poder dizer: por certo mais me aniquilava, confundia e afligia do que muitas enfermidades, junto com muitas outras provações. Estas, bem o via, eram merecidas e, de algum modo, expiavam meus pecados, embora muito pouco por serem tão grandes. Receber, porém, novas mercês pagando tão mal as recebidas, é gênero de tormento terrível para mim e, creio, para toda alma que tiver algum conhecimento ou amor de Deus. Isto mesmo se pode observar ainda nas coisas profanas, em quem tem nobreza de caráter. Logo me vinham lágrimas e aborrecimento contra mim, vendo-me tão sem fortaleza que estava em vésperas de tornar a cair, embora meus propósitos e desejos por então, isto é, naquela hora, fossem firmes.

20. Grande mal é para uma alma achar-se entregue a si entre tantos perigos. Parece-me, quanto a mim, que, se eu houvesse achado com quem me abrir, isso me teria valido para não tornar às minhas faltas, ao menos por vergonha, já que não me continha a reverência a Deus.

Por esse motivo, aos que têm oração, sobretudo nos princípios, aconselharia eu a procurar amizade e trato com outras pessoas que se ocupem do mesmo exercício. É coisa importantíssima, ainda que não seja senão para se auxiliarem mutuamente com suas orações; quanto mais que há muitas outras vantagens. Se nas conversações e afeições humanas, não muito boas, é costume buscar amigos com quem espairecer, para ter ensejo e gosto de lhes contar prazeres tão vãos, não sei por que não se há de permitir à alma que começa deveras a amar e servir a Deus o entreter-se com alguma pessoa a respeito de seus prazeres e trabalhos, pois tanto de uns como de outros têm os que tratam de oração. Com efeito, se de fato quer ter amizade com o Senhor, não tenha medo de vanglória; e se algum primeiro movimento o acometer, saia-se com mérito. Creio que, indo com este fim, quem tratar dessas coisas de oração aproveitará a si e aos que o ouvirem; sairá mais ensinado, e ainda, sem saber como, ensinará a seus amigos.

21. Quem de falar nisto tiver vanglória, também a terá em ouvir missa com devoção quando o estão olhando e em praticar outras coisas que, sob pena de não ser cristão, cumpre fazer e nunca omitir por medo de vaidade.

É esse ponto de tão grande importância para as almas que não estão fortalecidas em virtude e têm tantos inimigos – e também amigos que a incitam para o mal –, que não sei como o encarecer. Por ser coisa muitíssimo importante, parece o demônio usar desse ardil; tanto faz os bons fugirem de dar a perceber que deveras querem e procuram amar e contentar a Deus, como incita os maus a descobrirem suas afeições desonestas, tão em voga, que dir-se-ia se gloriam delas e chegam a apregoar as ofensas contra Deus.

22. Não sei se digo desatinos. Se o são, rasgue-os Vossa Mercê; se não o são, suplico-lhe que ajude a minha ignorância acrescentando aqui muitos argumentos. Já andam as coisas do serviço de Deus tão desfavorecidas que é mister aos que o servem arrimarem-se uns aos outros, para irem adiante – a tal ponto se tem por bom a andar nas vaidades e divertimentos do mundo. Para estes, poucos olhos estão atentos; mas se uma só alma começa a dar-se a Deus, há tantos que murmuram a ponto de lhe ser forçoso buscar companhia e defesa, até que já esteja forte e não tenha medo de padecer. A não ser assim, ver--se-á em grande apuro.

Será talvez por esse motivo que muitos santos usavam ir viver nos ermos. Seja como for, é próprio do humilde não se fiar de si, mas crer que, em atenção às pessoas com quem conversa, conceder-lhe-á o Senhor o seu auxílio. Cresce a caridade com a comunicação, e há mil bens que eu não ousaria dizer se não tivesse grande experiência de quão importante é esse ponto.

Verdade é que sou mais fraca e ruim que todos os nascidos; mas creio que não perderá quem se humilhar e não se julgar forte, ainda que o seja, dando crédito nessas coisas aos mais experimentados. De mim ,só sei dizer que, se o Senhor não me tivera descoberto essa verdade e dado meios para muito amiúde tratar com pessoas que têm oração, eu, de tanto cair e levantar-me, acabaria por precipitar-me no inferno; pois para cair havia muitos amigos que me ajudavam, e para me levantar achava-me tão só que me espanto agora de não haver ficado caída, e louvo a misericórdia de Deus, que era só Ele quem me dava a mão. Seja bendito para sempre, para sempre. Amém.

CAPÍTULO 8

Trata do grande proveito que, para não perder a alma, lhe veio de não se afastar por completo da oração, e de quão excelente remédio é para recuperar o bem perdido. Persuade a todos que tenham oração. É tão útil que, ainda quando se venha adeixá-la, há grande vantagem em, por algum tempo, fruir de tão grande bem.

1. Não foi sem motivo que ponderei tanto este tempo de minha vida, conquanto bem compreenda que a ninguém pode agradar ver coisa tão ruim. Por certo quisera que me detestassem os que isto lessem, à vista duma alma tão pertinaz e ingrata para com aquele que tantas mercês lhe há feito; e quisera ter licença para dizer as muitas vezes que nesse tempo faltei a Deus por não estar arrimada à forte coluna da oração.

2. Passei nesse mar tempestuoso quase vinte anos ora caindo ora levantando, mas levantava-me mal, pois tornava a cair. Tinha tão baixa vida de perfeição que quase nenhuma conta fazia de pecados veniais, e, se temia os mortais, não era tanto como devera, já que não me apartava dos perigos. Sei dizer que é uma das vidas mais penosas que me parece possível imaginar, porque nem gozava de Deus, nem achava contentamento no mundo. Quando folgava com este, a lembrança do que devia a Deus me atormentava; quando estava com Deus, perturbavam-me as afeições do mundo. É tão penosa a guerra que não sei como a pude sofrer um mês, quanto mais tantos anos!

Contudo, claramente vejo a grande misericórdia que me fez o Senhor dando-me ânimo para ter oração, tendo eu de tratar com o mundo. Digo ânimo porque não sei para que coisa de quantas há na terra é mister tê-lo maior do que para trair o Rei, e, sabendo que ele está a par de tudo, ser obrigada a nunca sair de sua presença. É certo que estamos sempre diante de Deus, mas, parece-me a mim, é de outra maneira para os que tratam de oração; estes veem que o Senhor os está olhando, enquanto os demais passam talvez muitos dias sem ao menos se lembrarem de que Deus os vê.

3. Verdade é que nesses anos houve muitos meses – creio que alguma vez um ano inteiro – em que me guardava de ofender ao Senhor ao dedicar-me muito à oração, ao fazer algumas e até bastante diligências para não o ofender. Trato agora disso para que tudo o que escrevo vá com toda a verdade. Como, todavia, guardo escassa lembrança dessas boas temporadas, devem ter sido raras, ao passo que muitas foram as más. Poucos dias passava sem ter largos tempos de oração, a menos que estivesse muito mal de saúde ou por demais ocupada. Quando estava mal, vivia melhor com Deus, procurava que as pessoas que tratavam comigo também o fizessem e suplicava-o ao Senhor, falava dele muitas vezes.

Foi assim que, excetuado o tempo de que falei, em vinte e oito anos que são decorridos desde que comecei a oração, mais de dezoito sustentei essa batalha e contenda de tratar com Deus e com o mundo. Nos demais, que agora me restam, por dizer, mudou a causa da guerra embora esta não seja pequena, mas estando eu, ao que penso, no serviço de Deus e conhecendo a vaidade do mundo, tudo se me tem feito suave como direi depois.

4. O fim de me estender tanto foi, como já disse, para que se veja a misericórdia de Deus e minha ingratidão a fim de que se entenda o grande bem que faz Deus a uma alma, dispondo-a a ter ávida oração, mesmo que não esteja bem-disposta por completo. Se perseverar por pecados, tentações e

quedas de mil maneiras que lhe ocasione o demônio, tenho por certo que enfim o Senhor a conduzirá ao porto da salvação como o que agora, parece, me conduziu a mim. Praza a Sua Majestade não me torne eu a perder.

5. Os bens que encontra quem se exercita na oração, na oração mental, digo, muitos santos e pessoas virtuosas os têm escrito. Glória a Deus por esse benefício! Quando assim não fora, embora eu seja pouco humilde, não é tanta a minha soberba que me atrevesse a falar de semelhante assunto.

Do que tenho experiência e posso dizer é que, em virtude de males que faça quem começou a se entregar à oração, não a deixe, pois com ela terá meios de os remediar; sem ela será isto muito mais difícil. A ninguém tente o demônio como a mim, abandonando a oração sob pretexto de humildade. Creia que as palavras do Senhor não podem faltar: se nos arrependemos deveras com propósito de não o ofender mais, torna a ter a amizade que tinha, a fazer as mercês que antes fazia e, às vezes, muito mais, se tal merece o arrependimento.

A quem ainda não começou rogo, por amor do Senhor, que não se prive de tanto bem. Não há que temer aqui senão que esperar. Quando não vá adiante – nem se esforce por adquirir perfeição de modo a merecer as delícias e consolações que aos perfeitos dá o Senhor –, por pouco que aproveite, irá pouco a pouco aprender o caminho para o céu; e se perseverar, espero tudo da misericórdia de Deus. Sei que ninguém o tomou por amigo sem achar correspondência, pois outra coisa, em meu parecer, não é a oração mental senão tratar com intimidade aquele que sabemos que nos ama, e estar muitas vezes conversando a sós com Ele. Talvez ainda o não ameis, pois, para ser verdadeiro o amor e duradoura a amizade, hão de concordar os gênios e não podeis resolver-vos a amá-lo tanto, sendo a sua condição tão diferente da vossa. A do Senhor – já sabe – é não poder incorrer em falta, ser perfeito, enquanto nós, por natureza, somos viciosos, sensuais e ingratos. Contudo, considerando o muito que Ele vos ama e o quanto vos importa ter a sua amizade, suportai o constrangimento de estar muito tempo com quem é tão diferente de vós.

6. Ó bondade infinita de meu Deus! Desta sorte parece-me estar vendo a Vós e a mim! Ó regalo dos anjos! Quando isto vejo, quisera desfazer-me toda em amor vosso! Quão certo é que sofreis Vós por quem não quer sofrer junto de si! Oh! Que bom amigo sois, Senhor meu! Como ides com paciência regalando a alma à espera de que se amolde à vossa condição e até que o consigais, sofreis Vós a sua! Levais em conta, meu Senhor, os tempos em que vos quer e, por um vislumbre de arrependimento de sua parte, olvidais quanto vos tem ofendido.

Eu mesmo o vi e não entendo, criador meu, por que o mundo todo não procura chegar-se a vós para travar particular amizade. Até os que somos maus e não temos vossa condição, devemos aproximar-nos de Vós para que nos façais bons. Assim acontecerá se consentirem, que ao menos duas horas diárias estejais em sua companhia, ainda que não fiquem eles convosco senão com mil preocupações, cuidados e pensamentos do mundo como eu fazia. Por esse esforço para estarem em tão boa convivência – pois vedes que nos princípios, e mesmo depois algumas vezes, é só o que podem conseguir – fazeis pressão, Senhor, aos demônios, a fim de que não os acometam e tenham cada dia menos forças para os tentar, ao passo que lhas dá e a aumentais de modo a poderem vencer. Sim, Vida de todas as vidas: a nenhum matais dos que se fiam de Vós e vos querem por amigo; antes lhes sustentais o corpo com mais saúde e lhes dais vida à alma.

7. Não entendo o que receiam os que temem começar a oração mental, tampouco sei de que têm medo. Bem faz o demônio em infundi-lo a fim de causar o verdadeiro mal, de modo que, atemorizada, não pense eu no quanto ofendi a Deus, no muito que lhe devo, em que há inferno e há glória, e nos grandes trabalhos e dores que padecestes por mim.

Esta foi toda a minha oração enquanto andei nesses perigos, tais os meus pensamentos quando me podia recolher, e, durante alguns anos, muitíssimas vezes mais me ocupava em desejar que terminasse o tempo que fixara para ter oração e em escutar se o relógio dava horas do que em outras coisas boas. Inúmeras vezes não sei que penitência grave se me apresentaria que eu não a acometesse de melhor vontade do que recolher-me a orar na mente.

E, na verdade, era tão insuportável a violência que me fazia o demônio – ou o meu mau costume – para que não fosse à oração, bem como tal a tristeza que me dava ao entrar no oratório, que para me vencer era mister valer-me de todo o meu ânimo, o qual, julgam-no, não é pequeno. Com efeito, tem-se visto que Deus mo deu muito superior ao das mulheres, somente o tenho empregado mal.

Por fim, ajudava-me o Senhor e, depois de me ter eu assim forçado, achava-me com mais quietação e regalo do que outras vezes em que tinha desejo de rezar.

8. Se, pois, o Senhor por tanto tempo tolerou criatura tão ruim como eu e se – conforme se vê claramente – pela oração se remediaram todos os meus males, que pessoa, por pior que seja, poderá temer? Embora muito má, não o será tantos anos depois de haver recebido tantas graças de Deus. E quem poderá desconfiar se o Senhor tanto me tolerou só porque eu desejava e procurava algum lugar e tempo para o ter comigo, e isto muitas vezes sem vontade, fazendo-me grande violência, ou, antes, fazendo-ma o próprio Senhor? Pois se aos que não o servem antes o ofendem, a oração faz tanto bem e é tão necessária que razoavelmente ninguém pode objetar mal algum maior que o de a não ter; se assim for, digo, por que hão de deixá-la os que servem a Deus e o querem servir? Por certo, se não é para passarem mais penosamente os trabalhos da vida fechando a Deus a porta para que não lhes dê contentamento, não o posso entender. Causam-me, na verdade, lástima, pois

às expensas próprias servem a Deus. Quanto aos que tratam de oração, o mesmo Senhor lhes dá ajudas de custo e por um nadinha que se esforcem, concede-lhes consolações para deste modo aguentarem os trabalhos.

9. Como das consolações que dá o Senhor aos que perseveram na oração muito se tratará adiante, nada direi aqui, apenas que para as mercês tão grandes que me tem feito, a porta é a oração. Fechada esta, não sei como as poderá fazer, ainda que queira entrar e deliciar-se com uma alma e a deleitá-la, não haverá por onde, pois Ele a quer sozinha, pura e desejosa de receber suas graças. Se lhe opusermos muitos tropeços e nada fizermos para os remover, como há de vir a nós? E depois queremos que nos faça Deus grandes mercês!

10. Para todos verem sua misericórdia e o grande bem que foi para mim não haver deixado a oração e a lição[17], aqui direi – visto muito importar que saibam – os assaltos que dá o demônio a uma alma para a ganhar e os artifícios e a misericórdia com que o Senhor procura chamá-la novamente a si. Digo-o a fim de se precatarem dos perigos de que não me guardei. E sobretudo, por amor de Nosso Senhor e pela grande misericórdia com que nos anda conquistando para voltarmos a si, peço que evitem as ocasiões, pois se nelas se meterem, não há que fiar em guerra onde tantos inimigos nos combatem e onde somos tão fracos para nos defender.

11. Quisera saber exprimir o cativeiro em que nesses tempos andava minha alma. Bem compreendia eu que era escrava, mas não acabava de entender do que, nem podia crer de todo que fossem tão más como sentia em meu espírito as coisas que os confessores não consideravam graves. Disse-me um – indo eu consultá-lo a respeito de um escrúpulo – que, mesmo em estado de elevada contemplação, não me seriam inconvenientes semelhantes tratos e conversações.

---

17. A leitura.

Isto foi já nos últimos tempos quando, com o favor de Deus, me ia apartando mais dos grandes perigos, embora não me tirasse por inteiro das ocasiões. Como me viam com bons desejos e ocupada em oração, julgavam-me de modo deveras favorável, mas bem entendia eu que não fazia aquilo a que estava obrigada tão somente para um Senhor a quem devia tanto. Lástima causa-me agora o muito que sofreu minha alma pelo pouco socorro que por toda parte achava, a não ser em Deus e a muita liberdade que lhe davam para seus passatempos e distrações, com dizerem que eram lícitos.

12. Tormento não pequeno eram para mim os sermões. Gostava muito de os ouvir, de sorte que, se um pregador discorria bem e com fervor, tomava-me por ele de particular afeição, sem procurar tê-la nem saber quem ma infundia. Quase nunca me parecia tão mau um sermão que não o ouvisse de boa vontade, ainda quando o pregador não falasse bem, segundo diziam os ouvintes. Se era bom, servia-me de particular deleite.

De falar ou ouvir falar de Deus quase nunca me cansava desde que comecei a ter oração. Por um lado, tinha grande consolo nos sermões; por outro, ficava atormentada porque eles me davam a perceber que em muitas coisas não era eu o que devera ser. Suplicava então ao Senhor que me ajudasse, mas, ao que me parece agora, estava a falta em não pôr eu por completo a confiança em Sua Majestade, perdendo-a inteiramente a meu respeito. Buscava remédio, fazia diligências, mas provavelmente não compreendia ainda que tudo aproveita pouco se, tirando em absoluto a confiança em nós mesmos, não a pomos de todo em Deus.

Desejava viver, pois bem tinha entendido que não vivia, antes pelejava com uma sombra de morte. E não havia quem me desse vida nem a podia eu conseguir: e quem ma podia dar tinha razão de não me socorrer, pois tantas vezes me tinha chamado a si e eu sempre tornava a deixá-lo.

CAPÍTULO 9

Trata dos modos pelos quais começou o Senhor a despertar sua alma, dando-lhe luz em tão grandes trevas e fortalecendo-a nas virtudes para que não o ofendesse mais.

1. Andava minha alma já cansada e, embora quisesse, não a deixavam sossegar os maus costumes que tinha. Aconteceu-me, entrando um dia num oratório, ver uma imagem que trouxeram e ali guardaram para certa festa que se fazia em casa. Era de Cristo muito chagado tão devota que só de pôr nela os olhos e vê-lo em tal estado fiquei toda perturbada, porque representava de maneira bem vívida o que por nós passou. Foi tanto o que senti, tão mal haver agradecido aquelas chagas que parecia partir-se-me o coração. Lancei-me a seus pés derramando muitíssimas lágrimas e suplicando-lhe que me fortalecesse duma vez para não o ofender mais.

2. Sou também devotíssima da gloriosa Madalena e amiúde pensava em sua conversão, sobretudo quando comungava. Como sabia ao certo que então o Senhor estava dentro de mim, punha-me a seus pés parecendo-me que não eram de desprezar minhas lágrimas. Na verdade, ignorava o que estava a dizer, pois muito fazia Ele em consentir que as derramasse por sua causa, tornando eu tão depressa a olvidar aquele sentimento. Costumava encomendar-me àquela gloriosa santa para que me alcançasse perdão.

3. Parece-me, entretanto, que, nesta última vez a que me referi, foi maior o fruto quando vi a imagem porque já andava muito desconfiada de mim e punha toda a minha confiança em Deus. Tenho ideia de que lhe disse então que não me levantaria dali até que fizesse o que lhe suplicava. Tenho certeza de que me valeu esta súplica, pois fui melhorando muito desde esse dia.

Tinha eu este modo de oração: como não podia discorrer com o entendimento, procurava representar a Cristo dentro de mim e sentia-me melhor, em meu parecer, nos passos em que o via mais só. Imaginava que estando sozinho e aflito, como pessoa necessitada me havia de acolher. Dessas simplicidades tinha muitas.

Em especial, achava-me muito bem na oração do horto, fazia-lhe aí muita companhia. Pensava naquele suor e na aflição que o Senhor tinha tido. Desejaria, se fosse possível, enxugar tão penoso suor, mas recordo-me de que jamais ousava determinar-me a fazê-lo, à lembrança de meus tão graves pecados. Ficava com Ele o mais que me permitiam meus pensamentos, porque eram muitos os que me atormentavam. Durante longos anos quase todas as noites antes de adormecer, quando me encomendava a Deus para dormir, sempre pensava um pouco nesse passo da oração do horto, mesmo antes de ser monja, porque me disseram que se lucram numerosas indulgências. Tenho para mim que por aqui minha alma ganhou muito, pois comecei a ter oração sem saber o que era e, pelo costume de tanto tempo, não deixava de o fazer, assim como de me persignar para dormir.

5. Torno ao que dizia acerca do muito que me atormentavam os pensamentos. O modo de orar sem discurso do entendimento tem isto de particular: a alma ou tira muito proveito ou anda muito perdida, digo, perdida em distrações. Em aproveitando, é grande seu lucro porque é progredir em amor. Mas para chegar a tal ponto muito lhe custará, salvo se

o Senhor – como acontece a certas pessoas das quais conheço algumas – dignar-se de levar a alma dentro de pouquíssimo tempo à oração de quietação. A quem vai por este caminho é útil um livro para depressa se recolher. A mim aproveitava também ver campos, águas e flores. Nestas coisas achava a memória do Criador, isto é, despertavam-me o fervor, recolhiam-me e serviam-me de livro, recordando-me, ao mesmo tempo, de meus pecados e de minhas ingratidões. Coisas do céu ou coisas elevadas, jamais, jamais pude imaginar, tão grosseiro era meu entendimento até que o Senhor por outro modo mas representou.

6. Tinha tão pouca habilidade para figurar alguma imagem no interior, que exceto o que via, em nada me podia valer da imaginação como a outras pessoas que conseguem fazer representações quando se recolhem. Quanto a mim, só podia pensar em Cristo como homem, contudo jamais o pude representar no meu interior por mais que lesse a respeito de sua formosura e olhasse suas imagens. Acontecia-me como a uma pessoa que está cega ou às escuras e, falando com outra, sente que está com ela, porque tem certeza da sua presença, quero dizer: percebe e crê que a outra está ali, mas não a vê. Dessa maneira acontecia comigo quando pensava em Nosso Senhor. Por esse motivo era tão amiga de imagens. Desventurados os que por sua culpa perdem tão grande graça! Bem parece que não amam o Senhor, pois se o amassem folgariam de ver seu retrato, tal qual no mundo dá contentamento contemplar o de uma pessoa a quem se quer bem.

7. Deram-me nesse tempo as Confissões de Santo Agostinho. Parece-me ter sido por determinação do Senhor, porque as procurei e jamais as tinha visto. Sou muito afeiçoada a Santo Agostinho, por ser de sua ordem o mosteiro onde estive como educanda e por ter sido pecador. Com efeito, nos santos que do meio dos pecados o Senhor tomou a si, achava eu muito consolo, parecendo que neles havia de achar auxílio e que, assim como lhes tinha o Senhor perdoado, poderia perdoar

também a mim. Só uma coisa me desconsolava, como já disse: é que a eles chamava o Senhor uma só vez e não tornavam a cair, ao passo que a mim chamara já tantas vezes, e isto me afligia. Contudo, considerando seu amor para comigo, tornava a animar-me pois de mim desconfiava continuamente, mas de sua misericórdia jamais duvidei.

8. Oh! Valha-me Deus! Como me espanta a dureza de minha alma apesar de tantas ajudas de Deus! Faz-me estar temerosa ver quão pouco eu podia comigo e como me sentia atada e não me resolvia a dar-me toda a Deus.

Lendo as Confissões, parecia-me ver meu retrato. Comecei a encomendar-me muito ao glorioso Santo Agostinho. Quando cheguei à sua conversão, e li como no jardim ouviu aquela voz, dir-se-ia que o Senhor era quem me falava, tamanha era a dor de meu coração. Estive largo tempo toda desfeita em lágrimas, sentindo em mim grande aflição e tormento.

Oh! Quanto sofre uma alma – valha-me Deus! – por perder a liberdade e o domínio que deveria ter! E de que tormento padece! Admiro-me agora de como pude viver tão atormentada. Seja Deus louvado, que me deu vida para sair de morte tão mortal!

9. Grandes forças, parece-me, recebeu minha alma da Divina Majestade, que deve ter ouvido meus clamores, compadecendo-se de tantas lágrimas. Começou a crescer em mim o gosto de estar mais tempo com o Senhor e pus-me a fugir das ocasiões porque, tiradas estas, logo tornava a amar Sua Majestade. Bem entendia eu, a meu ver, que o amava, mas não compreendia como mais tarde havia de compreender em que consiste amar deveras a Deus.

Por assim dizer, ainda não tinha acabado de me resolver a servi-lo quando já recomeçava Sua Majestade a deliciar minha alma. Dir-se-ia que as graças que os outros com tanto trabalho procuram adquirir, instava o Senhor a mim para que as quisesse receber, pois nos últimos anos já me dava gostos e regalos. Suplicar-lhe eu que mos desse, ou ternura de devoção, foi coisa a que jamais me atrevi; só lhe pedia que me concedesse graça para não o ofender e me perdoasse os grandes pecados. Como os via tão graves, ainda desejar consolações e deleites jamais ousei com advertência. Achava que já muito fazia sua piedade – e em verdade era usar comigo de muita misericórdia – consentindo-me estar diante de si e trazendo-me à sua presença, pois bem via que se Ele não me procurasse tanto, eu só por mim nunca me resolveria.

Apenas uma vez em minha vida recordo-me de ter pedido gostos, estando com muita secura, mas logo caí em mim e fiquei tão confusa que a mesma dor de me ver tão pouco humilde me deu o que ousara pedir. Bem sabia eu ser lícito pedir consolações, mas parecia-me que assim é para os que estão bem dispostos que procuraram com todas as suas forças a verdadeira devoção, e esta consiste em não ofender a Deus e em estar pronto e determinado para todo o bem.

Considerava que minhas lágrimas eram mulheris e sem eficácia, pois com elas não obtinha o que desejava. E, contudo, creio que me valeram porque, torno a dizer, em especial depois dessas duas vezes de tão grande arrependimento, lágrimas e dor de minha alma, comecei a me dar mais à oração e a tratar menos das coisas que me prejudicavam. Não as deixei de todo, mas foi-me ajudando Deus a desviar-me delas. Como não estava Sua Majestade a esperar senão alguma correspondência de minha parte, cresceram as mercês espirituais da maneira que agora direi. Coisa desusada, pois não as costuma dar o Senhor senão aos que têm mais limpeza de consciência.

CAPÍTULO 10

Começa a declarar as mercês que o Senhor lhe fazia na oração; diz até que ponto podemos cooperar da nossa parte e o muito que importa entendermos as mercês que o Senhor nos faz. Pede à pessoa a quem envia esta relação que daqui em diante seja secreto o que escrever, pois lhe mandam narrar em minúcias as graças recebidas do Senhor.

1. Como já disse[18], algumas vezes comecei a sentir, embora passasse com muita brevidade, o que agora direi. Acontecia-me, quando me figurava interiormente estar junto de Cristo – segundo referi acima –, e até mesmo lendo, vir-me, de repente, tal sentimento da presença de Deus que de nenhuma maneira podia duvidar que estava o Senhor dentro de mim e eu toda engolfada nele.

Não era a modo de visão: creio ser o que chamam de mística teologia. Fica suspensa a alma de tal sorte que parece estar fora de si por completo. A vontade ama; a memória, a meu ver, está quase perdida; o entendimento não discorre, mas, ao que me parece, não se perde, entretanto, torno a dizer, não age; está, poder-se-ia dizer, espantado do muito que alcança porque Deus quer dar-lhe a compreender que nada entende daquilo que Sua Majestade lhe representa.

2. Antes disso, tivera eu com constância uma ternura que em parte se pode procurar, ao que me parece. É um regalo que não é bem dos sentidos, nem bem espiritual, tudo dado por

---

18. Capítulo 4.

Deus. Penso, entretanto, que para isto podemos concorrer pondo-nos a considerar nossa baixeza e nossa ingratidão para com Deus; o muito que fez por nós; sua paixão em que sofreu tão graves dores; sua existência tão atribulada e deleitando-nos com a vista de suas obras, de sua grandeza, de seu amor para conosco além de várias outras coisas que ocorrem muitas vezes à alma desejosa de progresso espiritual, ainda que não ande com muita advertência. Se, a par disto, há algum amor, regala-se a alma, enternece-se o coração, correm as lágrimas. Algumas vezes parece que as arrancamos à força; outras, dir-se-ia que o Senhor nos faz doce violência para não podermos desistir. A meu ver, paga-nos Sua Majestade aquele cuidadinho[19] com um dom tão precioso como é o consolo que dá à alma o ver que chora por tão grande Senhor, de modo não me espanto, pois razão ela tem de sobra para se consolar. Ali se regala e se deleita!

3. Acho boa esta comparação que agora me ocorre: os gozos das almas na oração são como os que no céu devem ter os eleitos, cada um dos quais – vendo apenas o que o Senhor lhe permite ver de acordo com seus merecimentos e conhecendo quão poucos são estes – está contente com o lugar que lhe coube. Entretanto, a diferença que há dum para outro dos gozos do céu é grandíssima, muito superior à que distingue entre si os gozos espirituais na Terra, por mais considerável que seja.

E, em verdade, a alma no início da vida espiritual, quando lhe faz Deus essa mercê, quase acredita já não haver mais a desejar. Julga-se bem paga de todos os seus serviços e tem razão de sobra, pois uma lágrima dessas que, repito, quase procuramos, conquanto sem Deus nada se faça, tenho para mim que nem com todos os trabalhos do mundo se pode comprar porque muito se ganha com elas. E que maior prêmio do que termos algum testemunho de estarmos contentando a Deus? Quem a este ponto chegar por conseguinte, louve-o muito e considere-se

---

19. O cuidado de estar alguém recolhido a pensar em coisas espirituais.

deveras endividado, pois parece o Senhor já querê-lo para sua casa e escolhê-lo para seu reino, se não tornar atrás.

4. Não queira saber das humildades – das quais pretendo tratar – de certas pessoas que imaginam ser virtude não compreenderem que o Senhor as vai favorecendo. Convençamo-nos bem a fundo de que Deus nos concede seus dons sem nenhum merecimento nosso – pois assim é de fato – e demos graças a Sua Majestade porque se não conhecermos o que Ele nos dá, não nos sentiremos estimulados a amá-lo. E é coisa muito certa: quanto mais nos vemos enriquecidos, conhecendo que por nós mesmos somos pobres, mais proveito tiramos desse conhecimento e até mais humildade verdadeira. O resto é acovardar o ânimo a ponto de julgar-se incapaz de grandes bens se, em começando o Senhor a comunicar-lhe seus tesouros, começa a alma a encolher-se com medo de vanglória.

Tenhamos fé: aquele que dá os bens também dará graça para que, se principiar o demônio a tentar-nos nesse ponto, logo o entendamos e tenhamos fortaleza para resistir. Digo isso, bem entendido, dos que andam com retidão diante de Deus pretendendo agradar só a Ele e não aos homens.

É coisa muito sabida que mais amamos uma pessoa quando muito nos lembramos dos benefícios que nos faz. Se, pois, é lícito e tão proveitoso sempre recordarmos não só que Deus nos deu a existência, nos tirou do nada e nos sustenta, e de todos os demais benefícios, de seus tormentos e de sua morte – coisas que muito antes de nos criar já fizera em prol de cada um dos que agora vivem – por que não me será lícito reconhecer, ver e considerar muitas vezes que dantes costumava falar em vaidades e agora, por mercê de Deus, não tenho mais vontade de falar a não ser nele? Eis aí uma joia e se reconhecermos que ela nos foi dada e a possuímos, forçosamente seremos estimulados a amar, pois o amor é o fruto da oração fundada na humildade.

E que será quando virmos em nosso poder outras joias mais preciosas, de desprezo do mundo e ainda de nós mesmos, semelhantes às que têm recebido alguns servos de Deus? É claro que nos havemos de ter por mais devedores e por mais obrigados a servir, entendendo que nada disso tínhamos e reconhecendo a liberalidade do Senhor. A uma alma tão pobre, ruim e de nenhum merecimento como era a minha, bastava a primeira dessas joias e ainda era demasiada, entretanto, quis Ele cumular-me de riquezas maiores do que eu jamais pudera desejar.

6. De tais mercês é preciso cada um tirar forças para servir com mais ardor e não ser ingrato, pois com essa condição as dá o Senhor. Se não usamos bem de seus tesouros e do alto estado em que nos põe, Ele no-los tornará a tomar, e ficaremos muito mais pobres; e dará Sua Majestade as joias a quem as preze e tire proveito delas para si e para outros.

Mas como aproveitará e gastará com largueza quem não entende que está rico? É impossível, a meu ver – dada a condição de nossa natureza –, que tenha ânimo para coisas altas quem não entende que é favorecido por Deus. Com efeito, somos tão miseráveis e inclinados às coisas da Terra que dificilmente poderá aborrecer de fato e ter desapego de tudo daqui de baixo quem não entender que tem algum penhor dos de lá de cima, pois é por meio desses dons que o Senhor nos comunica a fortaleza que perdemos com os nossos pecados. Como poderá desejar que todos se desgostem dele e o aborreçam, e como se animará a praticar as grandes virtudes dos perfeitos, quem não tem alguma prenda do amor que Deus lhe tem, a par de uma fé viva? É tão falto de alento este nosso natural que logo nos deixamos levar pelo que vemos diante dos olhos; e assim esses mesmos favores são os que estimulam e fortalecem a fé. Bem pode ser que eu, tão fraca, julgue por mim, e que a outros baste a verdade da fé para fazerem obras muito perfeitas; mas confesso que, miserável como sou, precisei de todas essas graças.

7. Eles que o digam; quanto a mim, exponho o que se passou comigo, segundo me mandaram. Se estiver errada, aquele a quem me dirijo rasgará esta relação, pois melhor do que eu saberá entender o que não for acertado. A esse suplico pelo amor do Senhor: o que até aqui escrevi de meus pecados e ruim vida, pode publicar; desde agora lhe dou licença, assim como a todos os meus confessores, que também o é aquele a quem isso vai endereçado. Se quiserem, publiquem-no logo em minha vida para que eu não engane mais o mundo, pois pensam que há algum bem em mim; e decerto, pelo que agora sinto, digo com verdade que me darão grande consolo.

Não lhes concedo, porém, igual licença para o que vou dizer doravante, nem quero que, no caso de o mostrarem a alguém, digam quem o escreveu, quem é e a quem aconteceu. Não me nomearei, portanto, nem a pessoa alguma escrevendo tudo o melhor que puder a fim de não me tornar conhecida. Isto peço por amor de Deus. Bastarão pessoas tão letradas e graves para autorizarem alguma coisa boa, se o Senhor me der graça para a dizer; e se a houver, será dele e não minha, pois não tenho letras nem boa vida, não sou ensinada por letrado nem por pessoa alguma. Só os que mo mandaram escrever[20] sabem que o escrevo e ora não estão aqui. É quase furtando o tempo e com pena que o faço, porque fico impedida de fiar e estou em casa pobre, com muitas ocupações. Ainda se o Senhor me houvesse dado mais habilidade e mais memória, poderia com esta valer-me do que tenho ouvido e lido, mas sou muito desprovida de uma e de outra. Se, pois, alguma coisa boa disser, será que o Senhor assim quis para algum bem; o que houver de mau será meu e Vossa Mercê o suprimirá.

Em qualquer dos dois casos, nenhuma vantagem vejo em divulgar meu nome, enquanto eu viver – está claro – não se há de publicar o bem; depois de morta, não sei que efeito possa

---

20. Frei Domingos Báñez e Frei Garcia de Toledo, ambos da ordem do glorioso São Domingos.

produzir senão o de não darem valor ao bem e recusarem-lhe crédito por tê-lo dito pessoa tão baixa e tão ruim.

8. Ao pensar que Vossa Mercê e os que o lerem farão isto que por amor de Deus lhes peço, escrevo com liberdade; de outra maneira, teria grande escrúpulo, exceto no tocante aos meus pecados, que estes pouco se me dá de que os saibam. No mais, basta eu ser mulher para se me caírem as asas, quanto mais mulher e sem virtude! E assim, tudo o que for mais do que narrar tão somente o decurso de minha vida, tome-o Vossa Mercê para si, pois tanto me há importunado para que lhe escrevesse alguma notícia das mercês que me faz Deus na oração. Guarde-o se for conforme às verdades de nossa santa fé católica; e caso não o seja, queime-o logo que a isto me sujeito. Direi o que se passa comigo porque se estiver de acordo com essas mesmas verdades poderá fazer-lhe algum proveito e, se não, Vossa Mercê desenganará minha alma, para que não ganhe o demônio onde me parece que ganho eu. Bem sabe o Senhor, como depois direi, que sempre tenho trabalhado por buscar quem me dê luz.

9. Por mais que me queira exprimir com clareza nessas coisas de oração, muitas parecerão bem obscuras a quem não tiver experiência. Alguns impedimentos direi que, a meu ver, não deixam ir adiante neste caminho, e também falarei de outros pontos em que há perigo, servindo-me do que por experiência tenho aprendido do Senhor e tratado depois com grandes letrados e pessoas que de há muito se dão às coisas do espírito. Uns e outros reconhecem que, durante os meus vinte e sete anos apenas de oração, embora andara com tantos tropeços e tão mal nesse caminho, concedeu-me o Senhor, deu-me Sua Majestade, tanta experiência quanto a outros, em trinta e sete e quarenta e sete anos o têm trilhado sempre na penitência e no exercício das virtudes.

Seja por tudo bendito! E, por quem é, sirva-se de mim Sua Majestade, pois bem sabe meu Senhor que nisto só pretendo que seja um pouquinho louvado e engrandecido por haver, em monturo tão imundo e malcheiroso, plantado jardim de tão suaves flores. Praza a Sua Majestade que por minha culpa não torne eu a arrancá-las, voltando a ser o que era. Suplico a Vossa Mercê que, por amor do Senhor, peça-lhe isto, pois sabe quem sou mais claramente do que me permitiu dizer aqui.

CAPÍTULO 11

Diz a razão de não amarmos com perfeição a Deus desde logo. Começa a declarar, mediante uma comparação, quatro graus de oração. Trata aqui do primeiro. É muito proveitoso para os principiantes e para os que não têm gostos na oração.

1. Falando agora dos que começam a ser servos do amor – que não me parece outra coisa o determinarmo-nos a trilhar esse caminho – digo que é uma dignidade tão grande que só de pensar nela sinto enorme prazer porque o temor servil desaparece logo, se neste primeiro estado vamos como devemos ir. Ó Senhor de minha alma e meu Sumo Bem! Por que não quisestes que a alma, quando se decide a amar-vos, fazendo o que em suas mãos está, isto é, abandonando tudo para se entregar ao vosso amor, tenha logo o gozo de atingi-lo em grau perfeito? Disse mal. Devera queixar-me de nós e perguntar por que não o queremos? Com efeito, se desde o início não gozamos de tão alta dignidade, toda nossa é a culpa, pois o verdadeiro amor de Deus, quando chegamos a tê-lo com perfeição, traz consigo todos os bens. Somos tão mesquinhos e tardos em nos darmos por inteiro a Deus, que jamais nos acabamos de dispor, e Sua Majestade não quer que gozemos de coisa tão preciosa sem a pagarmos por bom preço.

2. Bem vejo que não há com que se possa comprar neste mundo tão grande bem; contudo, se fizéssemos o que está em nossas mãos, não nos apegando a coisa alguma terrena e pon-

do todo o nosso cuidado e trato no céu, se não tardássemos em nos dispor e nos entregar por completo a Deus como fizeram alguns santos, estou certa de que muito depressa nos seria dado esse bem. Mas, parecendo-nos que tudo damos, apenas oferecemos os rendimentos ou frutos, ao passo que ficamos com a raiz e a propriedade. Determinamo-nos a ser pobres – coisa que é de grande merecimento – e amiúde, no entanto, volvemos a excogitar e fazer diligências para que não nos falte não só o necessário, senão também o supérfluo, granjeando amigos que no-los deem. Assim, para que nada nos falte, temos maiores cuidados e nos expomos porventura a maior perigo do que antes, quando possuíamos a fazenda.

Parece que renunciamos à honra pelo fato de nos fazermos religiosos ou de começarmos a ter vida espiritual e a seguir o caminho da perfeição. Mal, porém, nos tocam um ponto de honra; esquecendo-nos de que já a demos a Deus, queremos novamente apoderar-nos dela e, por assim dizer, arrebatar-lha das mãos. Isto depois de o havermos feito por nossa livre vontade – ao menos em aparência – Senhor de tudo que é nosso.

3. Engraçada maneira de buscar o amor de Deus! E logo o queremos às mãos cheias, como costumam dizer. Conservarmos nossas afeições – uma vez que não procuramos realizar nossos desejos, nem acabamos de os levantar da terra – e termos muitas consolações espirituais não dá certo, nem me parece que uma coisa seja compatível com a outra. O resultado é que, assim como não nos resolvemos a dar tudo duma vez, também não se nos dá duma vez esse tesouro. Praza ao Senhor que, ao menos gota a gota, no-lo dê Sua Majestade, ainda que à custa de todos os trabalhos do mundo!

4. Grande misericórdia faz Ele a quem dá graça e ânimo para se decidir a procurar com todas as forças e constância esse bem; porque se perseverar, Deus a ninguém se nega. Pouco a pouco lhe vai habilitar o ânimo para que saia vitorioso. Digo ânimo, porque inúmeras são as dificuldades que o demônio apresenta aos principiantes para que não encetem deveras

esse caminho – como quem sabe o prejuízo que lhe advirá de perder não só aquela alma senão muitas. Com efeito, se o que começa fizer esforço com o favor de Deus para chegar ao auge da perfeição, creio que não irá sozinho ao céu, levará sempre muita gente atrás de si; como a bom capitão, dar-lhe-á Deus quem vá em sua companhia.

Mas – como já ponderei – são tantos os perigos e obstáculos que o demônio lhe põe diante dos olhos que, para não retroceder, é mister não pouca, senão muitíssima coragem e constante favor de Deus.

5. Deixando para depois o que entrei a dizer da mística teologia – creio que assim se chama – falarei dos primórdios das almas já resolvidas e granjear esse bem e a levar a cabo tal empresa. É então que maior trabalho têm porque Deus lhes dá o cabedal, mas são elas que labutam. Nos outros graus, pelo contrário, predomina, não obstante, o gozo, tanto no começo como no meio e no fim, todas carregam, posto que diferentes, as suas cruzes, pois, pelo mesmo caminho que trilhou Cristo, hão de ir os que o seguem, se não se quiserem perder. Bem-aventurados os trabalhos que, ainda nesta vida, recebem paga tão excessiva!

6. Terei de valer-me de alguma comparação, embora preferisse evitá-la por ser mulher e tão somente escrever o que me mandam; mas nesta linguagem espiritual é tão difícil aos que não têm letras, como eu, tratar dos mistérios, que terei necessidade de recorrer a algum expediente.

Pode ser que raramente acerte nalguma comparação adequada; servirá isso para que, à vista de tanta ignorância, recreie-se Vossa Mercê.

Aqui vou fazer uma comparação que me parece ter lido ou ouvido, mas, em virtude de minha má memória, não sei onde nem a que propósito. Para o que agora tenho a dizer, satisfaz-me. O principiante há de imaginar que, em terra onde brotam muitas ervas más, começa a plantar um jardim ou horto para que nele se deleite o Senhor. Sua Majestade arranca as ervas más e, passo a passo, planta as boas. Suponhamos que isto já está feito quando a alma se resolve a ter oração e nela começa a exercitar-se. Com a ajuda de Deus devemos, como bons jardineiros, procurar que cresçam as plantas, cuidando de as regar a fim de que não se percam e venham a dar flores de perfume suavíssimo, para deliciar a este Senhor nosso. Assim virá Ele muitas vezes deleitar-se em nosso horto e espairecer entre essas virtudes.

7. Vejamos agora de quantas maneiras se pode regar para sabermos bem o que havemos de fazer, que trabalho há de custar, se este é maior do que os proveitos, e quanto tempo durará. Parece-me haver quatro modos de regar: ou apanhar água a baldes num poço com grande trabalho; ou tirá-la dele mediante nora e alcatruzes movidos por um torno (assim a tenho tirado algumas vezes) o que cansa menos e dá mais água; ou trazê-la de algum rio ou arroio, e por este meio se rega muito melhor porque tem menos trabalho o jardineiro, mais molhada fica a terra e dispensável se torna regar a miúdo; ou por chuvas frequentes e copiosas, modo incomparavelmente melhor que tudo quanto foi dito, porquanto é então o Senhor quem rega, sem nenhum trabalho nosso.

8. Conforme meu intento, apliquemos agora à oração essas quatro espécies de rega, com que se há de conservar esse jardim, pois, sem ser regado perecerá. Pareceu-me poder declarar por este meio quatro graus de oração em que o Senhor, por sua bondade, tem posto algumas vezes minha alma. Praza à sua clemência, atine eu a dizê-lo de modo a aproveitar a uma das pessoas[21] que me mandaram escrever isto. O Senhor, em quatro meses, levou-a muito mais adiante do que eu estava ao cabo de dezessete anos. Correspondeu melhor, e assim rega sem trabalho seu vergel com todas essas quatro águas, ainda que a última não se lhe dê senão a gotas; mas vai de tal sorte que

---

21. O Padre Ibáñez, dominicano.

depressa se engolfará nela, com a ajuda do Senhor. Gostarei de que se ria se lhe parecer disparatado o meu modo de declarar.

9. Dos que começam a ter oração, podemos dizer que são os que a baldes tiram a água do poço. É muito penoso, segundo já disse, porque se hão de cansar em recolher os sentidos e, como estão acostumados a andar distraídos, têm não pequeno trabalho. Cumpre que se vão habituando a não se lhes dar nada de ver nem ouvir, e é preciso que assim façam efetivamente nas horas de oração, buscando soledade e pensando, apartados de tudo, em sua vida passada. Isto, aliás, todos o hão de fazer muitas vezes, tanto os que começam como os que já estão no fim do caminho, insistindo mais ou menos, como depois direi. A princípio ainda penam porque não acabam de perceber que se arrependem de seus pecados, quando é certo o seu arrependimento, visto estarem tão deveras determinados a servir a Deus. Hão de procurar ocupar-se da vida de Cristo, e, nessa meditação, cansa-se a mente.

Até aqui podemos chegar por nós mesmos, bem entendido, com o favor de Deus, pois sem este, é sabido, não conseguimos nem sequer ter um bom pensamento. Isto é começar a tirar água do poço a baldes, e praza a Deus não esteja seco! Ao menos o que é de nossa parte fazemos, indo apanhar água e empregando os meios ao nosso alcance para regar as flores. E é Deus tão bom que se algumas vezes permite que o poço esteja seco, por razões sabidas de Sua Majestade – talvez para grande proveito nosso – sem água sustenta as flores e faz crescerem as virtudes, se como bons jardineiros fazemos o que está em nossas mãos. Aqui chamo água às lágrimas e, caso não as haja, refiro-me à ternura e ao sentimento interior de devoção.

10. Neste ponto, o que fará quem, após muitos dias de trabalho, só acha secura, desgosto, dissabor e tem tão má vontade de ir tirar água que deixaria tudo se não fosse, por um lado, a lembrança de que presta serviço e faz prazer ao Senhor do horto e, por outro lado, o receio de perder todo o serviço passado, além da recompensa que espera ganhar pelo grande tra-

balho de lançar muitas vezes o caldeiro ao poço e tirá-lo sem água? Acontecerá amiúde que nem para isto poderá levantar os braços, isto é, nem conseguirá formular um bom pensamento porque esse trabalhar com a inteligência – fique entendido – é o tirar a água do poço.

Digo, pois: que deverá fazer aqui o hortelão? Alegrar-se, consolar-se e ter por grandíssima mercê trabalhar em horto de tão grande Imperador; e, pois sabe que lhe dá prazer com isto, e não é seu intento contentar-se a si, senão a Ele, louve-o muito e entenda que o Senhor lhe mostra confiança vendo que, sem paga nem jornal [sic], tem tão grande cuidado do que lhe encomendou. Ajude-o a levar a cruz e pense que toda a vida viveu nela. Não queira seu reino aqui na Terra, nem abandone jamais a oração; determine-se a não deixar Cristo cair sozinho sob o peso da cruz, ainda que permaneça toda a vida nessa aridez. Tempo virá em que tudo lhe será pago. Não tenha medo de que se perca seu trabalho: a bom amo serve que o está olhando. Não faça uso de maus pensamentos, lembre-se de que também os representava o demônio a São Jerônimo no deserto.

11. Seu preço tem tais trabalhos, bem o sei, como quem os passou durante muitos anos. Quando me acontecia tirar uma gota de água desse bendito poço, pensava que me fazia Deus mercê. Sei quão penosos são e, a meu ver, para os superar é mister mais ânimo do que para arcar com outros muitos trabalhos do mundo. Mas também tenho visto ao claro que não os deixa Deus sem grande prêmio ainda nesta vida, pois é certo, com uma só das horas em que me tem o Senhor permitido deleitar-me nele, considero recompensadas todas as angústias que por muito tempo passei para perseverar na oração.

Tenho para mim que o Senhor quer dar – muitas vezes no princípio, outras no fim – esses tormentos e muitas outras tentações que se oferecem, a fim de provar os que o amam e verificar se poderão beber o cálice e ajudá-lo a carregar a cruz, antes de neles depositar grandes tesouros. E, para nosso bem, creio, quer Sua Majestade conduzir-nos desse modo a fim de compreendermos o pouco que somos. Com efeito, tem reservadas para nós mercês de tão grande dignidade que, antes de no-las dar, quer que por experiência vejamos nossa miséria para não nos acontecer o mesmo que a Lúcifer.

12. Que fazeis Vós, Senhor meu, que não seja para maior bem da alma que entendeis já ser vossa, pois se põe em vosso poder, resolvida a seguir-vos por onde fordes, até a morte de Cruz, com a determinação de vos ajudar a levá-la e de não vos deixar só com ela?

Quem vir em si tal determinação... nada, nada tem a temer! Gente espiritual não tem de que se afligir. Quem já está posto em tão alto grau como é querer tratar a sós com Deus e deixar os passatempos do mundo, creia que a maior parte está feita. Louvai por isto a Sua Majestade e confiai em sua bondade porque jamais faltou Ele a seus amigos. Fechai os olhos e guardai-vos de pensar: por que dá devoção àquele em tão poucos dias e a mim a nega em tantos anos? Creiamos que é tudo para nosso maior bem. Leve-nos Sua Majestade por onde e como quiser, já não somos nossos, senão seus. Inúmeras mercês nos faz em nos querer dar disposição para cavarmos no horto de que é Senhor, onde trabalhamos junto dele, pois decerto está conosco. Se quer que vicejem essas plantas e flores dando a uns água tirada do poço e a outras sem ela – que se me dá a mim? Fazei Vós, Senhor, o que quiserdes, contanto que não vos ofenda eu, nem se percam as virtudes, se alguma, só por vossa bondade, já me destes. Padecer quero, Senhor, pois Vós padecestes. Cumpra-se em mim de todas as maneiras vossa vontade e não praza a Vossa Majestade que uma coisa de tanto preço, como vosso amor, se dê a pessoas que vos sirvam só para ter gozos.

13. É muito de notar, e assim digo porque o sei por experiência: a uma alma que nesse caminho da oração começa a andar com ânimo e consegue resolver-se a não fazer muito caso de desconsolação quando lhe faltam delícias e ternuras ou de consolação quando lha dá o Senhor, já tem andado grande

parte do caminho. Não tenha medo de tornar atrás, por mais que tropece, porque está assentado o edifício em firme fundamento. Sim, que não está o amor de Deus em ter lágrimas nem tampouco nesses gostos e ternuras que em geral desejamos e com os quais nos consolamos senão em servir a Deus com justiça e fortaleza de ânimo e humildade. O ter gostos mais me parece a mim receber do que dar.

14. Para mulherezinhas como eu, fracas e de pouca fortaleza, creio ser conveniente que Deus as conduza com regalo – como agora faz comigo para que possa sofrer alguns trabalhos que Sua Majestade quis viessem sobre mim; mas servos de Deus, homens de valor, de letras, de entendimento, que vejo tão preocupados e queixosos por não lhes dar Deus devoção – como tenho ouvido – é que me faz desgosto. Não digo que não a tomem e tenham em muita conta quando Deus a der, porque então terá visto Sua Majestade ser conveniente. Quando, porém, não a tiverem, não se aflijam, entendam que não lhes é necessária pois Sua Majestade a nega, e andem senhores de si. Creiam que é falta, tenho-o visto e experimentado. Creiam que é imperfeição, pois é não andar com liberdade de espírito e enfraquecer-se para todo acometimento.

15. Nisto não me refiro tanto aos principiantes, ainda que muito insista com eles nesse ponto, porque lhes importa muito começarem com essa liberdade e determinação. Falo sobretudo para outros, pois haverá muitos que começaram de longa data e não acabam de sair do princípio, devido em grande parte – creio – a não abraçarem a cruz desde o começo. Por essa razão andam aflitos, a julgar que nada fazem. Ao deixar o entendimento de trabalhar, não o podem sofrer e, porventura, é então que medra a vontade e cobra forças, embora não o entendam.

Convençamo-nos de que não apura o Senhor essas coisas, que nos parecem faltas, mas não o são. Melhor do que nós, conhece nossa miséria e baixeza naturais e sabe que estas almas já desejam amá-lo e pensar sempre nele. Essa resolução, eis o que quer o Senhor. No mais, a aflição com que nos acabrunhamos só serve para inquietar a alma, de modo que, se havia de estar incapaz de tirar fruto uma hora, o ficará quatro. Muitas vezes provém tudo de indisposição corporal. Tenho disto grandíssima experiência e sei que é verdade, porque o tenho considerado com atenção e consultado, em seguida, pessoas espirituais. Somos tão miseráveis que esta pequena encarcerada que é nossa alma participa das misérias do corpo. As mudanças de tempo e as variações dos humores fazem muitas vezes que, sem culpa sua, não possa fazer o que quer e padeça por todos os modos. Em tais ocasiões, quanto mais lhe querem fazer violência, pior é e dura mais o mal. É preciso haver cuidado para ver quando o caso é este e não atormentar a pobrezinha. Entendam que são enfermos, mudem a hora da oração e várias vezes será necessário que assim o façam durante alguns dias. Passem como puderem esse desterro, pois é deveras desventura para a alma que ama a Deus ver que é tão miserável esta vida a ponto de não poder fazer o que quer por ter tão mau hóspede como é o corpo.

16. Repito: que se vá com cuidado, porque em algumas ocasiões será obra do demônio, e assim é bom nem sempre deixar a oração quando o entendimento está distraído e perturbado à desmedida, e nem sempre atormentar a alma obrigando-a ao que está acima de suas forças.

Outras ocupações exteriores há, de obras de caridade e de lição de bons livros, ainda que, por vezes, nem isto será possível. Sujeite-se, então, a servir o corpo por amor de Deus, para que ele muitas outras vezes sirva à alma e tome alguns passatempos santos de conversações virtuosas, ou vá ao campo, conforme o conselho do confessor. Em tudo é grande coisa a experiência que dá a entender o que nos convém e em tudo serve a Deus. Suave é o seu jugo e é grande sabedoria não trazer arrastada a alma, como se diz, senão levá-la com suavidade, para seu maior aproveitamento.

17. Torno a avisar, e, embora o repita muitas vezes, não faz mal, uma vez que é muito importante: por securas, inquie-

tações ou distração nos pensamentos, ninguém fique atormentado ou aflito. Quem quiser adquirir liberdade de espírito e não andar sempre atribulado, comece por não se espantar com a cruz e verá também como o Senhor ajuda a levá-la. Desse modo, viverá contente e tirará proveito de tudo, porque está visto que se o poço se acha seco não podemos nós nele pôr a água. Verdade é que não havemos de estar descuidados para, assim que se puser a brotar, logo irmos tirá-la, porque então já quer Deus por este meio multiplicar as virtudes.

CAPÍTULO 12

Continua a falar a respeito do primeiro estado. Diz até que ponto podemos chegar por nós mesmos com o favor de Deus. Há perigo em querer elevar o espírito a coisas sobrenaturais e extraordinárias, antes que o Senhor o faça.

1. Embora tenha feito largas digressões por me parecerem coisas muito necessárias, o que pretendi dar a entender no capítulo anterior foi o que podemos por nós mesmos adquirir e como nesta primeira devoção nos podemos valer de algum modo. Com efeito, ao pensar e esquadrinhar o que o Senhor sofreu por nós, movemo-nos à compaixão e achamos sabor nessa pena e nas lágrimas que dela procedem. A consideração da glória que esperamos, do amor que o Senhor nos teve e de sua ressurreição, infunde-nos um gozo que nem é de todo espiritual, nem também sensual, senão virtuoso deleite e, quando há pena, é muito meritória. Dessa mesma maneira são todas as coisas que causam devoção, quando esta é em parte adquirida pelo entendimento, ainda que, se Deus não a desse, ninguém a poderia merecer, tampouco ganhar. Está muito bem a uma alma a quem o Senhor não fez subir mais do que até aqui, não procurar subir além por si mesma; e note isto muito, porque em vez de encontrar lucro só encontraria perda.

Pode nesse estado fazer muitos atos, uns para se determinar e obrar grandes coisas por Deus e estimular-se em seu amor; outros para se animar e crescer nas virtudes, como ensina um livro chamado Arte de servir a Deus[22], que é muito bom e apropriado para os que estão nesse grau em que age o entendimento. Pode imaginar que está diante de Cristo e tomar o costume de muito se enamorar de sua sagrada humanidade, trazendo-o sempre consigo. Fale a este Senhor: peça-lhe remédio nas necessidades; com Ele se queixe nos trabalhos e se alegre nos contentamentos sem o olvidar por coisa alguma. Tudo isso faça sem procurar orações compostas, senão com palavras que exprimam seus desejos e suas necessidades.

É excelente maneira de progredir e em muito breve tempo; e quem trabalhar por trazer consigo essa preciosa companhia, aproveitar-se muito dela e deveras cobrar amor a esse Senhor a quem tanto devemos, eu o dou por adiantado.

3. Para isto, como já disse, nenhum caso façamos de não ter devoção; antes, devemos agradecer ao Senhor, que nos deixa andar desejosos de o contentar, ainda que as obras sejam fracas. Esse modo de trazer Cristo conosco é proveitoso em todos os estados; é meio seguríssimo para progredirmos no primeiro grau de oração, chegarmos em breve ao segundo e, nos últimos, andarmos seguros dos perigos que o demônio inventar.

4. Em suma, é isto o que está em nossas mãos. Quem quiser passar adiante e levantar o espírito a sentir gostos que não lhe são dados, perderá uma e outra coisa, em meu parecer, porque esses gostos são sobrenaturais e, perdido o socorro que lhe vem do entendimento, fica a alma desamparada e com muita secura. Como todo esse edifício tem por alicerce a humildade, quanto mais chegados a Deus, mais adiante havemos de ir nesta virtude; a não ser assim, vai tudo perdido. Parece, aliás, algum gênero de soberba querermos por nós mesmos subir mais, pois, pelo que somos, Deus já faz demasiado em nos chegar para junto de si.

---

22. Obra do padre franciscano Frei Afonso de Madrid, impressa em Sevilha no ano de 1521.

Não se há de entender com isto que não seja bom elevar o pensamento a Deus e sua sabedoria ou a coisas altas do céu e grandezas que há por lá. Quanto a mim, nunca o fiz por falta de capacidade, como já disse. Achava-me tão ruim, que me fazia Deus mercê de que entendesse esta verdade: pensar eu ainda coisas da terra não era pouco atrevimento, quanto mais as do céu! Contudo, outras pessoas tirarão fruto, sobretudo se tiverem letras, que a ciência é, a meu ver, grande tesouro para esse exercício quando acompanhada de humildade. De uns tempos para cá, tenho-o observado em alguns letrados que há pouco começaram e têm aproveitado muito. É o que me faz ter grandes ânsias de que muitos sejam espirituais, como adiante direi.

5. Isto que digo: – não subam sem que Deus os faça subir – é linguagem espiritual; entender-me-á quem tiver alguma experiência, pois não sei dizer por outras palavras, se por estas não me dou a entender. Na mística teologia de que comecei a falar, o entendimento deixa de agir porque Deus o suspende, como depois declararei, se o souber dizer e se Sua Majestade me der para isto seu favor. Tentar ou presumir suspendê-lo por nós mesmos, é o que digo não ser conveniente fazer, nem tampouco deixar de obrar com Ele, sob pena de ficarmos secos e frios, sem oração e sem contemplação. Quando o Senhor o suspende e faz parar, dá-lhe com que se ocupe e espante, de tal modo que no espaço de um Credo entende mais, sem discorrer, no que podemos nós entender, com todas as nossas diligências da Terra, em muitos anos; mas querermos por nós mesmos atar as potências da alma e fazê-las estar suspensas é desatino.

E repito, ainda que não entenda, não é grande humildade. Embora não haja culpa, haverá pena, pois será trabalho perdido e ficará a alma um tanto desgostada, à semelhança de uma pessoa que vai dar um salto e sente que a seguram por detrás e, parecendo-lhe já ter empregado a força, acha-se sem efetuar o que pretendia com seus esforços. No pouco lucro que lhe fica, verá quem o quiser verificar este pouquinho de falta de humildade a que me refiro. Com efeito, uma das excelências dessa virtude é que não há obra acompanhada por ela que deixe desgosto na alma.

Parece-me tudo bem explicado e, porventura, o estará só para mim. Abra o Senhor os olhos aos que isto lerem, dando-lhes experiência; e por mínima que seja, logo o entenderão.

6. Vários anos passei lendo muitas coisas e sem nada entender; depois, durante muito tempo, ainda que Deus me concedesse graças, não sabia dizer uma palavra para o dar a entender, o que não me custou pouco trabalho. Quando Sua Majestade quer, num momento ensina tudo de maneira que me espanto.

Uma coisa posso dizer com verdade: ainda quando falava com muitas pessoas espirituais e queriam fazer-me entender o que me dava o Senhor para que o soubesse explicar, era tal minha rudeza que não aprendia nem pouco nem muito. Talvez quisesse o Senhor que eu a ninguém fosse devedora neste ponto, pois Sua Majestade tem sido sempre meu mestre. Seja Ele bendito por tudo, que bastante confusão é para mim o poder dizer isto com verdade. Depois, sem que eu o quisesse ou pedisse – pois neste ponto em que seria virtude ser curiosa, não o fui, senão noutras vaidades – deu-me Deus num instante a graça de compreender e explicar tudo com toda clareza a ponto de se admirarem meus confessores, e eu mais que eles, porque tinha maior conhecimento de minha rudeza. Essa graça recebi há pouco; aquilo que o Senhor não tem me ensinado, não procuro saber, a não ser o que toca a minha consciência.

7. Torno outra vez a avisar que importa muito não levantar o espírito quando o Senhor não o levanta. O que isto quer dizer, logo se entende. Em especial, para mulheres é mais perigoso, pois poderá o demônio causar alguma ilusão, conquanto tenha eu por certo que não lhe permitirá o Senhor prejudicar a alma que procura chegar-se a Deus com humildade. Pelo con-

trário, tirará maior proveito e lucro daquilo com que o inimigo pensava causar-lhe perda.

Por ser esse caminho dos principiantes o mais comum, e porque têm grande importância os avisos que dei, tive de me prolongar tanto. Em outros livros estarão escritos de modo muito melhor, confesso, e também digo que com bastante confusão e vergonha o escrevi, ainda que não tanta como deveria ter. Seja o Senhor bendito por tudo, pois quer e consente que uma criatura como eu fale de assuntos referentes a Ele, tão altos e tão sublimes.

CAPÍTULO 13

Prossegue na explicação do primeiro estado e dá avisos para certas tentações que o demônio costuma suscitar algumas vezes. Advertências para elas. É muito proveitoso.

1. Julgo necessário falar de certas tentações muito comuns nos princípios, das quais experimentei algumas, e dar avisos oportunos acerca de vários pontos.

Convém que os principiantes andem com alegria e liberdade. A certas pessoas parece que, se descuidarem um pouquinho, fugirá delas a devoção. Bom é andar cada um com temor, para não se fiar de si, nem pouco nem muito, metendo-se em ocasião de ofender a Deus. Isto é de extrema necessidade enquanto a virtude não está solidamente arraigada na alma. E não há muitos que cheguem a tão alto grau que se possam descuidar em ocasiões propícias à excitação de seus apetites naturais. Sempre, enquanto estivermos nesta vida, é grande bem reconhecermos nossa miserável natureza, ainda pelo que toca à humildade; contudo, torno a dizer, há muitas ocasiões em que é lícito tomar alguma recreação, mesmo para tornar depois à oração com mais fervor. Em tudo é preciso discernimento.

2. Indispensável é ter grande confiança, pois convém muito não amesquinhar os desejos; antes esperar de Deus que, se pouco a pouco nos esforçarmos, poderemos, embora não de imediato, atingir o cume aonde muitos santos chegaram com seu favor. Se estes nunca se tivessem determinado a ter de-

sejos e a passar pouco a pouco às obras, não teriam subido a tão elevado estado. Quer Sua Majestade almas animosas e é amigo delas, contanto que andem com humildade e nenhuma confiança tenham em si mesmas. Nunca vi nenhuma destas ficar rasteira neste caminho; nem também vi alma covarde, sob pretexto de humildade, andar em muitos anos o mesmo que as outras em muito poucos. Espanta-me a importância capital que tem nesse caminho o animar-se a grandes coisas. Ainda que a alma não tenha logo forças, qual avezinha a quem não cresceram de todo as asas e, de cada voo que dá ao ver demasiada distância, fique cansada e pare muitas vezes.

3. Em outros tempos lembrava-me amiúde do que diz São Paulo: que em Deus tudo se pode (Fl 4,13). Por mim mesma, bem convencida estava de que nada podia. Isto me valeu muito, assim como também o que diz Santo Agostinho: "Dá-me, Senhor, o que me mandas, e manda o que quiseres" (*Confissões* 1.10, c. 29). Costumava pensar que São Pedro nada perdera por se ter lançado ao mar, embora depois tivesse medo. Grande coisa são essas determinações logo ao começo apesar de, nesse primeiro estado, ser mister irmos com mais tento e sujeitos à discrição e parecer do mestre. Cumpre, porém, tomar cuidado para que seja confessor tal que não ensine a andar como sapos, nem se contente de adestrar a alma a só caçar lagartixas. Tenhamos sempre a humildade diante dos olhos, para entendermos que não hão de vir de nós essas forças.

4. É mister, entretanto, compreender como há de ser essa humildade. Penso que o demônio faz muito dano e impede que se adiantem as almas de oração, dando-lhes uma falsa concepção da humildade; fazendo-lhes parecer soberba o ter grandes desejos, o querer imitar os santos e aspirar ao martírio. Logo nos diz ou faz entender que os feitos dos santos devem ser admirados, mas não imitados por pecadores como nós.

Isto também digo eu, mas havemos de ver bem o que é de admirar e o que é de imitar. Com efeito, não seria razoável se uma pessoa fraca e enferma se metesse a fazer muitos jejuns e penitências, indo para um deserto onde não pudesse dormir nem tivesse o que comer ou coisas semelhantes; mas havemos de pensar que, com o favor de Deus, podemos esforçar-nos a fim de conseguir grande desprezo do mundo, a desestima de honras e o desapego de haveres. Temos uns corações tão apertados, que parece que nos há de faltar a terra quando nos descuidamos um pouco do corpo para dar muito ao espírito. Logo imaginamos que contribui para o recolhimento a fartura de todos os bens necessários, porquanto os cuidados perturbam a oração.

Disto muito me pesa: que seja tão pouca a confiança em Deus e tanto o amor-próprio, que nos inquietemos com tais preocupações! Acontece então que, onde o espírito está assim tão pouco medrado, frivolidades nos dão tão grande trabalho quanto coisas grandes e de muita importância a outras pessoas. E, contudo, no íntimo presumimos de espirituais!

5. Parece-me agora a mim que essa maneira de caminhar é querermos conciliar corpo e alma, para não perdermos aqui o descanso e irmos lá gozar de Deus. Assim sucederá de fato, se andarmos com justiça e apegados à virtude; mas é passo de galinha com o qual nunca chegaremos à liberdade de espírito. Modo de proceder muito correto parece-me este para pessoas casadas que hão de viver segundo a sua vocação; mas, para outro estado, em absoluto não desejo tal maneira de aproveitar, nem me farão crer que é boa. Já a experimentei e sempre estaria assim se o Senhor, por sua bondade, não me tivesse ensinado outro atalho.

6. Verdade é que, no tocante aos desejos, sempre os tive grandes, mas procurava fazer como disse: ter oração e viver a meu bel-prazer. Creio que se tivesse quem me ensinasse a voar, mais me esforçaria para acompanhar de obras os desejos, mas, por nossos pecados, são tão poucos, tão raros os que não têm demasiada cautela neste ponto que penso ser esta, em grande parte, a causa pela qual os principiantes não

se elevam mais depressa à grande perfeição. O Senhor nunca falta, tampouco dele vem o impedimento, somos nós os culpados e miseráveis.

7. Podemos ainda imitar os santos em procurar soledade e silêncio e em outras muitas virtudes que não matarão os manhosos corpos, que com tamanha disposição querem ser levados para desordenar a alma. O demônio, aliás, ajuda muito a fazê-los incapazes quando vê um pouco de temor. Mais não lhe é preciso para nos fazer imaginar que tudo nos há de tirar a saúde e a vida... Faz até fugir de chorar por medo de cegueira. Passei por isto, e é assim que o sei, e não compreendo que melhor vista nem saúde podemos desejar do que vir a perdê-la por tal causa.

Como sou tão enferma, enquanto não me resolvi a não fazer caso do corpo e da vida, sempre estive amarrada, sem prestar para coisa alguma e, ainda agora, aliás, faço bem pouco. Mas quis Deus que eu entendesse esse ardil e, quando me acometia o inimigo com o temor de perder a saúde, respondia-lhe: – Pouco importa que eu morra. Se me sugeria descanso: – Não tenho mais necessidade de descanso, senão de cruz, e assim outras coisas. Vi com clareza que em inúmeras circunstâncias, ainda que de fato seja eu bem doente, era tudo tentação do demônio ou frouxidão minha e, depois que deixei de ser tão cuidadosa e amimada, sou muito mais sadia.

Em suma, importa muito desde os princípios, quando se começa a ter oração, não amesquinhar os pensamentos. Creiam-me nisto, pois o digo por experiência. Ao menos para que se escarmentem à minha custa poderá servir essa relação das minhas faltas.

8. Outra tentação deveras ordinária nos que começam a saborear o sossego e a ver quanto lucram com ele, é o desejo de que todos sejam muito espirituais. O desejá-lo não é mau; o procurá-lo poderá não ser bom se não houver muita sagacidade e dissimulação para não dar mostras de querer ensinar, pois

quem neste ponto quer fazer algum bem deve ter as virtudes muitos fortalecidas a fim de não causar tentação aos outros.

Aconteceu isto comigo – e eis por que o entendo – nos tempos em que procurava, como já disse, que outras pessoas tivessem oração. Viam-me, por uma parte, falar grandes coisas do imenso bem que é tê-la e, por outra, viver com total pobreza de virtudes, embora exercitando-me nelas. Era isto motivo de ficarem perplexas e tentadas como me vieram a dizer depois. Tinham toda razão porque não sabiam como era possível conciliar coisas tão opostas, e vinha eu a ser causa de não terem por mal o que de fato era, por verem que o fazia eu algumas vezes e terem boa opinião de mim.

9. Há aqui astúcia do demônio. Dir-se-ia que se vale das virtudes e boas qualidades que temos para autorizar, o mais que pode, o mal que pretende, e, por menor que este seja, deve ganhar bastante, quando é numa comunidade; quanto mais que o mal que eu fazia era copioso. O certo é que, em muitos anos, só três se aproveitaram do que eu lhes dizia; mas depois, quando já o Senhor me havia dado mais forças para praticar a virtude, muitas outras progrediram em dois ou três anos como adiante direi.

Ainda vejo outro grande inconveniente, que é ficar prejudicada a alma; pois o que mais deve ela procurar nos princípios é cuidar só de si própria e pensar que não há na Terra senão Deus e ela, e isto lhe fará grande bem.

10. Outra tentação ainda é termos pena dos pecados e faltas do próximo. Todas estas tentações se apresentam sob a aparência de zelo pela virtude, de modo que é mister saber entendê-las e andar com recato. Instiga o demônio a querer de pronto remediar os males ao fazer crer que o motivo é só a vontade de que Deus não seja ofendido, assim como o zelo de sua honra. Inquieta de tal maneira que impede a oração; e o maior dano é a convicção de ser virtude, perfeição e grande zelo da glória de Deus.

Não me refiro à dor causada por pecados públicos e habituais duma congregação, os males que vêm à Igreja dessa heresia, em que vemos se perderem tantas almas. Esta é dor muito boa e, como tal, não inquieta. A segurança para a alma que tem oração está em descuidar-se de tudo e de todos e querer saber só de si e de contentar a Deus. Isto muito convém, porque se fosse dizer os erros que tenho visto pela demasiada confiança na boa intenção...

Procuremos, pois, olhar sempre as virtudes e coisas boas que notarmos nos outros, e encobrir seus defeitos com os nossos grandes pecados. Por este modo de agir, embora nos princípios não seja com perfeição, viremos a ganhar uma virtude excelente, qual a de termos todos por melhores do que nós. É ao fazer assim que a iremos adquirindo com o favor de Deus, que em tudo é necessário e sem o qual baldadas são as diligências. Supliquemos ao Senhor que nos dê essa virtude e esforcemo-nos de nossa parte, pois Ele a ninguém falta.

11. Prestem agora atenção a este aviso os que em demasia discorrem com o entendimento, tirando de cada ponto muitos conceitos e reflexões. Quanto aos que não podem trabalhar e raciocinar, como era eu, só há uma coisa a avisar: tenham paciência até que o Senhor lhes dê ocupação espiritual e luz, pois por si de tão pouco são capazes que no entendimento mais encontram embaraço do que auxílio.

Tornando aos que discorrem, digo que não gastem nisto todo o tempo, embora seja muito meritório, porque, como lhe é saborosa a oração, pensam que não há de haver dia de domingo, nem ocasião para deixar de trabalhar. Logo lhes parece que é tempo perdido, enquanto tenho eu por grande lucro essa perda. Em vez disto, torno a dizer, imaginem estar diante de Cristo e, dando folga ao entendimento, fiquem falando e regalando-se com Ele, sem se cansarem de fabricar raciocínios, senão apresentando-lhes as necessidades e as razões que Ele tem para não nos fazer sofrer junto de si. Uns tempos uma coisa, e outros outra, para que não se enfare a alma de comer sempre o mesmo manjar. Estes de que falo, são muito gostosos e proveitosos; se o paladar se acostuma a saboreá-los, trazem consigo grande substância para dar vida à alma, além de muitas outras vantagens.

12. Quero melhor expressar-me, porque essas coisas de oração são todas difíceis e custosas de entender quando não se acha mestre que as explique. Por essa razão, ainda que eu quisesse ser breve, e bastaria só tocar no assunto para o bom entendimento de quem me mandou escrever, não sabe minha tarda inteligência dizer e dar a entender em poucas palavras coisa que tanto importa ir bem declarada. Como passei tantos trabalhos, tenho pena dos que começam só com livros, pois espanta ver como se entende, tão destoante do que é na realidade, uma coisa que depois por experiência se vem a conhecer tal qual é.

Tornando ao que dizia: ponhamo-nos a pensar num passo da Paixão – por exemplo, o do Senhor atado à coluna – e com o entendimento busquemos razões para avaliar as grandes dores e a pena que teria Sua Majestade ali tão só, além de outras muitas coisas que um espírito agudo ou pessoa letrada poderá tirar desta consideração. Este é o modo de oração próprio para todos, quer estejam no começo, quer no meio, quer no fim; e é caminho muito excelente e seguro, até que o Senhor os eleve a favores sobrenaturais.

13. Digo todos, porque há muitas almas que em outras meditações acham mais proveito do que na da Sagrada Paixão, pois há muitos caminhos, assim como há muitas moradas no céu. Algumas pessoas tiram fruto considerando-se no inferno; outras se afligem de pensar nele e preferem meditar acerca do céu; outras cuidam na morte. Algumas, se são ternas de coração, por ficarem magoadas de pensar sempre na Paixão, regalam-se e tiram fruto considerando o poder e a grandeza de Deus nas criaturas, bem como o amor que nos tem e que em todas elas se manifesta. É maneira esta admirável de proceder; contudo, não

se deixe de voltar muitas vezes à Paixão e à vida de Cristo, que é a fonte de onde nos tem vindo e virá sempre todo bem.

14. Há de andar atento o que começa, para conhecer o que lhe faz mais proveito. Para isto é imprescindível ter mestre que seja experimentado. Se não for assim o diretor, pode errar muito e dirigir uma alma sem entendê-la, nem deixar que ela mesma se entenda, porque esta não ousará apartar-se do que lhe manda, sabendo que é grande mérito estar sujeita a um mestre. Tenho encontrado almas encurraladas e aflitas, por falta de experiência em quem as dirigia, que me causavam lástima. Uma já não sabia o que fazer de si porque tais diretores, ao não entenderem o espírito, não só afligem alma e corpo, mas também estorvam o aproveitamento. Outra com quem tratei estava há oito anos atada pelo seu mestre, que a não deixava sair do conhecimento próprio. E, no entanto, o Senhor já a havia elevado à oração de quietação, pelo que passava ela muito trabalho.

15. É verdade que o exercício do conhecimento próprio jamais se há de deixar, nem há nesse caminho alma tão altiva que não tenha necessidade de incontáveis vezes tornar a ser menino de peito. Sim, não há estado de oração tão elevado em que não seja preciso voltar de vez em quando ao princípio. Isto jamais se olvide e, talvez, o repita noutras vezes, porque importa muito. A lembrança dos pecados e o conhecimento próprio, eis o pão com que havemos de comer todos os dias os manjares, por delicados que sejam, nesse caminho da oração; e sem ele não nos poderíamos sustentar. Contudo, é preciso não comer de maneira desmedida. Depois que uma alma se vê já rendida e entende com clareza que de si nenhuma coisa boa tem, quando se sente envergonhada diante de tão grande Rei, vendo quão pouco lhe paga para o muito que lhe deve, que necessidade tem de gastar o tempo todo aqui? Melhor será irmos a outras coisas que o Senhor nos põe diante dos olhos e não é razoável deixarmos, pois Sua Majestade sabe melhor que nós o que nos convém comer.

16. Assim, muito importa que o mestre seja avisado, isto é, que tenha bom entendimento e experiência. Se, além disto, tiver ciência, será perfeito; mas, se não for possível achar essas três coisas juntas, as duas primeiras importam mais, pois em caso de necessidade pode-se recorrer aos letrados para alguma consulta. No princípio, pouco ajudam os diretores que não têm oração, ainda que sejam letrados. Não digo que com estes os principiantes não tratem, pois espírito que não vá fundado na verdade desde o começo, mais o quisera eu sem oração. Grande coisa é a ciência! Os que a têm nos instruem, a nós que pouco sabemos, e nos dão luz, de modo que, apoiados nas verdades da Sagrada Escritura, fazemos o que é de nosso dever. De devoções tolas, livre-nos Deus!

17. Quero explicar melhor, pois creio que me meto em muitas coisas. Sempre tive esta falta de não me saber dar a entender senão à custa de muitas palavras, como já disse. Começa certa monja a ter oração. Se um confessor simplório a dirige e lhe vem à cabeça que assim deve ser, far-lhe-á entender que é melhor obedecer a ele do que ao superior; e isto é sem malícia, imaginando acertar, porque se não for religioso, pensará talvez desse modo. Se se trata de mulher casada, dir-lhe-á que empregue em oração o tempo destinado ao governo da casa, ainda que descontente o marido. Desta sorte não saberá ordenar o dia nem as ocupações para que ande tudo conforme à verdade. Por lhe faltar, a ele, a luz, não a dá aos outros, conquanto o deseje. Embora para isto não pareça necessário ter letras, minha opinião sempre foi e será que qualquer cristão procure tratar, se for possível, com homens doutos e, quanto mais o forem, melhor. Os que vão pelo caminho da oração, maior necessidade disto têm, e tanto maior quanto mais forem espirituais.

18. Ninguém se engane em pensar e dizer que letrados sem oração não entendem os que a têm. Com muitos tenho tratado, pois de uns anos para cá mais os procuro por ser maior a necessidade, e sempre fui amiga deles; e tenho visto

que, embora alguns careçam de experiência, não aborrecem nem ignoram o que é espiritual, porque no estudo constante da Sagrada Escritura acham a verdade do bom espírito. Tenho para mim que pessoa de oração que trate com letrados, se não quiser enganar-se, não será enganada com ilusões pelos demônios, porque, segundo creio, temem estes sobremaneira a ciência humilde e virtuosa, pois sabem que serão descobertos e sairão com perda.

19. Disse isto porque há quem pense que letrados sem espiritualidade não são capazes de dirigir almas de oração. Já disse que é necessário mestre espiritual, mas se este não for letrado, haverá grandes inconvenientes. Muito ajudará o tratar com homens doutos, desde que sejam virtuosos.

Ainda que não estejam muito adiantados na vida espiritual, farão bem; Deus lhes dará a entender o que hão de ensinar, e, quiçá, os fará espirituais para que nos ajudem. Isto não o digo sem o haver experimentado: aconteceu-me com mais de dois. Digo que uma alma, resolvida por inteiro a submeter-se à direção dum só mestre, errará muito se não procurar que seja ele tal como digo. Se for religioso o discípulo, há de estar sujeito ao seu prelado, ao qual faltarão porventura os requisitos indicados, o que não será pequena cruz; não queira ainda, por sua vontade, sujeitar seu juízo a quem não tenha bom entendimento. Pelo menos eu nunca me pude dobrar a isto, nem o acho conveniente. Se for secular, louve a Deus, porque pode escolher a quem há de estar sujeito e não perca tão santa liberdade; prefira ficar sem diretor até encontrar um capaz. O Senhor lho dará, se for tudo fundado em humildade e desejo de acertar. Muitos louvores dou a Deus – e as mulheres e os que não têm estudos sempre lhe devíamos dar infinitas graças – por haver quem, com tantos trabalhos, tenha alcançado a verdade que nós, ignorantes, desconhecemos.

20. Pasmo incontáveis vezes de ver com quantos esforços adquiriram os letrados, sobretudo os religiosos, a ciência que me aproveita a mim, sem me custar mais trabalho do que per-

guntar. E haverá pessoas que não se queiram valer deste meio? Não o permita Deus! Vejo-os sujeitos aos grandes rigores da religião com penitências e má comida, rendidos à obediência a tal ponto que algumas vezes, confesso, causa-me grande confusão; além disso, mal dormir, tudo trabalhos, tudo cruz. Parece-me que seria grande mal se alguém, por sua culpa, perdesse a ocasião de tirar proveito de tanto bem. E poderá ser que alguns de nós, que estamos livres desses labores e vivemos a nossa fantasia deles receber o manjar guisado, como se costuma dizer, pensemos que levamos vantagem a tantos trabalhos por termos um pouco mais de oração…

21. Bendito sejais Vós, Senhor, que tão inábil e sem proveito me fizestes! Muito e muito vos louvo, sobretudo por suscitardes a tantos que nos estimulem. Muito contínua deveria ser nossa oração por esses que nos dão luz. Que seríamos sem eles, no meio de tantas tempestades que se desencadeiam agora sobre a Igreja? Se alguns maus tem havido, mais resplandecerão os bons. Praza ao Senhor mantê-los de sua mão e ajudá-los para que nos ajudem. Amém.

22. Apartei-me muito do que comecei a dizer, mas com propósito, pois é tudo oportuno para que os principiantes nesse caminho tão elevado comecem de maneira a seguir sempre o verdadeiro rumo. Tornemos agora ao que dizia acerca do pensar em Cristo atado à coluna. É bom discorrer um pouco e pensar nas penas que ali teve, por quem as sofreu, quem é e o que padeceu e com que amor as passou; mas não se canse a alma em andar sempre a buscar raciocínios, antes fique ali com Ele, deixando calar o entendimento. Se puder, ocupe-se em ver que o Senhor a está olhando, faça-lhe companhia, fale, peça, humilhe-se, regale-se com Ele e lembre-se de que não merecia estar ali. Quando puder fazer isto, mesmo que seja desde o princípio da oração, achará grande proveito, pois faz muito bem esse modo de proceder, ao menos assim aconteceu à minha alma. Não sei se acerto em dizê-lo, Vossa Mercê julgará. Praza ao Senhor acerte eu a contentá-lo sempre. Amém.

CAPÍTULO 14

Começa a declarar o segundo grau de oração, que é já dar o Senhor a sentir à alma gostos mais particulares. Declara-o para dar a entender como são já sobrenaturais. É muito de notar.

1. Já foi dito com que trabalho se rega este vergel: à força de braços a fim de tirar a água do poço. Digamos agora o segundo modo de a haurir, que o Senhor do horto ordenou para que, com indústria, por meio de um torno e de alcatruzes, consiga o hortelão tirá-la em maior quantidade e com menos esforço e possa descansar sem estar trabalhando a todo instante. Esse modo, aplicado à oração que chamam de quietação, é o que agora quero explicar.

2. Começa aqui a recolher-se a alma e já atinge ao sobrenatural, porque de nenhuma maneira o pode adquirir, por mais diligências que faça. Verdade é que parece ter-se cansado algum tempo em manejar o torno e encher os alcatruzes, trabalhando com o entendimento; a água, porém, já sobe mais, e, assim, se trabalha muito menos do que para tirá-la do poço com baldes. Digo que a água está mais perto porque a graça se dá a conhecer à alma com mais clareza.

Recolhem-se então as potências dentro de si para mais a seu gosto gozarem do contentamento que sentem; contudo, não ficam elas perdidas nem adormecidas. Só a vontade se ocupa, de maneira que, sem saber como, se cativa, dando apenas consentimento para que a encarcere Deus, como quem perfeitamente sabe ser escrava daquele a quem ama. Ó Jesus e Senhor meu, quanto nos vale aqui vosso amor, pois traz o nosso tão atado que não deixa liberdade naquela hora para amar, senão a Vós!

3. As outras duas potências ajudam a vontade para que se vá fazendo capaz de gozar de tanto bem; conquanto algumas vezes aconteça desajudarem muito, mesmo estando a vontade unida a Deus. Então, o melhor é que não faça caso delas e se conserve no seu gozo e quietação porque, se as quiser recolher, perder-se-á juntamente com elas. Podem ser comparadas nessas ocasiões a umas pombas que não se contentam com a comida que, sem trabalho seu, lhes dá o dono do pombal, e vão buscar de comer por outras partes, mas acham-se tão mal que voltam, e assim vão e vem, a ver se a vontade reparte com elas o que goza. Se o Senhor quer, lança-lhes comida e elas se detêm, se não, tornam a voar. Devem pensar que prestam serviço à vontade e é o contrário, porque esta fica às vezes prejudicada quando a memória e a imaginação lhe querem representar o que goza. Guarde ela, pois, este aviso, e haja-se com essas potências do modo que vou dizer.

4. Tudo o que aqui se passa é com imenso consolo e com tão pouco trabalho que a oração não cansa, ainda que dure muito tempo, porque o entendimento obra com muita suavidade e tira muito mais água do que apanhava no poço. As lágrimas que Deus aqui dá já vão com gozo, brotam naturalmente, sem esforço nosso.

5. Essa água de grandes bens e mercês que o Senhor dá aqui faz crescer com mais excepcionalidade as virtudes do que na oração passada. Já se vai a alma a elevar-se acima de sua miséria e a receber alguma notícia dos gostos da glória. Isto a faz crescer com mais rapidez, como também mais a aproxima da verdadeira virtude, de onde todas as virtudes procedem, que é Deus, porque começa Sua Majestade a comunicar-se a essa alma e quer que sinta de que modo se lhe comunica.

Ao aqui chegar, ela logo perde a cobiça das coisas da Terra, o que não é de admirar, porque vê ao claro que nem um só momento daquele gosto se pode adquirir cá em baixo; nem há riquezas, nem poderio, nem honras, nem deleites que bastem para dar vislumbre deste contentamento, porque é verdadeiro e é gozo que sacia com notoriedade. Quanto aos prazeres terrenos, pelo contrário, é raro – creio – entendermos onde está o contentamento: nunca falta algum senão. Nos do espírito tudo é gozo no tempo que duram, o senão vem depois, por vermos que se acaba aquele bem e que não o podemos recuperar, nem sabemos como, pois de pouco servirão penitências rigorosas, orações e tudo o mais se o Senhor não o quiser dar. Quer Deus, por sua grandeza, dar a entender à alma que tem Sua Majestade tão perto de si, que já não tem necessidade de lhe enviar mensageiros: basta-lhe falar com Ele, e não muito alto, porque está já tão próximo que, por um menear de lábios, a entende.

6. Parecerá descabido dizer isto, pois sabemos que sempre Deus nos entende e está conosco. Não há dúvida de que é assim, mas quer esse Imperador e Senhor nosso que sintamos aqui que nos ouve e tenhamos consciência do que em nós produz sua presença. Dá a conhecer que quer, em especial, começar a obrar na alma, pela grande satisfação interior e exterior que lhe dá e pela diferença que há, como disse, entre esse deleite e contentamento e os da Terra. Parece encher o vácuo que por nossos pecados tínhamos feito na alma. É deveras no seu íntimo que ela goza essa satisfação, sem atinar por onde nem como lhe veio. Muitas vezes nem sabe o que há de fazer, querer ou pedir. Parece-lhe ter achado tudo junto e não sabe o que achou, nem sei eu como o dar a entender, porque para várias dessas coisas ser-me-ia necessário ter letras. Aqui caberia bem, com efeito, explicar o que é auxílio geral e auxílio particular, que muitos o ignoram, e repetir como, em relação a este tão particular, quer o Senhor que o veja a alma com seus olhos, como se costuma dizer. Ser-me-ia ainda preciso ter ciência para muitas coisas que irão talvez erradas; mas, como este relato há de ser

lido por pessoas que conhecerão os erros, descuido-me. Delas posso estar segura, tanto a respeito da doutrina como da espiritualidade, e sei que, tendo-o em seu poder, saberão entender e corrigir o que não estiver certo.

7. Quisera dar a entender isto bem, porque são primícias e, quando o Senhor começa a conceder tais mercês, a própria alma não as entende, nem sabe o que há de fazer. Se a leva Deus pelo caminho do temor, como fez comigo, tem ela grande trabalho se não há quem a entenda; e quando lhe fazem uma pintura de seu estado, acha grande gosto porque então vê com clareza que vai por ali. É grande bem saber o modo de proceder, para aproveitar em qualquer estado destes. Sofri muito e perdi demasiado tempo por ignorar o que havia de fazer e sinto enorme lástima das almas que se veem sozinhas neste ponto, porque tenho lido muitos livros espirituais e vejo que, embora toquem no essencial, explicam bem pouco. Mesmo que, aliás, explicassem muito, se a alma não for exercitada com profundidade, terá, de sobejo, o que fazer para entender a si mesma.

8. Bem quisera eu que me favorecesse o Senhor para declarar os efeitos que produzem na alma essas coisas, que já começam a ser sobrenaturais, para que, por esses efeitos, se conheça quando vêm do espírito de Deus. Esse conhecimento, porém, será tal qual se pode ter na Terra. Sempre é bom andarmos com temor e recato, pois ainda que sejam de Deus os favores, alguma vez poderá o demônio transfigurar-se em anjo de luz. Isto não o entenderá a alma se não for exercitada, a tal ponto que é mister já ter muito chegado ao cume da oração para entendê-lo.

Ajuda-me pouco, neste trabalho, a escassez do tempo de que disponho, e será preciso Sua Majestade fazê-lo por mim, pois tenho de andar com a comunidade e dar conta de muitas ocupações, estando em casa recém-fundada[23], como depois se verá. Assim, sem muito lugar, e pouco a pouco é que escrevo, ao passo que desejaria fazê-lo de outro modo, pois quando o

---

23. O Convento de São José de Ávila, primeiro da reforma carmelitana.

Senhor dá espírito, tudo se faz melhor e com mais facilidade. É como quem tem um modelo diante de si e está a copiar um debuxo, mas, quando falta o espírito, não se acham mais os termos, é uma algaravia, a modo de dizer, ainda que se tenha tido por muitos anos exercício de oração. Parece-me demasiada vantagem quando escrevo a respeito de um grau, o estar nele, porque então vejo com clareza que não sou eu que falo nem ordeno com o entendimento, tampouco sei depois como acertei a dizer. Isto me acontece com frequência.

9. Tornemos agora ao nosso horto ou vergel e vejamos como começam as suas árvores a abundar em seiva para dar flores e depois frutos, como também cravos e outras flores estão prestes a desabrochar para espargirem seus perfumes. Regala-me esta comparação. Inúmeras vezes, em meus princípios – e praza ao Senhor tenha eu agora começado a servir Sua Majestade! –, digo, nos primeiros tempos do que narrarei daqui por diante acerca de minha vida, era para mim de grande deleite considerar minha alma como um jardim e ver o Senhor a passear nele. Suplicava-lhe que aumentasse o olor das florezinhas de virtudes que começavam a querer brotar, segundo me parecia, de modo que fossem para sua glória; pedia-lhe que as sustentasse, pois eu nada queria para mim, e cortasse as que quisesses, certa de que tornariam a brotar mais viçosas. Falei em cortar porque vêm tempos em que não resta quase vestígios desse jardim, parece ter secado tudo e não haver esperança de água para o sustentar. Ninguém diria que houve jamais na alma alguma virtude! ... Passa-se muita aflição, porque quer o Senhor que o pobre jardineiro julgue perdido todo o trabalho que teve para o cultivar e regar. Então é o verdadeiro momento de cavar a terra para arrancar pela raiz as más ervas que ficaram, embora pequenas, e conhecer que não há diligência que baste quando Deus nos tira a água da graça. Assim, em pouco teremos o nosso nada e veremos que é ainda menos que nada. Ganha-se aqui muita humildade, e logo tornam de novo a crescer as flores.

10. Ó Senhor e Bem meu! Não posso dizer isto sem lágrimas e grande regalo de minha alma! Como quereis Vós, Senhor, estar assim conosco e como o estais no sacramento, no qual, com toda verdade, pode-se crer que permaneceis, pois é de fé! Com muita propriedade podemos fazer a comparação de que me servi. E, se por nossa culpa não perdermos a vossa companhia, convosco poderemos deleitar-nos e Vós folgareis conosco, pois dizeis que as vossas delícias são estardes com os filhos dos homens (Pr 8,31). Ó Senhor meu! Que é isto? Nunca ouvi essas palavras sem sentir grande consolo, ainda quando estava deveras perdida. Será possível, Senhor, que uma alma chegada a tal ponto, recebendo de Vós semelhantes mercês e regalos e sabendo que vos folgais com ela, vos torne a ofender, depois de tão grandes favores e tão grandes mostras do amor que lhe tendes, do qual não pode duvidar pois o vê ao claro nas obras?

Sim, há por certo uma que assim procedeu, não uma vez senão muitas, e essa alma sou eu! E praza a vossa bondade, Senhor, seja só eu a ingrata e a que tenha feito tão grande maldade e tido tão excessiva ingratidão. Ao menos de mim já algum bem tem tirado vossa infinita bondade e quanto maior foi o mal, mais resplandecente o grande bem de vossas misericórdias. E com quanta razão as posso para sempre cantar!

11. Suplico-vos, Deus meu, que assim seja e que as cante eu sem fim, já que haveis tido por bem fazê-las tão imensas comigo que se pasmam os que as veem. Muitas vezes fico fora de mim para melhor poder louvar-vos, pois a mim, voltando sem Vós, nada poderia, Senhor meu: as flores desse horto tornariam a ser cortadas, de sorte que essa miserável terra volveria a servir de monturo como dantes. Não o permitais, Senhor, nem queirais que se perca alma que com tantos trabalhos comprastes e tantas vezes tornastes a resgatar, arrancando-a dos dentes do medonho dragão.

12. Perdoe-me, Vossa Mercê, apartar-me do assunto e não estranhe que de mim mesma fale. Essas digressões dependem

da impressão que faz na alma o que se escreve. Às vezes, custa-me deixar de prorromper longamente em louvores a Deus, quando, à medida que escrevo, se me representa o muito que lhe devo. Creio que não desagradará isto a Vossa Mercê, porque ambos, ao que me parece, podemos entoar o mesmo cântico, embora de diferente maneira: pois devo muito mais a Deus, tendo-me Ele mais perdoado como Vossa Mercê bem sabe.

CAPÍTULO 15

Prossegue na mesma matéria e dá alguns avisos acerca do modo de proceder na oração de quietação. Trata de como são muitas as almas que chegam a ter essa oração e poucas as que passam adiante. São muito necessárias e proveitosas as coisas que aqui se apontam.

1. Tornemos agora ao nosso propósito. Tal quietação e recolhimento é coisa que a alma muito sente, pela satisfação e paz que nela se derrama, com excepcional contentamento e sossego das potências e deleite deveras suave. Como nunca chegou a mais, parece-lhe que nada lhe resta fazer e, de bom grado, diria com São Pedro (Mt 17,4) que fosse sempre ali sua morada. Não se ousa agitar nem menear, com temor de que lhe escape das mãos aquele bem; por vezes, quisera nem respirar. Não percebe a pobrezinha que, se de sua parte não teve poder para trazer a si aquele bem, menos o terá para o conservar além do que aprouver ao Senhor.

Já afirmei que neste primeiro recolhimento não se perdem as potências da alma. Esta, porém, tão satisfeita se sente com Deus que, enquanto dura seu contentamento com a vontade unida a Ele, não perde a quietação e o sossego, ainda que se extraviem o entendimento e a memória; ao invés, torna pouco a pouco a recolher um e outra. A razão disto é que, embora não de todo engolfada, está tão bem ocupada sem saber como, que, por mais diligências que as duas potências façam, não lhe podem arrebatar o contentamento e o gozo; antes, muito sem trabalho, vai alimentando essa centelha do amor de Deus para que não se apague.

2. Praza a Sua Majestade conceder-me a graça de fazer compreender bem isto, porque há muitas, muitas almas que chegam a esse estado e poucas são as que passam adiante, e de quem é a culpa, não o sei. Decerto não é Deus que falta, pois se Sua Majestade lhes faz a mercê de as levar até esse ponto, creio que não cessará de lhes fazer outras muitas, a não ser por nossa culpa. E é de extrema importância que, ao aqui chegar, a alma conheça a excelsa dignidade em que está e a grande mercê que recebeu do Senhor. Veja com quanta razão não deveria ser mais da Terra, pois, se não o desmerecer, já parece que a Divina Bondade a faz cidadã do céu. Desventurada será se tornar atrás! Penso que seria ir sempre para baixo, como teria acontecido comigo, se a misericórdia do Senhor não me tivesse recuperado. Pela maior parte será por culpas graves, a meu ver; não é possível deixar tão grande bem sem grande cegueira de muito mal.

3. Assim rogo, por amor do Senhor, às almas às quais Sua Majestade haja feito tão imensa mercê elevando-as a esse estado, que se conheçam e se tenham em muita conta, com humildade e santa presunção, para não tornarem aos manjares do Egito. E, se por sua fraqueza, sua maldade e seu ruim e miserável natural, caírem como eu, tragam sempre diante dos olhos o bem que perderam e andem alarmadas e temerosas. Justo é que temam, pois, se não tornarem à oração, hão de ir de mal a pior. Em verdade, chamo eu de queda a das almas que aborrecem o caminho por onde ganharam tanto bem. Falando a estas, não lhes digo que já não hão de ofender a Deus nem cair em pecados, conquanto fosse bem conforme à razão que deles muito se guardasse quem começou a receber tais mercês; mas, enfim, somos miseráveis. O que lhes recomendo em demasia é que não deixem a oração, pois, por este meio, hão de compreender seu estado e alcançarão do Senhor arrependimento e fortaleza para se levantarem; e creiam, creiam que, se se apartarem da

oração, ficarão, a meu ver, em perigo. Não sei se bem me explico, porque, como já disse, julgo por mim.

4. É, pois, essa oração, uma miúda centelha de seu verdadeiro amor que começa o Senhor a acender na alma e quer dar-lhe a compreender que coisa é esse regalado amor. Essa quietação, esse recolhimento, essa miúda centelha, é Espírito de Deus, e não gosto dado pelo demônio ou procurado por nós; a quem tem experiência é impossível não entender logo que é coisa que não se pode adquirir. Acontece, porém, que é tão ávido de manjares saborosos o nosso natural, que tudo prova, mas fica logo frio por completo e, por mais que queira atear o fogo para alcançar esse gosto, antes parece que deita água para o apagar. Quanto à miúda centelha posta por Deus, faz muito ruído, por pequenina que seja, e, se a alma não a extingue por sua culpa, ela começa a atear o grande fogo que lança as labaredas do sublime amor de Deus que Sua Majestade faz lavrar nas almas perfeitas, como direi em seu lugar.

5. É essa centelha um sinal de garantia que dá Deus à alma, de a ter já escolhido para grandes coisas, se ela se dispuser para recebê-las. É especial dom, muito maior do que poderei dizer.

Sinto grande lástima, porque – repito – conheço incontáveis almas que chegam até aqui, e as que passam adiante, como seria justo, são tão raras, que me envergonha dizê-lo. Não afirmo de modo indubitável que haja poucas: muitas, por certo, haverá – pois não é debalde que nos sustenta Deus –, mas digo o que tenho visto. Quisera com muita instância avisá-las de que procurem não esconder seu talento, pois o Senhor parece ter querido escolhê-las para proveito de tantas outras almas, sobretudo nestes tempos nos quais há necessidade de amigos fortes de Deus para sustentarem os fracos. Tenham-se em conta de tais os que em si reconhecerem essa mercê e saibam corresponder ao Senhor, observando as injunções da boa amizade que até o mundo exige dos seus. Se não for assim, repito, desconfiem e tenham medo de fazerem mal a si e praza a Deus que não o façam também aos outros.

6. O que há de fazer a alma nos tempos dessa quietação não é mais do que gozar com suavidade e sem ruído. Chamo ruído andar com o entendimento a buscar muitas palavras e considerações para dar graças desse benefício e amontoar pecados e faltas para ver que não o merece. Todas essas lembranças aqui se agitam, o entendimento apresenta razões, a memória não sossega... Confesso que por vezes essas potências me cansam, pois, com ter tão pouca memória, não consigo subjugá-la. A vontade pacífica e zelosa, entenda que não é à força de braços que se trata com Deus; e que as reflexões são grandes achas de lenha que, postas sem discernimento sobre essa centelha, só servem para apagá-la. Reconheça-o e diga com humildade: – Senhor, que posso eu aqui? Que ver tem a serva com o Senhor e a Terra com o céu? – Ou outras palavras de amor que brotam espontaneamente, com grande convicção da verdade do que diz, e não faça caso do entendimento, que é semelhante a um moinho sempre em atividade. Muitas vezes, ver-se-á a alma nesse sossego e nessa união da vontade, mas com o entendimento alheado em demasia. Não lhe queira dar, então, parte do que goza, nem trabalhe para o recolher, mais vale abandoná-lo; não vá, isto é, não mande a vontade em seu encalço. Goze daquela mercê e conserve-se recolhida como sábia abelha. Com efeito, se nenhuma das abelhas entrasse na colmeia e todas fossem à procura umas das outras, como poderiam fabricar o mel?

7. Assim é que perderá muito a alma se nesse ponto não tiver cuidado, em especial se for do número de certos entendimentos agudos que, ao porem-se a ordenar práticas e buscar razões achando belas palavras, logo pensam ter feito alguma coisa. O que se pode aqui deduzir com razoabilidade é que nenhuma razão há para que nos faça Deus tão grande graça, a não ser, tão somente, por sua bondade. Estando tão perto de Sua Majestade, havemos de pedir-lhe mercês, rogar-lhe pela Igreja, pelos que

se recomendaram a nós e pelas almas do Purgatório, não com ruído de palavras, senão com sentimento e desejo de que nos ouça. É oração que abraça de sobejo, e com ela se alcança mais do que com muitos discursos do entendimento. Desperte em si a vontade para avivar esse amor algumas razões que se lhe apresentarão, por se ver tão melhorada, e produza alguns afetos amorosos, propondo tudo fazer por aquele a quem tanto deve. Tudo isto, como já o disse, sem admitir ruído do entendimento, deveras amigo de andar à cata de grandes considerações. Mais ajudam aqui umas palhinhas postas com humildade – e é menos que palha o que vem de nós – e mais servem para acender esse fogo do que uma porção de lenha de razões muito doutas em nosso parecer, que, no espaço de um Credo, o abafarão.

Este aviso é bom para os letrados que me mandam escrever, pois, pela bondade de Deus, todos aqui chegam, e, sem essa advertência, poderá ser que se lhes vá o tempo em aplicar textos da Escritura. Ainda que as letras não deixem de ser de grande proveito antes e depois, pouca necessidade há delas, ao que me parece, enquanto dura essa oração. Só serviriam para entibiar a vontade, porque então, de se ver tão perto da luz, está o entendimento com excepcional claridade a tal ponto que até eu, sendo quem sou, pareço outra.

8. Ao estar nessa quietação, apesar de não entender quase nada do que rezo em latim, sobretudo o Saltério, tem-me acontecido compreender os versículos como se estivessem em nossa língua; e não só isto, mas regalar-me também com o sentido encerrado nas palavras.

Em relação aos letrados, excetuo o caso de haverem de pregar ou ensinar, porque então será justo que se utilizem daquele bem em proveito de pobres ignorantes como eu. É grande coisa a caridade e, bem assim, o zelo pelo aproveitamento das almas, contanto que tão só se busque a Deus.

Convém, pois, que nesses tempos de quietação também os doutos deixem a alma descansar no seu repouso junto de Deus, pondo de lado as letras. Tempo virá em que, sendo-lhes o saber de muita utilidade, porquanto grande auxílio presta para o serviço do Senhor, o terão em tanto apreço que por nenhum tesouro quereriam ter deixado de aprender no único intuito de servirem a Sua Majestade. Ante a Sabedoria Infinita, todavia, vale mais – creiam-me – um pouco de exercício de humildade e apenas um ato dessa virtude do que toda a ciência do mundo. Aqui não cabe argumentar, senão conhecer com singeleza o que somos e com simplicidade apresentar-nos diante de Deus. Quer Ele que, em sua presença, a alma se faça pequenina e de fraca inteligência[24], como na verdade é, pois Sua Majestade, sendo nós o que somos, muito se humilha em suportá-la junto de si.

9. Também se move o entendimento a dar graças com belas palavras; mas a vontade com sossego, não ousando sequer levantar os olhos, como o publicano, sabe agradecer melhor do que tudo que o entendimento, dando voltas à retórica, porventura pode fazer. Enfim, aqui não se há de deixar de todo a oração mental nem algumas palavras, mesmo articuladas, se alguma vez a alma o quer ou consegue fazer, pois quando a quietação é grande, mal se pode falar, a não ser com muito esforço.

Sente-se, em meu parecer, se é Espírito de Deus ou procurado por nós, isto é, se com um começo de devoção que Deus nos dá queremos, como já disse, passar por nós mesmos a esta quietação da vontade. Neste último caso, nenhum efeito produz, acaba depressa e deixa secura.

10. Se vem do demônio, qualquer alma exercitada o entenderá, penso eu, porque produz inquietação, pouca humildade e pouca disposição para os efeitos próprios do Espírito de Deus; não deixa luz no entendimento nem firmeza na vontade. Pouco ou nenhum dano daí pode resultar se a alma só a Deus atribuir o deleite e a suavidade que sente, pondo nele seus pensamentos e desejos, como já recomendei. Nada pode ganhar o inimigo; antes, permitirá o Senhor que perca muito, com o mesmo deleite que causa à alma, porque esta, julgando que é

---

24. O original diz "boba".

de Deus, será movida a ir muitas vezes à oração pela avidez de o gozar. Se for humilde, incuriosa e arrastada pelo interesse de deleites, mesmo espirituais, mas sim amiga de cruz, fará pouco caso do gosto originado pelo espírito maligno. Não poderá fazer assim, antes o terá em grandíssimo apreço, se for Espírito de Deus. O demônio, quando age, como ele é todo mentira, ao ver que com o gosto e deleite se humilha a alma – porque esta se há de empenhar em sair humilde de todas as graças e consolações da oração – não tornará amiúde, vendo que perde.

11. Por esta razão e por muitas outras, avisei eu, ao tratar do primeiro modo de orar ou primeira água, ser de extrema importância que, ao começarem as almas a oração, se desapeguem de todo gênero de contentamento e entrem nesse caminho determinadas tão somente a ajudarem Cristo a levar a cruz, como bons cavaleiros que, sem soldo, querem servir a seu Rei, pois bem seguro têm o galardão. Tenhamos os olhos no verdadeiro e perpétuo reino que pretendemos ganhar! É magnífica coisa trazer isto sempre diante dos olhos, em especial nos princípios, pois, mais tarde, tão ao claro se conhece o pouco que duram todas as coisas, o nada, que tudo é, e a nenhuma conta em que se há de ter o descanso, que é preciso antes olvidá-lo para poder viver do que procurar trazê-lo à memória.

12. Parecem muito rudimentares tais ponderações e, na verdade, o são. Os mais adiantados na perfeição as teriam por afronta e se envergonhariam só com o pensamento de que deixam os bens deste mundo porque se hão de acabar. Se estes durarem para sempre, alegres os deixariam por Deus, e quanto mais perfeitos e duradouros fossem, tanto mais se alegrariam. Aqui, nessas almas, já está crescido o amor, e é ele que age; mas, para os que começam, é imprescindível alimentar tais pensamentos e não os ter por baixos, pois é grande o bem que por este meio se adquire, razão pela qual o recomendo tanto. Sei que lhes servirá e ajudará, mesmo aos muito elevados na oração, em certos tempos em que Deus os quer provar, de tal modo, que parecem abandonados por Sua Majestade. Sim, pois

como já disse – e quisera que nunca o esquecessem – nesta vida transitória a alma cresce, como costumamos dizer, e é grande verdade, mas não à maneira dos corpos. Assim, um menino, depois que cresce e adquire pleno desenvolvimento, tornando-se homem, não diminui nem volta a ter corpo de criança; com a alma, porém, permite o Senhor que se dê o contrário. Pelo que vi em mim e não por outro modo, o sei. Com isso, por certo quer Ele nos manter em humildade para nosso grande bem e para que não descuidemos enquanto vivermos neste desterro, pois quem mais alto estiver, mais há de temer e menos fiar de si. Ocasiões há em que as mesmas almas que já submeteram por inteiro sua vontade à de Deus, para não incorrerem em imperfeição, deixar-se-iam atormentar e afrontariam mil mortes, de modo que se veem tão assaltadas por tentações e perseguições, que, para não o ofenderem, têm necessidade de recorrer às primeiras armas da oração, tornando a pensar que tudo acaba e que há céu e inferno e outras coisas semelhantes.

13. Tornando agora ao que dizia, grande fundamento é para uma alma livrar-se dos gostos e ardis provenientes do demônio o resolver-se desde o princípio, com determinação, a seguir o caminho da cruz sem desejar consolações, pois o mesmo Senhor mostrou ser esta a estrada da perfeição dizendo: "Toma tua cruz e segue-me" (Mt 16,24). É Ele nosso modelo; não tem o que temer quem, só para lhe dar gosto, seguir seus conselhos.

14. No aproveitamento que virem em si, entenderão essas almas que as mercês recebidas não procedem do demônio. Ainda que tornem a cair, levantam-se de pronto, e isto é um sinal que lhes fica de que ali esteve o Senhor, além de outros que agora direi. Quando é Espírito de Deus, não é mister andar atrás de considerações para auferir humildade e confusão, o Senhor mesmo as dá, de maneira bem distinta do que podemos granjear com as nossas irrisórias considerações. Estas nada valem em comparação duma verdadeira humildade, acompanhada de luz, que aqui ensina o Senhor, causando tal confusão que a alma parece aniquilar-se. É coisa muito notó-

ria a compreensão que Deus dá para que entendamos que, por nós mesmos, nenhum bem possuímos, e quanto maiores são as mercês, maior é a compreensão.

– Infunde o Senhor à alma grande desejo de progredir na oração e de não a deixar por nenhuma coisa de trabalho que possa advir.

– Faz com que ela a tudo se ofereça.

– Inspira-lhe segurança, com humildade e temor, de que se há de salvar.

– Livrando-a do temor servil, dá-lhe temor filial muito maior.

– Vê a alma começar em si um amor a Deus muito sem interesse próprio.

– Deseja tempo e solidão para mais gozar desse bem.

15. Enfim, para não me cansar, digo que é um princípio de todos os bens; um abotoar das flores, às quais falta um quase nada para desabrocharem. Isto verá com muita clareza a alma e de nenhuma maneira poderá então convencer-se de que não esteve Deus com ela, até que, voltando a se ver com faltas e imperfeições, tudo teme. E é bem que tema, conquanto certas almas aproveitem mais com a crença inabalável de que foram favorecidas por Deus do que com todos os temores que lhes possam incutir. A que é amorosa e agradecida por natureza mais se move a tornar a Deus com a memória da mercê que dele recebeu do que com a lembrança de todos os castigos do inferno. Ao menos com a minha, apesar de tão ruim, acontecia isto.

16. Porque os sinais do bom espírito serão ditos mais adiante, não os direi mais aqui. Quantos trabalhos me custou para os tirar a limpo! Creio que, com o favor de Deus, nisto atinarei um pouco porque, além da experiência que me tem feito aprender muito, tenho-o sabido de vários letrados mui doutos e de pessoas de grande santidade, às quais é justo dar crédito. Mediante esses avisos, as almas que, pela bondade do Senhor, até aqui chegarem, não passarão pelas aflições por que passei.

CAPÍTULO 16

Trata do terceiro grau de oração e vai declarando coisas muito elevadas. Explica o que pode a alma que a Ele chega e os efeitos produzidos por essas tão grandes mercês do Senhor. É muito próprio para arrebatar o espírito em louvores de Deus e para dar grande consolo a quem chegar ao referido grau.

1. Vamos agora falar da terceira água com que se rega nosso horto. É água corrente de rio ou de fonte, e rega com muito menos trabalho, embora seja preciso algum para a encaminhar. Quer aqui o Senhor ajudar o hortelão, de maneira que quase é Ele o jardineiro e quem faz tudo.

É um sono das potências, que nem de todo se perdem, nem entendem como obram. O gosto, a suavidade e o deleite são incomparavelmente maiores que na oração passada. É que a alma, ao estar quase por inteiro submersa na água da graça, já não pode nem sabe ir adiante ou tornar atrás; quereria gozar de excelsa glória. É como um agonizante que está com a vela na mão, pouco lhe falta para morrer e deseja a morte. Está gozando naquela agonia com o maior deleite que se pode imaginar. Não me parece outra coisa senão um morrer quase de por completo a todas as coisas do mundo e estar gozando de Deus.

Não conheço outros termos para o exprimir ou declarar. Não sabe então a alma o que fazer: se fala, se fica em silêncio, se ri, se chora. É um glorioso desatino, uma celestial loucura, onde se aprende a verdadeira sabedoria e, para alguma, é maneira deveras deleitosa de gozar.

2. Assim é que me deu o Senhor em abundância e amiúde esta oração, creio que há cinco ou seis anos, mas nem a compreendia eu, nem seria capaz de a explicar, de modo que tinha resolvido dizer muito pouco ou nada ao chegar aqui. Bem entendia que não era por inteiro união de todas as potências, e via com clareza que era superior à passada, contudo, confesso, não podia determinar nem percebia onde estava a diferença.

Creio que, pela humildade de Vossa Mercê em querer ser ajudado por uma simplicidade tão grande como a minha, quando hoje acabava eu de comungar, deu-me o Senhor esta oração sem me ser possível ir adiante; sugeriu-me estas comparações e ensinou-me a maneira de dizer, bem como o procedimento que há de ter aqui a alma. Certo é que me espantei de logo compreender.

Muitas vezes estava eu assim, como desatinada e embriagada de amor, sem jamais ter podido penetrar o que era. Bem via ser obra de Deus, mas não podia entender sua ação, porque embora as potências se achem, de fato, quase de todo unidas a Ele, não estão tão engolfadas que deixem de agir. Gostei em extremo de agora o ter entendido. Bendito seja o Senhor, que assim me regalou!

3. Só de se ocuparem por completo de Deus são capazes as potências. Dir-se-ia que nenhuma ousa mexer-se, nem podemos fazer que se movam, salvo com muito esforço para nos distrairmos e, ainda assim, não me parece que poderíamos consegui-lo de todo. Proferem-se, então, muitas palavras de louvor a Deus, sem ordem, se o mesmo Senhor não as conserta. Ao menos o entendimento de nada vale neste ponto. Quisera a alma bradar em altas vozes mil louvores, esta que não cabe em si, num desassossego saboroso. Já lá se abrem as flores, já começam a exalar seus perfumes. Quisera a alma que todos a vissem e entendessem sua glória a fim de a ajudarem a dar louvores a Deus; e desejaria comunicar-lhes parte de seu gozo, porque se sente incapaz de tanto gozar. Faz-me pensar na

mulher da qual diz o Evangelho (Lc. 15) que queria chamar ou chamava suas vizinhas. Isto, ao que me parece, devia sentir o admirável espírito do real profeta Davi quando tocava a harpa e cantava celebrando os louvores de Deus. Desse glorioso Rei sou eu muito devota e quisera que todos o fossem, em especial os que somos pecadores.

4. Oh! Valha-me Deus! Como fica então a alma! Quisera ser toda línguas para louvar o Senhor! Diz mil santos desatinos, atinando sempre em contentar aquele que a põe em tal estado. Duma pessoa[25] sei que, sem ser poeta, lhe acontecia improvisar estrofes mui sentidas; declarando bem sua pena, não as fazia com o entendimento, senão que, para mais gozar a glória que tão saborosa pena lhe dava, dela se queixava a seu Deus. Quisera desfazer-se toda, corpo e alma, para exprimir o gozo que causa esse penar. Que torturas a ameaçariam que não tivesse por saboroso sofrê-las pelo Senhor? Vê com evidência que quase nada por si mesmo faziam os mártires em passar tormentos, pois bem conhece que de outra parte vem a fortaleza. Mas quanto sentirá ter de voltar à razão para de novo viver no mundo e atender aos seus cuidados, às suas cortesias?

Parece-me não ter feito encarecimento que não seja baixo em comparação do que, nesse gênero de delícias, quer o Senhor que goze a alma em seu desterro. Bendito sejais para sempre, Senhor, e por toda eternidade vos louvem todas as coisas. Enquanto isto escrevo, Rei meu, não estou fora dessa santa loucura celestial de que me fazeis mercê por vossa bondade e misericórdia, tão sem méritos meus. Havei por bem, agora, eu vos suplico, que fiquem loucos de vosso amor todos aqueles com quem eu tratar, ou permiti que, doravante, com mais ninguém trate, ou fazei, Senhor, que eu já não tenha em conta nenhuma coisa do mundo ou tirai-me dele. Já não pode, Deus meu, esta vossa serva sofrer tantos tormentos que lhe advêm de se ver sem Vós, Senhor. Quisera já a alma, neste estado, ver-

---

25. Fala de si mesma.

-se livre: mata-a o comer; aflige-a o dormir; vê que se passa o tempo da vida em regalos e que nada mais a pode regalar fora de Vós. Parece viver contra a natureza, pois já não quisera viver em si, senão em Vós.

5. Ó verdadeiro Senhor e Glória minha, leve e ao mesmo tempo pesadíssima cruz tendes aparelhada para quem chega a este ponto! Leve, porquanto é suave; pesada, pois por vezes não há paciência que a sofra. Contudo, jamais quisera a alma ver-se livre dela, salvo para já se ver convosco. Quando se recorda de que não vos há servido em nada e que, vivendo, pode servir-vos, quisera carregar-se de cruz muito mais pesada e nunca morrer até o fim do mundo. Não faz o mínimo caso de seu descanso a troco de vos prestar um pequeno serviço, não sabe o que desejar, mas bem entende que não deseja outra coisa senão a Vós.

6. Ó filho meu! Falo assim porque é tão humilde que assim vai ser chamado aquele a quem isto vai dirigido e, em obediência, de cuja ordem escrevo. Guarde só para si algumas coisas em que vir Vossa Mercê que excede os limites, porque não há razão que baste para me impor comedimento quando o Senhor me põe fora de mim. Não creio que sou eu que falo desde que comunguei esta manhã. Tenho a impressão de sonhar o que vejo, e não quisera encontrar senão enfermos do mal de que agora estou ferida. Suplico a Vossa Mercê: sejamos todos loucos, por amor daquele que por nós assim quis ser chamado. Já que Vossa Mercê – conforme declara – me estima, quero que mo prove, dispondo-se para que Deus lhe faça este favor, porque vejo muito poucos que não tenham demasiado senso quando se trata de seus interesses. Pode bem ser que o tenha eu mais que todos. Não mo consinta Vossa Mercê, padre meu, pois é meu confessor a quem fiei minha alma. Desengane-me com verdade, embora se use muito pouco dizer as coisas tais quais são.

7. Este pacto quisera eu fizéssemos os cinco que ora nos amamos em Cristo[26], assim como outros, nestes últimos tem-

---

26. Pensa o Padre Silvério de Santa Teresa que seriam: O Padre-mestre

pos, se juntavam em segredo para contra sua Divina Majestade urdir maldades e heresias, procuremos nós reunir-nos algumas vezes, a fim de nos desenganarmos uns aos outros. Juntos veremos os defeitos a corrigir e o modo de contentar mais a Deus, pois não há quem tão bem se conheça como nos conhecem os que nos estão olhando, se é com amor e cuidado de nosso proveito.

Digo: em segredo, porque já não se usa mais esta linguagem; até os pregadores dispõem seus sermões de modo a não descontentar os ouvintes. Boa será a intenção e boa também a obra, mas deste modo poucos se emendam. E qual a razão de não serem muitos os que, pelos sermões, deixam vícios públicos? Sabe o que me parece? É que têm demasiado senso os que pregam. Não estão fora de si com o grande fogo do amor de Deus, como estavam os apóstolos, e, assim, pouco calor dá esta chama. Não digo que os igualem em ardor, mas quisera mais fogo do que agora vejo. Sabe Vossa Mercê o que deve ajudar muito? É já ter aborrecimento à vida e pouca estima à honra. Aos apóstolos não se lhes dava mais perder tudo do que ganhar tudo, a troco de dizerem uma verdade e de a sustentarem para glória de Deus; pois os que deveras tudo arriscaram por Vossa Majestade, com igual ânimo levam uma ou outra coisa. Não digo que sou deste número, mas bem o quisera ser.

Oh! Grande liberdade é considerar cativeiro o haver de tratar e viver conforme as leis do mundo! Alcançada do Senhor essa liberdade, não há escravo que não arrisque tudo para se resgatar e tornar à sua terra. É este, pois, o verdadeiro caminho e não há que parar nele. Seria nunca chegar a adquirir tão grande tesouro, até que se nos viesse a acabar a vida. Rompa Vossa Mercê isto que digo, e, se lhe parecer, tome-o em particular como carta e perdoe-me por me ter mostrado muito atrevida.

Daza, Francisco de Salcedo, Dona Guiomar de Ulloa e o Padre Ibáñez. Julgamos que um destes deve ser substituído pelo Padre Garcia de Toledo.

CAPÍTULO 17

Prossegue na mesma matéria ao declarar o terceiro grau de oração. Acaba de expor os efeitos que produz. Diz os impedimentos provindos da imaginação e da memória.

1. Explicado com razoabilidade ficou este grau de oração e o modo pelo qual nele há de proceder a alma ou, por melhor dizer, o que nela faz Deus, que se digna tomar o ofício de hortelão, querendo que ela folgue. Só cabe à vontade consentir naquelas mercês que goza e oferecer-se a tudo quanto nela quiser obrar a verdadeira sabedoria. Para tudo, é mister ânimo, não há dúvida; porque é tanto o gozo, que algumas vezes parece faltar quase nada para a alma acabar de sair do corpo. E que venturosa morte seria!...

2. Aqui me parece muito bom, como foi dito a Vossa Mercê, abandoná-la de todo entre os braços de Deus. Se quiser este levá-la ao céu, vai; se ao inferno, não tem pena, contanto que vá com seu único Bem; se a deixar viver mil anos, também lhe apraz. Disponha dela Sua Majestade como de coisa própria, já não pertence a si mesma, está dada por inteiro ao Senhor e despreocupada de tudo.

Digo que, quando Deus concede tão alta oração, a alma pode fazer tudo isso e muito mais – pois tais são seus efeitos – e entende que o faz sem nenhum cansaço do entendimento. Só está como espantada, ao que me parece, de ver que o Senhor faz tão bem o ofício de jardineiro e não lhe quer deixar trabalho algum senão o deleite de ir aspirando o perfume das flores. Numa só dessas visitas, por pouco que dure, é tal o hortelão que, afinal, como criador da água, rega o horto sem medida. O que a pobre da alma porventura em vinte anos, com trabalho e cansaço do entendimento, não conseguiu granjear, faz o celestial hortelão num instante; a fruta cresce e fica sazonada de maneira a poder ela sustentar-se com os produtos de seu horto, querendo assim o Senhor. Mas não lhe dá Ele licença para repartir a fruta até que se fortaleça com o que dela comer. Não a gaste toda provando-a tão somente e dando-a aos outros, pois nem tirará proveito, nem receberá paga daqueles a quem a der. Procure antes conservar o que tem e não se meta a dar de comer à sua custa, ficando porventura a morrer de fome.

Tais são as inteligências às quais me dirijo que o saberão entender bem e aplicar melhor do que eu sei dizer, por mais que me canse.

3. Em suma, ficam mais fortes as virtudes do que na precedente oração de quietação. Sente-se outra a alma e, sem saber como, começa a obrar grandes coisas, com o perfume que se desprende das flores. Quer o Senhor que estas desabrochem e ela veja em si virtudes, embora compreenda muito bem que não as podia nem pode adquirir no decorrer muitos anos, ao passo que, naquele pouquinho tempo, lhas deu o hortelão celestial. Aqui é deveras maior e profunda a humildade com que fica a alma do que no grau passado, porque com mais clareza vê que de sua parte não fez pouco nem muito, apenas consentiu que o Senhor lhe fizesse mercês, e, com sua vontade, abraçou-as. É este modo de oração, a meu ver, união muito evidente de toda alma com Deus.

Parece que quer Sua Majestade dar licença às potências para entenderem e gozarem o muito que ali opera.

4. Acontece alguma e até incontáveis vezes, ao estar assim unida a vontade, o que vou dizer, para que Vossa Mercê veja

que é possível e entenda quando o tiver. Digo-o aqui, porque, ao menos a mim, me punha tonta e perplexa. Sente-se que a vontade está a gozar e atada, em muita quietação, mas só ela; e, por outra parte, estão o entendimento e a memória tão livres que podem tratar de negócios e aplicar-se a obras de caridade.

Embora pareça haver o mesmo estado, há diferença entre a oração de quietação e a de que falo agora, porquanto na primeira a alma não quereria agir nem se mover, gozando naquele santo ócio de Maria; na segunda, pode ela também ser Marta. Assim, está quase ao mesmo tempo a exercitar vida ativa e concernente ao seu estado, e até mesmo ler, ainda que não esteja de todo senhora de si e perceba bem que em outro lugar está a melhor parte de si mesma. É como se estivéssemos a falar com uma pessoa e outra nos falasse de outro lado: nem bem estaríamos com uma, nem bem com a outra.

É coisa que se sente muito ao claro e dá muita satisfação e contentamento quando se tem, assim como é grande disposição para que, em achando tempo de soledade e desocupação de negócios, a alma chegue a mui sossegada quietação. É andar como uma pessoa que está satisfeita, não tem necessidade de comer, sente o estômago alimentado e não comeria qualquer manjar, contudo, não está tão farta que se vir alguma coisa apetitosa, a deixe de comer de boa vontade. Assim, não quereria então a alma contentamentos do mundo, nem se satisfaz com eles, porque, em si, tem o que mais a farta. Maiores contentamentos de Deus, sede de satisfazer seu desejo, de gozar mais, de estar com Ele: eis o que quer.

5. Há outra maneira de união que ainda não é completa, é mais do que esta que acabo de dizer, porém, não tanto como da terceira água da qual falei.

Quando o Senhor lhas der todas – se é que já não lhas deu –, gostará muito Vossa Mercê de achar tudo escrito e entender o que é. Com efeito, uma coisa é receber do Senhor a mercê; outra, entender qual a mercê e qual a graça; outra, por fim, é saber dizê-la e dar a entender como é. E ainda que pareça bastar o primeiro desses três dons, contudo é grande proveito e mercê entender o que se recebe, para a alma não andar confusa e medrosa e prosseguir com mais ânimo no caminho do Senhor, calcando aos pés todas as coisas do mundo. Cada um desses dons é razão para que louve muito o Senhor quem os recebeu; e quem os não vê em si, louve de igual modo Sua Majestade, porque, para proveito nosso, concedeu-os a algum dos que ora vivem.

Como ia dizendo: acontece amiúde esta maneira de união que vou referir, em especial a mim faz-me Deus com imensa frequência esta graça. Apodera-se o Senhor da vontade e também do entendimento, creio eu, pois este não discorre, antes, está ocupado em gozar de Deus, como uma pessoa que está olha e vê tanto a ponto de não saber ao certo para onde volver os olhos porque a vista duma coisa lhe faz perder a da outra e, assim, não sabe dizer o que viu. A memória fica livre, provavelmente unida à imaginação, e, como se vê desamparada das outras potências, é para louvar a Deus a guerra que faz e o desassossego que procura lançar por toda parte. Chega a cansar-me e aborrecer-me e, repetidas vezes, suplico ao Senhor que se tanto me há de estorvar, ma tire nessas ocasiões. Digo às vezes: Quando, meu Deus, já estará minha alma toda unida em vosso louvor, em vez de repartida, sem o poder conseguir? Aqui vejo o mal que nos causa o pecado, pois assim nos deixou sujeitos a não fazer o que quiséramos, que é estar sempre ocupados com Deus.

6. Isto me acontece de contínuo, como disse, e hoje foi um desses dias, de modo que o tenho bem presente ao espírito. Sinto desfazer-se minha alma pelo desejo de por inteiro estar onde tem a maior parte de si; mas é impossível porque tamanha guerra lhe fazem a memória e a imaginação, que não o pode conseguir. Essas duas potências, entretanto, mesmo para fazer mal, de nada valem, pois lhes falta o concurso das outras; só logram neste ponto desassossegar porque não têm força

nem sabem estar quietas. Como o entendimento não admite nem pouco nem muito essas representações, a memória em nada se detém, vagueia daqui para ali, anda dum lado para outro, semelhante a certas pequeninas mariposas noturnas, importunas e irrequietas. Urge, a propósito, vir a mim esta comparação, porque estas, embora não tenham força para causar algum mal, importunam os que as veem.

Para isto não sei que remédio haja, porque até agora não mo fez Deus entender. Se o soubera, de boa vontade o tomaria para mim, pois, como disse, sofro desse tormento inúmeras vezes. Conhecemos aqui nossa miséria, vemos, e mui ao claro, o grande poder de Deus, visto que esta potência, ficando solta, tanto nos prejudica e cansa, ao passo que as outras, que estão com Sua Majestade, tanto descanso nos dão.

7. O remédio que há pouco tempo achei, depois de ter padecido muitos anos, é o que disse na oração de quietação, isto é, não fazer mais caso da fantasia do que se faz de um louco; deixá-la com sua teima porque só Deus lha pode tirar. Afinal de contas, está feita escrava. Soframo-la com paciência, como Jacó e Lia, que bastante mercê nos faz o Senhor permitindo gozarmos de Raquel. Digo que fica escrava porque, em suma, não pode, por mais que faça, trazer a si as outras potências; pelo contrário, são elas que, muitas vezes sem nenhum trabalho, a fazem vir a si. Não raro é Deus servido de se compadecer ao vê-la tão perdida e irrequieta pelo desejo de se unir às suas companheiras e então lhe permite Sua Majestade queimar-se no fogo daquela luz divina, onde já outras foram reduzidas a cinzas, quase perdido o seu ser natural, gozando do modo sobrenatural de tão grandes bens.

8. Em todos os modos de oração que descrevi ao falar dessa última água de fonte, são tão grandes a glória e o descanso da alma que o corpo participa, de modo deveras notório, de igual gozo e deleite. Nisto não há a menor dúvida, e ficam as virtudes muito aumentadas, como já disse.

Parece que o Senhor se dignou explicar por meu intermédio, creio, os estados de oração em que se vê a alma, tanto quanto nesta vida é possível dar a entender. Do que escrevi trate Vossa Mercê com pessoa espiritual que haja chegado a este ponto e tenha letras. Se ela disser que está bem, creia que lho disse Deus; tenha-o em muito apreço e agradeça a Sua Majestade. Com o andar do tempo, repito, muito folgará de entender estes favores, pois talvez não receba graça para os compreender por si mesmo, embora lhe seja dado gozá-los. Se Sua Majestade lhos conceder, logo Vossa Mercê, com sua inteligência e instrução, o entenderá pelo que ficou dito. Por todos os seus benefícios, seja o Senhor louvado por todos os séculos dos séculos. Amém.

CAPÍTULO 18

Em que trata do quarto grau de oração. Começa a declarar por excelente maneira a grande dignidade a que Deus eleva a alma neste estado. Servirá de estímulo aos que tratam de oração, para se esforçarem por chegar a tão alto estado, pois é possível alcançá-lo na Terra, não pelos próprios merecimentos, senão pela bondade do Senhor. Leia-se com advertência, porque a declaração é feita de mui delicado modo e encerra instruções muito notáveis.

1. Ensine-me o Senhor palavras com que possa dizer alguma coisa acerca da quarta água. Muita necessidade tenho do favor divino, mais que para a precedente, na qual ainda sente a alma que não está de todo morta. Digo: *de todo*, porque já para o mundo está morta. Contudo, torno a dizer, tem consciência para entender que está na Terra e sentir sua soledade e aproveitar-se do exterior para dar a compreender ao menos por sinais do que está sentindo.

Em todos os modos de oração antes indicados, alguma coisa trabalha o hortelão; nos últimos, porém, vai o trabalho acompanhado de tanta glória e consolo que a alma jamais o quisera deixar, já que para ela não é trabalho, senão glória.

Aqui, não há sentir, senão gozar sem entender o que se goza. Entende-se que é a fruição de um bem que encerra, em conjunto, todos os bens, mas não se compreende em que consiste tal bem. Nesse gozar ocupam-se todos os sentidos, nenhum fica desocupado para se empregar em outra coisa, quer de modo exterior, quer de modo interior.

Antes se lhes permitia, como já disse, darem algumas mostras do grande gozo que sentem; aqui, a alma goza mais, sem comparação, embora o possa muito menos denotar porque não fica poder ao corpo – nem a própria alma o tem – para comunicar o que goza. Nesse tempo, tudo lhe seria embaraço, tormento e estorvo para seu descanso. Digo mais: se é união de todas as potências, enquanto dura, não o pode, ainda que queira. Se pode, já não é união.

2. Como é esta oração a que chamam união e em que consiste, eis o que não sei dar a entender. Declara-o mística teologia; quanto a mim, ignoro os termos próprios. Não sei bem o que é a inteligência, nem em que difere da alma e do espírito: parece-me tudo uma coisa só. O que sei é que a alma, alguma vez, sai de si mesma à maneira dum fogo que está ardendo e, de repente, cresce com ímpeto a ponto de lançar labaredas.

Estas sobem muito acima do foco, mas nem por isso são coisa diferente, senão a mesma chama que está no fogo. Isso Vossas Mercês com suas letras entenderão, porque melhor não sei explicar.

3. O que pretendo declarar é o que sente a alma quando está nessa divina união. O que é união já se sabe: é de duas coisas divididas fazer-se uma. Ó Senhor meu, como sois bom! Bendito sejais para sempre! Louvem-vos, Deus meu, todas as coisas, pois de tal maneira nos amastes, que com verdade podemos falar da comunicação que desde esse desterro tendes com as almas. Mesmo com as que são boas é grande liberalidade e magnanimidade de que só Vós sois capaz, Senhor meu, pois dais como quem sois. Ó munificência infinita, quão magníficas são as vossas obras! Admirado ao contemplá-las fica todo aquele que não tem o entendimento mergulhado nas coisas da Terra a ponto de ser incapaz de

reconhecer a verdade. Mas, que façais a almas, que tanto vos têm ofendido, mercês tão soberanas!... Eis, por certo, o que me deixa aturdida quando a respeito reflito, de modo a não poder ir adiante. E para onde ir que não seja retroceder? Dar-vos graças por tão grandes mercês, não sei nem se consigo, mas, às vezes ao dizer disparates, acho alívio.

4. Ao acabar de recebê-las ou ao sentir que Deus começa a agir em mim – pois no momento do gozo, como já disse, nada se pode fazer – acontece-me repetidas vezes dizer: Senhor, olhai o que fazeis, não esqueçais tão depressa meus tão grandes males, visto que, para mos perdoardes, os olvidastes; suplico-vos que, a fim de moderardes Vossas Mercês, vos lembreis deles. Não ponhais, Criador meu, tão precioso licor em vaso tão quebrado, pois já tendes visto de outras vezes que o torno a derramar. Não ponhais semelhante tesouro em coração que ainda não está de todo purificado, como deveria, da cobiça das consolações da vida, pois o esbanjará. Como confiais as munições desta cidade e as chaves de sua fortaleza a alcaide tão covarde que, ao primeiro assalto dos inimigos, os deixa penetrar na praça? Não seja tanto o vosso amor, ó Rei Eterno, que arrisqueis joias tão preciosas. Temo, Senhor meu, que dê isto ocasião a que lhes tenham pouca estima, pois as colocais em poder de criatura tão ruim, tão baixa, tão fraca, tão miserável e de tão pouco valor. Embora me esforce para não as perder com o vosso favor – e não pequeno favor é preciso, tal a minha miséria –, não posso com as Vossas Mercês fazer bem a outras almas. Em suma, sou mulher e não boa, e sim ruim. Pôr os talentos em terra tão ingrata, bem se pode dizer que não é só escondê-los: é enterrá-los. Não costumais fazer, Senhor, semelhantes honras e mercês a uma alma senão para que aproveite a muitas. Já sabeis, Deus meu, que de todo o coração e com toda a vontade vos suplico e tenho suplicado outras vezes: consinto em perder o maior bem que se pode ter na Terra, para que concedais Vós essas mercês a quem as faça produzirem maior proveito a fim de que se aumente vossa glória.

5. Ocorreu-me dizer essas e outras coisas em muitas ocasiões. Via depois minha insensatez e pouca humildade, porquanto bem sabe o Senhor o que convém, e vê que não havia forças em minha alma para se salvar, se Sua Majestade não as infundira por meio de tantas mercês.

6. Também pretendo falar das graças e efeitos que ficam na alma, dizer que coisa pode fazer ela de sua parte, como também se contribui para chegar a tão sublime estado.

7. Acontece vir uma elevação do espírito, que se pode também chamar junção ou ajuntamento com o amor celestial. Ao que entendo, há diferença entre a união e essa elevação que às vezes nela ocorre. A quem não houver experimentado esta última, parecerá que não; a meu ver, apesar de ser tudo uma só coisa, a maneira pela qual age o Senhor é diferente. No voo do espírito, faz crescer muito mais o desapego das criaturas. Tenho visto com evidência que é particular mercê, embora, torno a dizer, seja ou pareça tudo uma só coisa. Também um fogo pequeno é fogo como um grande, e já se vê a diferença que há de um para outro. No primeiro, até que um pequeno pedaço de ferro fique em brasa, passa muito tempo; mas, se é grande o fogo, ainda quando seja maior o ferro, num fugaz instante parece transformar-se e perder a natureza que tem. Assim acontece, julgo eu, com esses dois gêneros de mercês do Senhor, e sei que quem tiver chegado a arroubamentos o compreenderá bem. Quem não o houver provado, pensará que é desatino, e bem pode ser que seja, porque ousar uma criatura como eu falar de coisa tão alta e querer dar a entender, mesmo de modo imperfeito, o que não há palavras sequer para esboçar, não é muito que a ponha desatinada.

8. Contudo, creio do Senhor que me há de ajudar nesta empresa, pois sabe Sua Majestade que, abaixo de obedecer, é minha intenção despertar nas almas a gula de tão sumo bem. Não direi coisa que não tenha experimentado em demasia. E aconteceu que, quando comecei a escrever a respeito dessa última água, impossível me parecia saber tratar dela, e quiçá

mais difícil do que falar grego. Ao ver isto, deixei e fui comungar. Bendito seja o Senhor que assim favorece aos ignorantes! Ó virtude de obedecer, que tudo podes! Esclareceu-me Deus a inteligência, ora com palavras, ora sugerindo-me o modo de me exprimir, a tal ponto que, como fez na oração passada, Sua Majestade parece querer dizer o que não posso nem sei.

É isto íntegra verdade, e, assim, o que bom for é doutrina sua; o mau, claro está, é do pélago de males que sou eu. Digo, pois, que, se houver pessoas elevadas aos estados de oração com que o Senhor tem favorecido a esta miserável – e inúmeras deve haver – que quiserem tratar destas coisas comigo, parecendo-lhes que seguem caminho errado, ajudará o Senhor a sua serva para que faça sair vitoriosa a verdade.

9. Falemos agora desta água que vem do céu para, com sua abundância, encher e fartar todo o horto. Se o Senhor nunca deixara de a fornecer oportunamente, já se vê que descanso teria o hortelão. Se, ademais, não houvesse inverno, e sim uma estação sempre amena e temperada, nunca faltariam flores e frutas, e que delícia havia de ser! Mas, enquanto vivermos, é impossível: sempre há de haver cuidado para, quando faltar uma água, procurar outra. Esta do céu vem muitas vezes quando mais descuidado está o hortelão. Verdade é que, nos princípios, quase sempre é depois de larga oração mental que, de degrau em degrau, vem o Senhor a tomar esta avezinha e a pô-la no ninho para que descanse. Como a viu muito esvoaçar e buscar, com todas as suas forças, entendimento e vontade, achar a Deus e contentá-lo, quer dar-lhe o prêmio desde esta vida. E que grande prêmio, do qual basta um momento para recompensar todos os trabalhos que na Terra se podem ter!

10. Ao estar desse modo a alma a buscar a Deus, sente-se com excelso e muito suave deleite quase desfalecer por completo numa espécie de desmaio. Vê que lhe vão faltando o fôlego e todas as forças corporais, de modo que nem as mãos pode menear, a não ser a muito custo. Os olhos se lhe cerram involuntariamente ou, se os conserva abertos, nada enxerga; se lê,

não acerta com as letras, nem quase atina em reconhecê-las, vê os caracteres, mas, como o entendimento não ajuda, não consegue ler, ainda que queira. Ouve, mas não entende o que ouve, de modo que os sentidos de nada lhe servem senão para a não deixarem por completo a seu prazer e, assim, estorvarem-na. Falar é impossível: não atina com uma só palavra, e, ainda que o fizesse, não teria alento para pronunciá-la, porquanto toda a força exterior se perde e se concentra nas da alma, que aumentam, para ela melhor poder gozar de sua glória. O deleite exterior que se sente é grande e bem manifesto.

11. Essa oração não prejudica a saúde, por dilatada que seja, ao menos a mim nunca prejudicou. Não me recordo de me haver sentido mal em ocasião alguma em que me tenha o Senhor feito essa mercê; antes, por enferma que estivesse, ficava muito melhor. Mas que mal pode fazer tão sublime bem? São tão manifestas as operações exteriores que não se pode duvidar da grandeza de sua origem, pois assim tirou as forças com tanto deleite para deixá-las maiores.

12. Verdade é que, nos princípios, passa em tão breve tempo – ao menos assim acontecia comigo – que, em razão da brevidade, esses sinais exteriores e a perda dos sentidos não se dão tanto a perceber, mas, bem se compreende pela superabundância das mercês que foi grande a claridade do sol que esteve na alma, pois assim a deixa derretida. E note-se que, por prolongado que seja, é sempre breve, a meu ver, o tempo em que permanece a alma nessa suspensão de todas as potências. Meia hora já é demasiado, penso que nunca estive tanto. Verdade é que mal se pode calcular a duração, pois faltam os sentidos; mas digo que, de seguida, é muito pouca sem que torne a si alguma potência. A vontade é a que mantém o jogo, mas as outras duas potências logo se tornam a importunar. Como a vontade permanece imóvel, de novo torna a suspendê-las, e elas sossegam um pouco outra vez e, depois, voltam a agitar-se.

13. Nisto é possível passar algumas horas de oração e, de fato, assim acontece, porque iniciadas as duas potências no

sabor e na embriaguez daquele vinho divino, com facilidade se tornam a perder a fim de muito mais ganharem; e fazendo companhia à vontade, gozam todas as três. Mas, repito, este ficarem de todo suspensas, sem nada imaginar – pois em meu parecer também se perde por completo a imaginação – é por breve espaço. Contudo, não tornam a si tão por inteiro que não possam conservar durante algumas horas como desatinadas, e Deus, pouco a pouco, as vai unindo de novo a si.

14. Venhamos agora ao interior. Que sente aqui a alma? Diga-o quem o sabe, pois não se pode entender, muito menos dizer. Acabando eu de comungar e de sair dessa mesma oração que descrevo, pensava, a fim de escrever, que coisa fazia a alma naquele tempo. Disse-me o Senhor estas palavras: "Desfaz-se toda, filha, para mais entrar em mim: já não é ela quem vive, senão eu. Como não pode compreender o que percebe, é não entender entendendo".

Quem o houver provado compreenderá alguma coisa do que está dito. Com mais clareza não se pode explicar por ser tão obscuro o que ali se passa. Só poderei dizer que se tem a impressão de estar junto de Deus, e disto fica tal certeza, que de nenhum modo se pode deixar de crer. Aqui faltam e ficam suspensas de tal maneira as potências, como já disse, que não se percebe em absoluto a sua ação. Se a alma estava pensando numa passagem da paixão, perde-a de memória como se nunca a tivera sabido; se estava lendo ou rezando, não lhe é possível lembrar-se do que lia, nem fixar em alguma coisa o pensamento. Assim é que a essa miúda mariposa importuna da memória aqui se lhe queimam as asas, já não pode mais esvoaçar. A vontade bem ocupada deve estar em amar, mas não sabe como ama. O entendimento, se entende, não sabe como entende: ao menos, nada do que percebe pode compreender. A mim não me parece que compreenda porque – repito – não entende a si mesmo. Também eu não consigo compreender.

15. Aconteceu-me que a princípio, na minha ignorância, não sabia que está Deus em todas as coisas e, embora o sentisse

tão presente, parecia-me impossível. Deixar de crer que estivesse ali, não podia, por me parecer quase certo haver percebido sua real presença. Os indoutos diziam-me que Deus está presente só mediante a graça, mas eu não o podia crer porquanto, como disse, parecia-me evidente sua presença e, assim, andava aflita. Um grande letrado da ordem do glorioso São Domingos foi quem me tirou dessa dúvida e me ensinou como o Senhor está presente e como se comunica conosco, o que me foi sumo consolo.

Convém notar e compreender que essa água do céu, esta magnânima mercê do Senhor, sempre deixa a alma com sobejos proveitos, como passo a dizer.

CAPÍTULO 19

Prossegue na mesma matéria. Começa a declarar os efeitos que produz na alma esse grau de oração. Com insistência, exorta todos a não voltarem atrás, ainda que, depois dessa mercê, tornem a cair, como também a não abandonarem a oração. Diz os danos que advirão de assim não procederem. É muito de notar e de grande consolação para os fracos e pecadores.

1. Dessa oração e união sai a alma com imensa ternura, de maneira que quereria desfazer-se, não de pesar, senão de lágrimas de gozo. Acha-se banhada nelas, sem as sentir nem saber quando nem como as derramou, mas dá-lhe grande deleite ver aquele fogo impetuoso aplacado com água que mais o faz crescer.

Parece que estou falando árabe e, contudo, é assim mesmo. Aconteceu-me algumas vezes nesse grau de oração estar tão fora de mim que não sabia se era sonho ou realidade a glória de que tinha gozado e, ao ver-me inundada daquela água que, sem custo, manava com tanto ímpeto e presteza como se a destilasse uma nuvem do céu, via não ter sido sonho. Isto ocorria nos princípios, quando essa mercê pouco durava.

2. Fica a alma tão animosa que, se naquele instante a fizessem em pedaços por Deus, seria para ela grande consolo. Brotam logo as promessas e determinações heroicas; nasce a vivacidade dos desejos; o começar a aborrecer o mundo e a ver com mui clareza sua vaidade. Lucrou muito mais e em grau mais elevado

do que nas orações passadas. Está com a humildade acrescida porque vê, sem dúvida alguma, que, para atrair ou granjear tão excessiva e grandiosa mercê, não houve de sua parte diligência, tampouco cooperação. Com muita clareza se vê indigníssima, percebe sua miséria porque em aposento onde entra tanto sol não há teia de aranha escondida. Está tão longe de ter vanglória que lhe parece impossível tê-la, porque já vê com seus olhos sua pouca ou nenhuma capacidade, e conhece que ali quase não houve consentimento de sua parte, foi, por assim dizer, como se, sem o consentimento de sua vontade, cerrassem a porta a todos os seus sentidos para que mais pudesse gozar do Senhor. Fica sozinha com Ele: que há de fazer, senão amá-lo? Não vê nem ouve, a não ser com incrível violência; pouco merecimento tem. Sua vida passada se lhe representa depois, a par da infinita misericórdia de Deus, com grande verdade, sem ter o entendimento necessidade de andar à caça de motivos pois ali acha guisado o que há de comer e entender. Vê que merece o inferno e que, em castigo, dão-lhe glória. Desfaz-se em louvores a Deus e neles me quisera eu desfazer agora. Bendito sejais, Senhor meu, que de lodo tão imundo como eu fazeis água tão límpida que sirva para vossa mesa. Sede louvado, ó Delícia dos Anjos, que assim quereis elevar um verme tão vil!

3. Fica algum tempo esse aproveitamento na alma. Já pode esta, ao entender com clareza que não é sua a fruta, principiar a reparti-la sem que lhe faça falta. Começa a dar mostras de alma que guarda tesouros do céu, a ter desejos de os repartir com outros, e suplica a Deus que não sejam só para ela as riquezas. Já vai sendo de proveito aos que a cercam, quase sem o saber, nem fazer nada por si; eles o percebem porque já as flores têm tão delicioso perfume que lhes dá o desejo de se chegarem a elas. Compreendem que há virtudes e veem a fruta que lhes tenta o paladar; gostariam de comer dela também.

Se é terra muito cavada por provações, perseguições, murmurações e enfermidades – porque poucos hão de chegar aqui sem passar por tudo isso – e se está bem afofada por um total desapego do próprio interesse, a água tanto se embebe nela que quase nunca seca. Mas, se o terreno ainda está por lavrar e coberto de espinhos, como eu estava nos princípios, e não apartada a alma das ocasiões, nem tão agradecida como merece tão subida mercê, torna a haver aridez.

Então, se o jardineiro se descuida e se o Senhor, tão somente por sua bondade, não se compraz em mandar nova chuva, dai por perdido o horto. Assim me aconteceu numerosas vezes e, na verdade, surpreende-me tanto que não o pudera crer se comigo não houvesse acontecido.

Escrevo-o para consolo de almas fracas como era a minha, a fim de que nunca desesperem nem deixem de confiar na grandeza de Deus. Ainda que venham a cair depois de tão sublimadas, como é elevá-las o Senhor a este estado, não desanimem se não quiserem perder-se de todo. Tudo alcançam as lágrimas: uma água traz outra...

4. Foi este um dos motivos pelos quais me animei – apesar de ser eu quem sou – a obedecer em escrever o que deixo dito, em dar conta de minha ruim vida e das mercês que me tem feito o Senhor, ofendendo-o eu em vez de o servir. Decerto, para que me cressem neste ponto, quisera eu ter grande autoridade: ao Senhor suplico que ma dê Sua Majestade. Repito: ninguém, depois de ter começado a ter oração, desanime-se ao dizer: Se hei de tornar a ser mau, é pior continuar a exercitar-me nela. O verdadeiro mal seria, penso eu, deixar a oração e não se emendar; mas, se não a deixar, esteja certo de que por meio dela chegará a porto de luz. Combateu-me com severidade o demônio neste ponto e fez-me sofrer tanto, sugerindo-me que era pouca humildade ter oração sendo tão ruim, que a deixei – como já disse – ano e meio ou pelo menos um ano, pois do meio não me recordo bem. Era isto e, de fato, fui meter-me eu mesma no inferno, sem necessidade de demônios que me arrastassem. Oh! Valha-me Deus! Que cegueira tão grande! E quão bem acerta o demônio para lograr seus fins, ao aqui concentrar seus ataques!

Sabe o traidor que perdida para ele está a alma que persevera na oração e que, se a fizer cair, as mesmas quedas a ajudarão, pela bondade de Deus, a dar depois maior salto no serviço do Senhor. É coisa que muito o interessa.

5. Ó Jesus meu, que maravilha é ver uma alma que chegou aqui e depois caiu em pecado, quando Vós, por vossa misericórdia, tornais a dar-lhe a mão e a levantá-la! Como ela reconhece a multidão das vossas grandezas e misericórdias em contraste com a sua miséria! Aqui é o desfazer-se deveras e compenetrar-se de vossa munificência; aqui o não ousar erguer os olhos; aqui o levantá-los para conhecer o que vos deve; aqui se faz devota da Rainha do céu para que vos aplaque; aqui invoca para que a socorram os santos que caíram depois de chamados por Vós; aqui o parecer demasiado tudo que lhe dais porque vê que não merece a terra que pisa; o acudir aos Sacramentos com a fé viva que lhe fica de ver a virtude que Deus neles pôs; o louvar-vos por terdes deixado tal medicina e tal unguento para nossas chagas, que não só as saram por fora, mas as extirpam por inteiro. Tudo isto a espanta e quem, Senhor da minha alma, não se há de espantar de misericórdia tão grande e mercê tão sublime, em paga de traição tão feia e abominável? Na verdade, não sei como não se me parte o coração quando isto escrevo. É que sou ruim.

6. Com estas pequenas lágrimas que aqui choro – dadas por Vós, mas água de tão mau poço, enquanto de mim procedem – parece que vos desagravo por tantas traições com que vos ofendi, pois vivi sempre a fazer maldades e a procurar desfazer as mercês que me vinham de vossas mãos. Dai-lhes valor, Senhor meu; tornai límpida água tão turva para nem sequer dar a alguém a tentação que eu mesma tive, de fazer maus juízos pensando como, Senhor, deixais pessoas tão santas que sempre vos têm servido e trabalhado muito, criadas em religião e deveras religiosas – e não como eu, que de religiosa só tinha o nome – e não lhes fazeis, por certo, tantas mercês como a mim. Por outro lado, via eu ao claro, Bem meu, que lhes guardais os prêmios para os dar por junto, e que minha

fraqueza precisa dessas ajudas de custo. Elas, sendo almas fortes, vos servem sem nada disso e, assim, as tratais como gente esforçada e despida de interesse próprio.

7. Mesmo assim, sabeis Vós, meu Senhor, que eu clamava numerosas vezes na vossa presença, desculpando as pessoas que murmuravam contra mim, pois me parecia terem sobeja razão. Isto era já, Senhor, depois que me tínheis de vossa mão para que não vos ofendesse tanto, e eu, de minha parte, já me estava desviando de tudo o que julgava poder desgostar-vos. Foi quando isto fiz que principiastes Senhor, a abrir vossos tesouros a vossa serva. Dir-se-ia que não esperáveis outra coisa senão que em mim houvesse vontade e disposição para recebê-los: tal foi a brevidade com que começastes não só a me comunicar vossas riquezas, mas a querer que se percebesse a sua comunicação.

8. Logo que a perceberam, principiaram a ter boa opinião daquela em cuja maldade nem todos haviam ainda penetrado, embora fosse assaz visível. De súbito, irromperam também as censuras e perseguições, a meu ver bem motivadas, de modo que a ninguém cobrava inimizade, antes vos suplicava que levásseis em conta a razão que lhes assistia. Diziam de mim que queria passar por santa e inventava novidades, não tendo chegado, nem de longe, a cumprir toda a minha regra, nem a me igualar às ótimas santas religiosas que havia na casa. Bem creio que não cheguei a tanto nem jamais chegarei se Deus, por sua bondade, não fizer tudo por si mesmo. Mais capaz era eu de tirar o que havia de bom e introduzir costumes que não o fossem, ao menos fazia o que estava ao meu alcance para estabelecê-los e, no mal, era muito o que podia. Assim é que não tinham culpa os que me acusavam. Não digo que eram só as monjas senão outras pessoas também me diziam verdades, porque assim o permitíeis.

9. Como eu não raro tinha essa tentação, ao rezar um dia as Horas, cheguei ao versículo que diz: "Justo sois Vós, Senhor, e retos vossos juízos"[27]. Comecei a pensar quão grande ver-

---

27. *Sl 98: Iustus es, Domine, et rectum iudicium tuum.*

dade é esta, pois jamais teve força o demônio para me tentar a ponto de duvidar eu de que tendes Vós, meu Senhor, todos os bens, ou de nenhuma outra coisa da fé. Pelo contrário, parecia que quanto mais elevadas acima de toda explicação natural eram as verdades, mais a fé se me tornava firme e mais crescia em mim a devoção. Só no pensamento de que sois todo-poderoso estavam incluídas para mim todas as grandezas possíveis e imagináveis e disto, como digo, jamais duvidei. Perscrutando eu, pois, de que modo, com justiça, não concedíeis a muitos grandes servos vossos as mesmas consolações e mercês que a mim, apesar de ser eu o que era, respondeste-me, Senhor: Serve-me tu a mim e não te metas nisso. Foi a primeira palavra vossa que entendi e, assim, fiquei muito atemorizada.

Depois declararei essa maneira de entender, com outras coisas que não digo aqui porque é sair do assunto, e creio que já saí bastante. Quase não sei mais o que estava dizendo. Não pode ser de outra forma, e Vossa Mercê há de tolerar estas interrupções porque quando pondero o que Deus de mim sofreu e vejo-me neste estado, não é muito que perca o tino e o fio do que estou dizendo e do que hei de dizer. Praza ao Senhor que sejam sempre tais os meus desatinos e desde já não permita Sua Majestade tenha eu poder para ir contra Ele no mínimo ponto. Antes me consuma Ele neste momento!

10. Para que se vejam suas grandes misericórdias, basta o ter perdoado tanta ingratidão, não uma, senão muitas vezes. A São Pedro perdoou uma só vez em que lhe foi ingrato, a mim, muitas. Não era sem fundamento que me tentava o demônio para não pretender amizade tão estreita com aquele contra quem tinha tão pública inimizade... Que cegueira tão grande a minha! Onde pensava, Senhor meu, achar remédio senão em Vós? Que disparate fugir da luz para andar sempre aos tropeços! Que humildade tão soberba inventava contra mim o demônio, apartando-me de estar arrimada à coluna, ao báculo que me havia de sustentar para evitar tão grande queda! Benzo-me agora e penso nunca haver corrido perigo tão grande

como essa invenção sugerida pelo demônio com aparência de humildade. Punha-me ele no pensamento: como, sendo eu criatura tão ruim, apesar de ter recebido tantas mercês, me havia de chegar à oração? Bastava-me rezar o que era de obrigação, como as outras, e se nem isto fazia bem, como queria fazer mais?... Seria irreverência e pouco caso das mercês de Deus...

Bom era pensar e entender isto, mas pô-lo em obra foi imenso mal. Bendito sejais Vós, Senhor, que enfim me destes remédio.

11. Princípio da tentação com que perdeu Judas parece-me esta. Não ousava o traidor acometer-se tão a descoberto, mas, pouco a pouco, viria a dar comigo aonde deu com ele. Considerem bem isto, por amor de Deus, todos os que tratam de oração. Saibam que no tempo em que vivi sem ela foi muito mais errônea minha vida. Vejam que bom remédio me dava o inimigo, e que humildade engraçada! O resultado era ter eu enorme desassossego. Aliás, como havia de sossegar minha alma? Apartava-se a coitada de seu descanso, tinha diante dos olhos os favores e mercês que recebera, via que os contentamentos da Terra merecem asco... Espanto-me de como pude resistir! Era com a esperança de tornar à oração, porque nunca pensei abandoná-la nem desisti do propósito de a recomeçar. É a lembrança que tenho; por mais de vinte e um anos já passados, só aguardava ficar bem limpa de pecados. Oh! Quão mal encaminhada ia com tal esperança! Até o dia do juízo me conservaria o demônio nessa ilusão, para daí me arrastar ao inferno.

12. Com efeito, se tendo eu oração e lição que me faziam ver verdades e conhecer o mau caminho em que estava, bem como a importunar várias vezes o Senhor com lágrimas, era tão ruim que não conseguia vencer-me, que podia eu esperar senão o que já disse, ficando privada desses remédios, entregue a passatempos, com muitas ocasiões e poucos auxílios, e até – ouso dizer – sem nenhum, porque antes me ajudavam a cair?

Creio que muito merecimento granjeou diante de Deus um frade de São Domingos[28], grande letrado, por me ter despertado desse sono. Fez-me, como penso já haver dito, comungar de quinze em quinze dias e melhorar de vida. Comecei a cair em mim, embora não deixasse de fazer ofensas ao Senhor. Contudo, como não havia perdido o caminho, ia nele prosseguindo, ainda que pouco a pouco, caindo e levantando-me; e quem não deixa de andar e adiantar-se mesmo que tarde, afinal chega. Para mim, perder o caminho não é senão abandonar a oração. Deus nos livre disto, por quem Ele é.

13. Vê-se portanto – e por amor do Senhor em muita conta se tenha – que uma alma, embora chegue a receber de Deus tão grandes mercês na oração, não deve confiar em si, pois pode cair. De nenhum modo se exponha a ocasiões de queda; seja muito prudente, pois isso importa muito. Ainda que a mercê tenha sido de Deus, o demônio vem a enganar, aproveitando-se o traidor o mais que pode da mesma mercê, sobretudo quando se trata de pessoas não adiantadas nas virtudes, tampouco mortificadas ou desprendidas de tudo. Sim, porque aqui não cobram tanta fortaleza que lhes baste, como adiante direi, para arrostarem as ocasiões e os perigos, por grandes desejos e determinações que tenham. É excelente doutrina esta, não minha, senão ensinada por Deus, e assim quisera que pessoas ignorantes como eu a soubessem. Com efeito, quando se ache a alma neste estado, não se há de fiar de si para sair a combater. Já fará muito se souber defender-se. Aqui, carece de armas para resistir aos demônios, não tem ainda forças o bastante para pelejar contra eles e trazê-los subjugados, como fazem os que atingiram o estado que adiante direi.

14. Este é o ardil com que o inimigo consegue o que quer: vendo-se a alma tão chegada a Deus, sentindo a diferença que há entre os bens do céu e os da Terra e conhecendo o amor que o Senhor lhe testemunha, nasce-lhe, desse amor, confiança

---

28. O Padre Vicente Varrón.

e certeza de não decair do que goza. Parece-lhe perceber o prêmio com clareza, como também já não lhe ser possível deixar bens tão suaves e deliciosos, mesmo desde esta vida, por coisa tão baixa e sórdida como o deleite dos sentidos. Com essa confiança, faz-lhe o demônio perder a pouca que há de ter em si, de modo que ela se expõe a perigos e começa, com bom zelo, a repartir a fruta com prodigalidade, julgando não ter mais nada a temer. Isto não lhe vem de soberba – pois bem compreende que nada pode por si – senão da muita confiança em Deus apartada do cuidado. Não vê que por enquanto só está coberta de penugem. Pode sair do ninho, e tira-a Deus para fora, mas ainda não se acha capaz de voar porque as virtudes não estão de todo fortalecidas; não tem experiência para conhecer os perigos, nem sabe o mal que faz em se fiar de si.

15. Eis aí a causa de minha ruína. Para isto e para tudo há grande necessidade de mestres e trato com pessoas espirituais. Bem creio que a alma a quem Deus eleva a esse estado, se deveras não o abandona por inteiro, nem desistirá Sua Majestade de a favorecer, nem deixará que se perca. Mas, uma vez mais, recomendo: quando cair, olhe, olhe por amor do Senhor, que não a enganem e persuadam a abandonar a oração por falsa humildade, como a mim aconteceu, segundo já disse e quisera repetir incontáveis vezes. Confie na bondade de Deus que é maior que todos os nossos males. Ele não se recorda da nossa ingratidão quando caímos em nós e queremos recuperar a sua amizade. Tampouco nos inflige maior castigo por causa das graças que nos fez; pelo contrário, a lembrança delas o leva a nos perdoar mais depressa, como a quem já era de sua casa e comia, como se costuma dizer, de seu pão.

Lembrem-se de suas palavras e vejam como procedeu comigo: cansei-me de o ofender antes que Sua Majestade deixasse de me perdoar. Ele jamais se cansa de dar nem se podem esgotar suas misericórdias: não nos cansemos também de receber. Seja bendito para sempre, amém; e todas as criaturas cantem seus louvores.

CAPÍTULO 20

Em que trata da diferença que há entre união e arroubamento. Declara o que é arroubamento e diz alguma coisa do bem que recebe a alma a quem o Senhor por sua bondade faz chegar a tal ponto. Diz os efeitos que produz. É muito para admirar.

1. Desejaria saber declarar com o favor de Deus a diferença que há entre união e o que chamam de arroubamento, ou rapto ou voo do espírito, ou arrebatamento, que é tudo um. Quero dizer que esses diferentes nomes designam uma só coisa, que também se chama êxtase. É grande a vantagem que tem sobre a união, produz efeitos bem maiores e várias outras operações. Com efeito, a união parece princípio, meio e fim e assim é quanto ao interior; mas essas outras graças são fins em mais alto grau e na mesma proporção operam em demasia tanto no interior como no exterior. Esclareça o Senhor este ponto como fez a respeito dos demais, porque decerto se Sua Majestade não me houvesse sugerido a forma e maneira de dizer alguma coisa, jamais eu saberia explicar.

2. Consideremos agora que a última água de que falamos é tão copiosa que – caso fosse possível neste exílio – poderíamos crer já termos, aqui na Terra, essa nuvem da Majestade Suprema. Se agradecemos esse grande bem correspondendo com obras, conforme nossas forças, colhe o Senhor a alma, digamos assim, à maneira pela qual colhem as nuvens os vapores da terra; desprende-a por inteiro desta e, erguendo-a (ouvi dizer que as

nuvens ou o sol aspiram os vapores terrestres), tal qual na atmosfera se levanta uma nuvem, sobe com ela ao céu, onde começa a lhe mostrar coisas do reino que lhe tem preparado. Não sei se calha bem a comparação, mas é o que de fato acontece.

3. Nesses arroubos, a alma parece não animar o corpo. Ele sente perfeitamente que lhe falta o calor natural: vai esfriando, embora com excelso deleite e suavidade. Na união, porque estamos em terreno nosso, há remédio e quase sempre se pode resistir, ainda que a custo e com violência. Aqui, ao contrário, a resistência é impossível: na maior parte das vezes nenhum remédio há, quase sempre sem pensamento prévio algum, sem cooperação alguma de nossa parte, vem um ímpeto tão acelerado e forte que sentis e vedes essa nuvem ou águia possante levantar-se e arrebatar-vos em suas asas.

4. Sentis – repito – e vedes que sois levados, mas não sabeis aonde. Não obstante ser grande o deleite, a fraqueza de nossa natureza nos princípios causa temor. É mister ser alma resoluta e corajosa, muito mais do que nos estados precedentes, para arriscar tudo – venha o que vier – e, entregando-se a Deus, deixar de bom grado conduzir-se por suas mãos aonde Ele quiser, pois, ainda que façais resistência, sois levados. E isto se dá com tamanha violência que em inúmeras ocasiões queria eu resistir com todas as forças, sobretudo em público, e também em outras muitas quando a sós, pelo receio de ser enganada, mas baldados eram meus esforços. Algumas vezes conseguia-o em parte, ficando, porém, cansada em grande prostração, como quem lutou com robusto gigante. Noutras, impossível era a resistência: sentia a alma arrebatada com ímpeto, quase sempre a cabeça também, sem que eu a pudesse deter, e até – isto de quando em vez – todo o corpo, a ponto de ficar levantado do chão.

5. Foi o que me aconteceu recentemente, depois que exerço o ofício de priora, quando, reunidas todas no coro, estava eu de joelhos no momento de comungar. Deu-me imenso pesar e, por me parecer coisa extraordinária que logo chamaria muito

a atenção, determinei às monjas que a respeito nada dissessem. De outras vezes, ao começar a perceber que o Senhor ia fazer-me a mesma graça, estendia-me no chão, rodeavam-me e chegavam a segurar-me o corpo e, contudo, era bem visível. Assim fiquei também no dia em que se celebrava a Festa da Vocação, durante um sermão a que assistiam muitas das principais senhoras do lugar. Supliquei muito ao Senhor que se dignasse a não mais me dar mercês com tais manifestações exteriores porque estava já cansada de andar com tanta cautela, e Sua Majestade podia conceder-me a mesma graça sem que se percebesse. Tenho para mim que em sua bondade se dignou de me ouvir, pois até agora não tive mais tais coisas, conquanto haja, na verdade, pouco tempo desde a minha súplica.

6. Ao querer resistir, parecia-me que sob os pés me levantavam tão grandes forças que não sei a que as comparar. Sei, porém, que eram muito mais impetuosas do que nas outras coisas do espírito por mim já referidas. Ficava então, por assim dizer, despedaçada, visto ser terrível a peleja e, afinal, quando o Senhor quer pouco, aproveita, porque não há poder contra seu poder. Outras vezes é Ele servido de se contentar com que vejamos que nos quer fazer a mercê e que da sua parte não faltará Sua Majestade. Se então resistimos por humildade, produz os mesmos efeitos que se de todo consentíssemos.

7. Grandes são estes efeitos! Um é que se nos manifesta o grande poder do Senhor e vemos que, quando Sua Majestade quer, não somos senhores nem do corpo, nem capazes, portanto, de detê-lo, mais do que a alma; ao contrário, verificamos, malgrado nosso, haver acima de nós alguém que pode dar e nos dá tais graças, enquanto, de nossa parte, nada, em absoluto nada podemos. Imprime-se então na alma muita humildade. Confesso que até a mim causou grande temor e, nos primeiros tempos, profundo. Não é para menos a vista de um corpo que assim se levanta da terra. O espírito o leva após si e com grande suavidade, quando não acha resistência; mas, não se perdem os sentidos, ao menos eu ficava de maneira a poder perceber que

era levada. Sente-se tão bem a majestade de quem pode assim fazer que os cabelos ficam em pé na cabeça e a alma cria temor extremo de ofender a tão grande Deus. Nasce-lhe, ao mesmo tempo, imenso e novo amor àquele que vemos amar tanto um verme tão corrupto a ponto de parecer não se contentar com levar a si tão deveras a alma e querer também o corpo, embora tão mortal e de barro tão imundo como se tornou por suas muitas ofensas.

8. Deixa também um desapego estranho que não poderei definir. Parece-me poder dizer que de algum modo é diferente e superior ao que produzem as outras graças tão somente espirituais. Estas operam o desapego das criaturas quanto ao espírito, aqui, parece o Senhor querer que o mesmo corpo o ressinta. Cria-se uma estranheza nova e desconhecida para com as coisas da Terra, de modo que é muito mais penosa a vida.

9. Causa-nos depois um tormento que não podemos atrair nem, uma vez vindo, afastar. Bem quisera dar a entender esse grande tormento, mas creio que não conseguirei. Se não obstante atinar, direi alguma coisa. Convém notar que isto me aconteceu muito recentemente, depois de todas as visões e revelações que mais adiante escreverei e no tempo em que costumava ter oração, que era onde o Senhor me dava tão grandes consolações e delícias. Agora, ainda as gozo algumas vezes, porém, o mais geral e ordinário, é o tormento que agora direi.

É ora mais ora menos intenso; quero falar do maior. Mais adiante falarei dos grandes ímpetos que me acometiam quando quis o Senhor favorecer-me com arroubos, mas, em meu parecer, são tão inferiores a estes como uma coisa muito corporal e outra muito espiritual, e creio não estar encarecendo muito. Com efeito, aquele tormento, embora a alma o sinta, dir-se-ia que é em companhia do corpo, ambos parecem participar dele, mas não com o extremo de desamparo que este último estado produz.

Aqui – como disse – não há cooperação da nossa parte. Com demasiada frequência, quando menos se espera, vem um desejo que não sei donde nasce. A alma com esse desejo, que num momento a penetra toda, começa a se afligir tanto que sobe muito acima de si e de todo o criado. Põe-na Deus tão isolada de todas as coisas que, por mais que trabalhe, não lhe parece haver na Terra quem a acompanhe nem o quisera ela, senão naquela soledade, morrer.

E se lhe falam, embora queira fazer todo o esforço possível para responder, é inútil, pois seu espírito, malgrado seu, não se aparta daquela soledade. Deus, parecendo estar então muito longínquo, comunica-lhe por várias vezes suas grandezas do modo mais estranho que se pode imaginar. Explicá-lo é impossível, e, penso, não o crerá nem entenderá quem não o houver experimentado, porque a comunicação não visa a consolar, senão a mostrar a razão que para se afligir tem quem está ausente do bem que encerra todos os bens.

10. Com essa comunicação crescem-lhe o desejo e o extremo de soledade em que se vê, com uma pena tão aguda e penetrante que, posta a alma naquele deserto, pode dizer ao pé da letra: *Vigilavi, et factus cum sicut passer solitarius intecto*[29]. Porventura o disse o Real Profeta ao estar no mesmo desamparo, conquanto a ele, como santo, lho daria o Senhor a sentir de modo mais excessivo. Assim, me vem então à memória este verso que me parece vê-lo em mim, e consola-me o pensamento de que outras pessoas – e tais pessoas – sentiram tão grande extremo de soledade.

Dir-se-ia que está a alma não em si, senão elevada acima de si mesma, de todo o criado e até da parte superior de seu espírito, tal qual sobre o teto ou telhado de seu ser.

11. Outras vezes, é como se andasse com desmesurada necessidade, dizendo e perguntando a si mesma: "Onde está o teu Deus?" (Sl 41,4). É de notar que eu não compreendia bem esses versos na nossa língua e, depois que os vim a entender, fiquei consolada por ver que o Senhor mos tinha trazido à memória,

---

29. "Vigiei e tornei-me como um pássaro solitário no telhado" (Sl 101,8).

sem os procurar eu. Recordava-me por várias vezes do que diz São Paulo: "[...] que estava crucificado ao mundo"[30]. Não digo que seja em tal grau, bem vejo que não é, mas minha impressão é que vive a alma sem ainda se achar no céu, nem mais a habitar a terra; sem daquele lhe vir consolo, nem desta querer. Está como crucificada entre o céu e a terra, padecendo sem receber socorro dum lado nem do outro. Com efeito, o que lhe vem do céu – e, como já disse, é uma notícia de Deus admirável, muito superior a tudo quanto podemos desejar – só lhe causa maior sofrimento porque aumenta o seu desejo de tal modo que, segundo me parece, a intensidade da dor a priva algumas vezes do uso dos sentidos, embora por pouco tempo.

Esse penar assemelha-se às agonias da morte, mas traz consigo tão grande contentamento, que não sei ao que se possa comparar. É martírio tão duro quão delicioso, pois tudo quanto se oferece à alma, ainda mesmo o que de costume mais lhe agrada, ela não aceita, para logo, parece, lançá-lo longe de si.

Bem compreende que só quer a seu Deus, mas nele não ama em particular coisa alguma, a Ele quer todo inteiro, embora não saiba o que quer. Não sabe, digo, porque nada se lhe representa à imaginação, penso que, mesmo no decorrer de grande parte do tempo em que fica assim não, agem as suas potências. Aqui, a dor as suspende como o gozo na união e no arroubamento.

12. Ó Jesus! Quem pudera dar a entender bem isto a Vossa Mercê, ao menos para que me explicasse o que é, pois nesse estado é que agora anda sempre minha alma!

Ao se ver desocupada, o mais comum é ficar nessas ânsias de morte, e, quando vê que começam, tem medo, porque sabe que não há de morrer; mas, uma vez que sofre, quisera em tal sofrimento passar o que lhe restasse da vida. Tão excessivo, porém, é ele, que a natureza mal o pode suportar. Às vezes perco o pulso quase por inteiro, segundo dizem as irmãs, que então se

---

30. Gl 6,14: *Mihi mundus crucifixus est, et ego mundo.*

aproximam de mim e já compreendem melhor o meu estado. Os braços ficam muito abertos e as mãos tão hirtas que chego a não poder juntá-las, de modo que, até o dia seguinte, sinto dor nos pulsos e no corpo, como se mos tivessem desconjuntados.

13. Se isto for perdurar como até agora, bem penso que numa dessas ocasiões será o Senhor servido de me tirar a vida, embora não o mereça eu, pois, a meu ver, basta tão grande tormento para causar a morte. Toda a minha ânsia é morrer, então. Nem me recordo do purgatório nem dos grandes pecados que cometi, pelos quais merecia o inferno. Tudo esqueço; com aquela ânsia de ver a Deus e aquele deserto, aquela soledade parece melhor à alma que toda companhia do mundo.

Se alguma coisa lhe pudesse dar consolo seria tratar com quem houvesse passado pelo mesmo tormento, pois vê que, embora se queixe, ninguém, ao que parece, lhe dará crédito.

14. É tanto o suplício, tão acerba a dor, que não quisera, como de costume, a solidão, mas também não quisera companhia, senão ter alguém com quem se pudesse queixar. É como uma pessoa que está com a corda ao pescoço prestes a se enforcar e procura tomar fôlego. Parece-me provir de nossa fraqueza esse desejo de companhia, porque tal suplício nos põe decerto em perigo de morte. Nesse perigo tendo – como já disse – estado várias vezes por ocasião de graves enfermidades e em outras conjunturas, julgo poder afirmar que o de que trato é tão grande quanto qualquer outro. É o desejo que o corpo e a alma têm de não se apartarem que faz o primeiro pedir socorro para tomar fôlego; quer ele dar a conhecer seu sofrimento, queixar-se e distrair-se a fim de conservar a vida bem contra a vontade do espírito ou parte superior da alma, que não quisera sair do suplício.

15. Não sei se atino com a verdade e se a poderei expressar, mas, até onde posso alcançar, é assim que acontece. Veja Vossa Mercê que descanso posso ter nesta vida, pois o que tinha, isto é, a oração e soledade – porque aí me consolava o Senhor – agora não me dá, no mais das vezes, senão o referido tormento!

É este, porém, tão saboroso, e a alma tão bem conhece seu alto preço, que já o prefere a todos os regalos que costumava ter. Julga-o mais seguro por ser caminho de cruz e encerrar gosto de muito valor, ao que me parece, porque a alma reparte com o corpo somente a pena e, padecendo, saboreia sozinha o gozo e contentamento que dá este parecer.

Ignoro como pode isto ser, mas de fato acontece assim. Não trocaria, penso, semelhante mercê que o Senhor me faz – mera e espontânea dádiva de sua mão, repito-o, para cuja aquisição em nada coopero, pois é sobremodo sobrenatural – por todas as graças que adiante relatarei, não digo que todas juntas, senão tomada cada uma de per si.

E convém não esquecer que a recebi após tudo quanto vai escrito neste livro, quero dizer, os ímpetos de que falo são posteriores a todas as graças que o Senhor me tem feito. Eis o estado em que Ele ora me mantém.

16. Estando eu a princípio com temor, como quase sempre fico ao receber cada mercê das mãos de Deus, até que, com a continuação, Sua Majestade me tranquiliza, disse-me o Senhor que não temesse e tivesse em mais apreço essa graça do que todas as que me havia feito, porquanto, no referido tormento, a alma se purifica tal qual se apura e refina o ouro no crisol, a fim de melhor se dispor para receber o esmalte de seus dons; e vale essa purificação pelo tempo que havia de estar no purgatório.

Bem entendia eu que era grande mercê, mas fiquei com muito mais segurança, e disse-me meu confessor que é coisa boa. Eu, ainda que temesse por ser tão ruim, nunca pude crer que fosse mau, era antes a excessiva grandeza da graça que me fazia temer ao me recordar de quão mal a tenho merecido. Bendito seja o Senhor que é tão infinitamente bom. Amém.

17. Vejo que saí do meu propósito, pois começara a falar de arroubamentos, e superior a estes é a pena que expliquei, e, por isso, deixa os efeitos mencionados.

18. Tornemos agora aos arroubamentos e ao que neles ocorre mais de ordinário. Repetidas vezes parecia-me que me deixava essa graça o corpo tão leve, que dele me tirava todo peso. Não raro chegava a coisa a tal ponto, que quase não sentia tocar com os pés no chão, pois o corpo, quando arroubado, fica muitas vezes como morto, sem ação, e sempre na posição em que é tomado, ora sentado, ora com as mãos abertas, ora com elas fechadas. É raro perder os sentidos. Tem-me acontecido perdê-los por inteiro, mas poucas vezes e por pouco tempo. Contudo, o comum é que a alma, embora perturbada e sem poder agir quanto ao exterior, não deixe de perceber e ouvir como de longe.

Não digo que perceba e ouça quando está no ápice do arroubo, isto é, no tempo em que se perdem as potências por estarem muito unidas a Deus, pois então não vê, nem ouve, nem sente, ao que me parece; mas, como disse na oração de união de que falei atrás, essa transformação total da alma em Deus dura pouco. Enquanto dura, porém, nenhuma potência age nem sabe o que ali se passa.

Não são coisas essas para que se entendam enquanto vivemos na Terra, pelo menos não o quer Deus, pois não deve haver em nós capacidade para tanto. Tenho-o visto por mim.

19. Perguntar-me-á Vossa Mercê como é que alguma vez dura o arroubamento tantas horas? O que me acontece amiúde é que se goza com intervalos, como notei a propósito da oração passada. De tempos em tempos engolfa-se a alma, ou, para melhor dizer, empolga-a em si o Senhor e, tendo-a mantido assim um pouco, guarda consigo só a vontade. O bulício das outras duas potências parece-me ser como o da lingueta dos relógios de sol que jamais para.

Contudo, o Sol da Justiça, quando quer, as detém, e isso é o que digo ser de pouca duração, mas, como foi grande o ímpeto e surto do espírito, embora se tornem elas a agitar, a vontade permanece engolfada e, como senhora de todo ser humano, mantém o corpo no estado que indiquei a fim de não lhe criarem obstáculos os sentidos. Deste modo, se as duas potências irrequietas querem estorvá-la, a elas deixa reduzido o número dos inimigos e faz com que estejam suspensos os sentidos porque assim quer o Senhor. Na maior parte do tempo os olhos estão fechados, ainda que não queiramos fechá-los e, se acontece conservarem-se abertos, é sem tino e advertência do que veem.

20. Aqui é muito menos o que o corpo pode fazer por si, de modo que para se tornarem a juntar as potências não haverá tanta dificuldade. Quem, pois, receber do Senhor essa mercê, não se desconsole quando se vir assim, atado o corpo muitas horas e por vezes distraídos o entendimento e a memória. Verdade é que o comum é estarem embebidos em louvores a Deus ou ocupados em querer perceber e entender o que se passou; entretanto, mesmo para isto não estão bem despertos senão como uma pessoa que dormiu muito, sonhou e ainda não despertou por completo.

21. Explano tanto esse ponto porque sei que ora há, nesta cidade, pessoas a quem o Senhor faz tais mercês e, se os seus diretores não passaram por isso, mormente não sendo doutos, imaginarão que durante o arroubo devem elas ficar como mortas. Causa lástima ver como então se padece quando são inexperientes e pouco ilustrados os confessores. Mais adiante falarei a respeito, embora eu mesma talvez não saiba o que digo. Se atinar em alguma coisa, Vossa Mercê entenderá, pois já lhe há dado o Senhor experiência disso, mas, como é de pouco tempo, talvez não o tenha ainda considerado tanto como eu.

O fato é que, por muito que procure fazê-lo, durante bastante tempo não há forças no corpo para se poder menear: todas as levou consigo a alma. Inúmeras vezes, estando ele enfermo e cheio de dores, fica são e com mais capacidade, porquanto é coisa grandiosa o que ali se dá, e quer o Senhor, de quando em quando – repito – que também goze o corpo, pois já se mostra obediente à vontade da alma. Depois de voltar esta a si, quando foi grande o arroubamento, acontece andar um ou dois, e mesmo três dias, tão embevecida, com as potências tão absortas, que parece ainda estar fora de si.

22. Surge, então, a pena de voltar a viver. Já lhe caiu a penugem, agora tem asas para voar bem alto. Já levanta de todo o estandarte pela causa de Jesus Cristo, pois outra coisa não parece senão que o alcaide da fortaleza subiu ou foi levado à torre mais alta para desfraldar a bandeira de Deus. Olha para os de baixo como quem está a salvo. Já não teme os perigos, antes os deseja como se, de certa maneira, recebesse ali a segurança da vitória. Com mui clareza vê quão pouco se deve estimar tudo que há na Terra, como também o nada que é. Quem está no alto enxerga muitas coisas. Já não quer ter liberdade no querer, nem mesmo quisera ter livre-alvedrio, e assim suplica ao Senhor. Dá-lhe as chaves de sua vontade.

Ei-lo aqui, o hortelão feito alcaide; não deseja fazer coisa alguma senão a vontade do Senhor; não quer dispor de si nem de nada, nem sequer dum pero do horto. Se neste houver algo de bom, distribua-o Sua Majestade, pois doravante não quer ter coisa alguma própria: de tudo disponha Deus conforme a sua glória e a sua vontade.

23. Na verdade, é assim que acontece quando são verdadeiros os arroubamentos; fica a alma com os efeitos e o aproveitamento que foram indicados. Se tal não se desse, duvidaria muito que viessem da parte de Deus, antes recearia que fossem os acessos de raiva de que fala São Vicente. Sei por experiência que numa hora, e ainda em menos tempo, fica a alma senhora de tudo e tão livre que não se pode mais reconhecer. Bem vê que para isso nada fez nem sabe como lhe foi dado tanto bem, mas percebe ao claro o imenso proveito que lhe traz cada um destes arrebatamentos.

Não há quem o creia se por tal não passou. E, por isso, não dão crédito à pobre alma os que a conheceram tão ruim e a veem tão depressa empreender coisas tão arriscadas, pois logo dá em não se contentar com servir em pouco ao Senhor, senão no mais que é possível. Pensam que é tentação e disparate. Se entendessem que aquilo não nasce dela, senão do Senhor, a quem já entregou as chaves de sua vontade, não se espantariam.

24. Tenho para mim que, quando uma alma chega a esse estado, já não fala nem faz por si coisa alguma, esse soberano Rei cuida de tudo que ela há de fazer. Oh! Valha-me Deus! Quão ao claro se compreende a declaração do verso e se vê que tinha razão o Salmista – como a terão todos – de pedir asas de pomba[31]. Entende-se bem que é voo o que dá o espírito para se levantar acima de todo o criado e de si mesmo em primeiro lugar, mas é voo suave, voo deleitoso, voo sem ruído.

25. Que poderio tem a alma que o Senhor faz chegar a semelhante estado! Como olha tudo sem estar enredada em coisa alguma! Quão envergonhada está do tempo em que teve apegos e assim viveu! Quão espantada de sua cegueira! Quanto lastimam os que nela vivem, em especial se são gente de oração a quem Deus já regala! Quereria clamar em altas vozes para lhes dar a entender quão enganados estão e, chegando a fazê-lo algumas vezes, chovem-lhe sobre a cabeça mil perseguições. É tida por pouco humilde e por pessoa que quer ensinar aqueles de quem deveria aprender. Sobretudo se é mulher, logo a condenam, e não sem razão, visto ignorarem o ímpeto que a move com tamanha força, às vezes a ponto de não poder conter-se nem deixar de desenganar aqueles a quem quer bem. É que deseja vê-los soltos do cárcere desta vida, pois não é menos, nem lhe parece menos o cativeiro em que ela esteve.

26. Aflige-se quando se lembra do tempo em que tinha em conta pontos de honra e do engano em que vivia, a julgar honra aquilo a que o mundo dá esse nome. Vê que é desmesurável a mentira em que andamos todos. Compreende que a

---

31. *Quis dabit mihi pennas sicut columbae, et volabo, et requiescam?* – "Quem me dará asas como as da pomba, e voarei e descansarei?" (Sl 54,7).

verdadeira honra não é mentirosa, senão real, dando apreço ao que de fato tem valor e tendo em nenhuma conta o que nada vale, pois tudo que acaba e não contenta a Deus é nada e ainda menos que nada.

27. Ri de si mesma, de quando fazia caso do dinheiro e cobiçava-o, embora nessa matéria – creio eu e é a verdade – jamais me tenha reconhecido culpada de qualquer falta. Grande culpa já era tê-lo em alguma conta. Se com ele se pudesse comprar o bem que agora vejo em mim, muito o apreciaria, mas é evidente que semelhante bem se adquire ao tudo abandonar. Que se conquista, em suma, com o tão desejado dinheiro? Coisa preciosa? Coisa durável? Para que o queremos? Triste satisfação a que com ele se procura obter, pois bem caro custa! O que muitas vezes se alcança é o inferno e o que se compra é fogo que não se extingue, suplício infindável! Oh! Se todos se resolvessem a considerá-lo como terra improdutiva, quão em ordem e sem trabalhos andaria o mundo! Com que amizade se tratariam todos se desaparecessem os interesses da honra e do dinheiro! Tenho para mim que se remediariam todos os males.

28. Vê a alma que grande cegueira reina acerca dos deleites e com estes se compra trabalho e desassossego, mesmo para esta vida. Quantas inquietações! Que pouco contentamento! Que trabalhar em vão! Enxerga, então, em si mesma, não só as teias de aranha, as faltas consideráveis, mas até alguma poeirazinha que haja, por mínima que seja, porque o sol está muito claro. É assim que, por mais que trabalhe uma alma para ser perfeita, se deveras a colhe este Sol, logo se vê toda muito turva. É como água que dentro dum vaso parece limpíssima enquanto nela não dá o sol, mas se vem a dar, logo aparece toda cheia de átomos. Essa comparação é ao pé da letra. Antes de estar a alma em êxtase, julga andar com cuidado de não ofender a Deus, fazendo o que pode conforme suas forças. Mas quando chegada a tal estado, o Sol de Justiça sobre ela dardejando lhe abre os olhos, vê tantas impurezas que quisera tornar a tê-los fechados. Ainda não é tão filha desta águia possante

que possa fitar esse Sol face a face, mas por pouco que os tenha abertos, vê-se toda turva. Recorda-se do verso que diz: "Quem será justo diante de ti?"[32]

29. Quando contempla o divino Sol, fica deslumbrada com a claridade, quando olha para si, o barro tapa-lhe os olhos e a pombinha não enxerga. Acontece-lhe incontáveis vezes ficar assim de todo cega, absorta, sem forças, espantada de tantas grandezas que vê.

A alma ganha então a verdadeira humildade e já nada se lhe dá de dizer bem de si nem de que os outros o digam. É o Senhor do horto quem reparte a fruta, não ela. Nada, portanto, se lhe pega as mãos: todo o bem que tem vai endereçado a Deus. Se alguma coisa diz de si é para glória do Senhor. Sabe que ali nada lhe pertence e, ainda que quisesses, não o poderia ignorar, porquanto o vê com seus olhos, e sem cooperação de sua parte há quem lhos faça cerrar às coisas do mundo e manter abertos para compreender verdades.

---

32. Sl 142,2: *Quia non iustificabitur in conspectu tuo ominis vivens.*

CAPÍTULO 21

Prossegue e termina a exposição do último grau de oração. Diz o sofrimento da alma que nele está por tornar a viver no mundo e a luz que, para ver os enganos deste, lhe dá o Senhor. É de boa doutrina e utilidade.

1. Em conclusão do que havia declarado, digo que o consentimento da alma aqui não é necessário: já o deu ao Senhor, e sabe que voluntariamente se entregou em suas mãos e que não pode enganá-lo porque é sabedor de tudo. Não é como na Terra, onde está a vida cheia de enganos e fingimentos. Quando pensais ter conquistado um coração pelas mostras de afeição que vos dá, vindes a descobrir que tudo é mentira. Não há já quem possa viver no meio de tantos enredos, em especial se intervém algum interesse.

Bem-aventurada a alma que o Senhor eleva ao conhecimento da verdade. Oh! Que estado este, para os reis! Como lhes valeria muito mais procurá-lo do que ter grande poderio! Que retidão haveria no reino! Que multidão de males se evitariam no presente e se teriam evitado nos tempos idos! Não se teme então perder a vida nem a honra por amor de Deus! Que grande bem este para aqueles que, sendo reis a quem todos hão de seguir, mais do que ninguém estão obrigados a zelar a honra do Senhor! Por dilatar um pouco a fé e dar alguma luz aos hereges, perderiam mil reinos, e com razão, pois se trataria de maior ganho, qual o de um reino infindável. A alma, com o gozo duma só gota de água que há por lá, sente asco de tudo que existe na Terra. E que será quando de tudo estiver nela engolfada?

2. Ó Senhor! Se me deres estado e poder para clamar a todos estas verdades, não me creriam como não creem a muitos que o sabem dizer melhor do que eu, porém, ao menos, me sentiria satisfeita. Parece-me que teria em pouca monta a vida, se à custa dela pudesse dar a entender uma só dessas verdades. Não sei depois como faria, pois não há que fiar de mim, contudo, com ser quem sou, dão-me tão grandes ímpetos de dizer isso aos que governam, que me sinto consumida. Vendo que nada posso, torno-me a Vós, Senhor meu, a pedir-vos remédio para tudo e bem sabeis que, ao ficar eu em estado em que não vos ofendesse, de muito bom grado me despojaria das mercês que me tendes feito e as daria aos reis, porque sei que lhes seria impossível consentir no que agora toleram e daí resultariam imensos bens.

3. Ó Deus meu, dai-lhes a entender a que estão obrigados, pois de tal maneira quisestes distingui-los na Terra, que – segundo tenho ouvido – aparecem sinais no céu quando desta vida levais alguns deles. Sinto-me, na verdade, enternecida ao pensar, Rei meu, que até nessas demonstrações que de algum modo há no céu por ocasião da sua morte, como houve na vossa, quereis que entendam deverem imitar-vos na vida.

4. Atrevo-me a muito. Rasgue Vossa Mercê o que digo se lhe parecer mal e creia que melhor o diria em presença dos próprios reis, caso pudesse fazê-lo e esperasse merecer crédito, porque os encomendo muito a Deus e quisera que fosse com proveito. Seria aventurar a vida, mas desejo inúmeras vezes estar sem ela, e seria arriscar pouco para ganhar muito, pois já não se pode viver vendo a olhos vistos o grande engano em que andamos e a cegueira que trazemos.

5. Chegada a alma aqui, não tem só desejos da glória de Deus: dá-lhe Sua Majestade forças para os realizar. Não se lhe oferece empreendimento que não se abalance a cometer, se o

julga do serviço do Senhor, e nada faz porque – como digo – vê com clareza que, fora de contentar a Deus, tudo é sem valor. O que de fato custa é não se apresentarem ocasiões de lhe ser agradável a quem é tão balda de préstimo como eu. Sede servido, Bem meu, que venha o tempo em que vos possa pagar algum ceitil do muito que vos devo. Ordenai, Senhor, como vos aprouver, contanto que esta vossa serva de algum modo vos sirva. Mulheres eram também outras e, no entanto, fizeram coisas heroicas por amor a Vós. Quanto a mim, sirvo apenas para tagarelar e por isso não quereis, Deus meu, ocupar-me em obras. Reduz-se todo o meu serviço a palavras e a desejos de fazer em demasia. Mesmo para isso não tenho liberdade e, se porventura a tivesse, cometeria faltas em tudo. Fortalecei minha alma, disponde primeiro, ó Bem de todos os bens! Ó Jesus meu! E ordenai logo ensejos e meios de fazer eu alguma coisa por Vós, pois já não há quem sofra receber tanto sem nada pagar. Custe o que custar, Senhor, não queirais que me apresente diante de Vós com as mãos tão vazias, pois de acordo com as obras se há de dar o prêmio. Eis aqui minha vida, eis aqui minha honra e minha vontade, tudo já vos dei, sou vossa, disponde de mim como quiserdes. Bem vejo, meu Senhor, o pouco de que sou capaz, mas, chegada a Vós do alto dessa atalaia donde se descortinam as verdades, se não vos apartardes de mim, tudo poderei, mas apartando-vos, por pouco que seja, irei para o inferno, lugar onde estava.

6. Oh! Quanto custa à alma em tal estado ter uma vez mais de tratar com todos, olhar e ver a farsa desta vida tão mal ordenada, despender tempo em cuidar do corpo, dando-lhe sono e alimento! Tudo a cansa, não sabe como escapar, vê-se encadeada e presa, então sente, em verdade, o cativeiro em que nos conserva o corpo e entende melhor a miséria da vida. Conhece a razão que tinha São Paulo de suplicar a Deus que o livrasse dela, brada a seu lado, pede a Deus liberdade. Já falei disso, mas aqui é com tão grande ímpeto muitas vezes que a alma parece querer sair do corpo em busca dessa liberdade, já que

não a fazem sair. Anda como vendida em terra estranha e o que mais a atormenta é não achar muitos que se queixem com ela e peçam a mesma coisa; antes, de ordinário, todos desejam viver. Oh! Se a nada estivéssemos apegados, nem puséssemos nosso contentamento em coisa da Terra, como a pena de vivermos, de contínuo, sem Deus, e o desejo de gozarmos da verdadeira vida, mitigariam o medo da morte!

7. Considero, às vezes, se não obstante ser a criatura que sou, com tão tíbia caridade e tanta incerteza de alcançar o verdadeiro descanso por não o haverem merecido minhas obras, sinto a miúdo – só por esta luz que me deu o Senhor – tão grande pesar de me ver neste desterro, que me pergunto qual sentimento deve ter sido o dos santos? Que devem ter passado São Paulo, Madalena e outros semelhantes, tão incendiados de amor de Deus? Martírio contínuo era para eles, decerto, a vida.

Algum alívio e consolo parece que me dá o trato de pessoas em que acho iguais desejos, acompanhados, bem entendido, de obras. Sim, obras, porque há algumas pessoas que se têm em conta de desprendidas de tudo e chegam a apregoá-lo, e assim havia de ser em conformidade com o que devem a seu estado e aos muitos anos decorridos desde que começaram a trilhar o caminho da perfeição; mas esta alma conhece de longe os que são perfeitos em palavras e aqueles que já confirmaram as palavras com obras, porquanto tem verificado o pouco proveito de uns e o muito de outros. Quem tem experiência, o reconhece com facilidade e clareza.

8. São, pois, estes os efeitos que produzem os arroubamentos quando procedem do espírito de Deus. Verdade é que há mais e menos; menos, sim, porque no princípio, embora produzam os citados efeitos, como não foram ainda provados com obras, não se dão tanto a entender. Também cresce a alma em perfeição, à procura de que em si não haja sequer sombra de teia de aranha, e isto requer algum tempo. Quanto mais au-

mentam seu amor e sua humildade, maior perfume exalam as flores das virtudes para ela e para os outros.

Também é verdade que de tal maneira pode o Senhor agir num rapto destes, que pouco trabalho reste à alma para adquirir a perfeição. Não poderá crer quem não experimentar o que dá aqui o Senhor, não há – parece-me – diligência de nossa parte que chegue a tanto. Não digo que, com o favor de Deus, no fim de muitos anos, valendo-se das regras dos que escreveram a respeito da oração, seus princípios e meios, não cheguem à perfeição e a um grande desapego à custa de muito trabalho. Não será, porém, em tão breve tempo, sem esforço da nossa parte, como obra o Senhor aqui, determinado a arrancar da Terra a alma e dando-lhe domínio sobre tudo que existe, ainda que nela não haja mais merecimentos do que havia na minha, que era quase nenhum; e ao dizer isto, não o posso encarecer mais.

9. A razão pela qual procede Sua Majestade deste modo é porque assim quer, faz conforme quer, e, ainda que nela não ache disposição, sabe dispô-la para receber o bem que lhe dá, de modo que nem todas as vezes concede seus dons a quem lhos mereceu ao bem trabalhar no horto, embora seja muito certo que, ao bom jardineiro que trabalha e procura desapegar-se, não falta Sua Majestade com o regalo. Quer mostrar sua grandeza algumas vezes na terra mais ingrata, como já disse, e dispô-la para todo bem, a tal ponto que ela já de certo modo parece não poder mais tornar a viver em ofensas a Deus como dantes. Tem o pensamento tão habituado a entender o que de fato é verdade que tudo mais lhe parece brinquedo. Ri-se consigo mesma em certas ocasiões ao ver pessoas graves, dadas à oração e à vida em estado religioso, fazerem muito caso de uns pontos de honra que ela já tem debaixo dos pés. Dizem que isso é ter prudência e zelar pela dignidade do seu estado para maior bem, mas sabe ela, com perfeição, que mais aproveitariam num só dia, descuidando-se, por amor de Deus, dessa dignidade, do que em dez anos resguardando-a.

10. Assim, passa vida trabalhosa e sempre com cruz, mas adianta-se a largos passos. Os que com ela tratam julgam-na chegada no auge da perfeição e, no entanto, dentro em pouco, está muito mais perfeita porque sempre recebe mais favores. Deus a tem por alma sua que está já a seu cargo, e isto bem transparece porque dir-se-ia que a está sempre assistindo e guardando para que não o ofenda e favorecendo e estimulando para que o sirva.

Chegando minha alma a receber de Deus esta tão grande mercê, cessaram meus males e deu-me o Senhor fortaleza para deles sair. Já não me prejudicava estar em ocasiões e com gente que outrora me distraía. Era como se não estivesse, até me ajudava o que antes me costumava fazer mal. Tudo se convertia para mim em meios de mais conhecer e amar a Deus, de ver o que lhe devia e de ter pesar por lhe haver sido tão ingrata.

11. Bem compreendia eu que não vinha isso de mim e que não o tinha ganho com o meu esforço, pois ainda não havia tempo para tanto. Só por sua bondade tinha-me dado Sua Majestade fortaleza para tudo.

Até agora, desde que o Senhor começou a me fazer mercê dos referidos arroubos, sempre aumenta essa fortaleza e me tem Ele sustido com a sua mão para eu não tornar atrás. Não me parece – e é verdade – que, de minha parte, faça alguma coisa, antes, percebo ao claro ser o Senhor quem tudo faz.

Eis o que me leva a crer que as almas a quem o Senhor concede tais mercês, se viverem com humildade e temor, sempre entendendo que o mesmo Senhor é quem faz tudo e elas quase nada, poderão manter-se com qualquer gente. Por mais distraída e viciosa que esta seja, não lhes causará impressão nem de modo algum as abalará, antes, como disse, lhes servirá de ajuda e meio para tirarem muito maior proveito. São já almas fortes que o Senhor escolhe para fazer bem a outras, porquanto não lhes vêm de si tal fortaleza. Quando o Senhor eleva uma alma até si, pouco a pouco lhe comunica mui grandes segredos.

12. Então, nos êxtases, vêm as revelações verdadeiras, as grandes mercês e visões, e tudo contribui para humilhar e fortalecer a alma, fazer com que tenha em menos conta as coisas desta vida e conheça com mais clareza as grandezas do prêmio que o Senhor tem aparelhado para os que o servem.

Praz a Sua Majestade que, de algum modo, a imensa generosidade de que tem usado para com esta miserável pecadora incite e anime os que isto lerem a, por Deus, tudo abandonarem. Se paga Sua Majestade com tanta abundância, que já nesta vida patentes são o prêmio e o lucro auferido por quem o serve, que será na outra?

CAPÍTULO 22

Trata de quão seguro caminho é para os contemplativos não levantarem o espírito a coisas altas, se não o levanta o Senhor. Diz como, pela humanidade de Cristo, se há de chegar à mais elevada contemplação. Conta um engano em que esteve algum tempo. É de muito proveito este capítulo.

1. Uma coisa quero dizer, importante, a meu ver. Se Vossa Mercê a aprovar, servirá de aviso e, talvez, seja este necessário. Dizem alguns tratados de oração que a alma, embora seja incapaz de por si só chegar ao estado de contemplação, por ser, por inteiro, sobrenatural e obra do Senhor, poderá, contudo, fazer alguma coisa de sua parte, desprendendo o espírito de todo o criado e levantando-o acima dele com humildade, depois de ter muitos anos trilhado a via purgativa, como também aproveitado na iluminativa.

Não sei bem por que razão dizem iluminativa; penso que é dos que aproveitam. Avisam muito tais livros que convém apartar o espírito de toda imaginação corpórea e elevar-se a contemplar a divindade, ensinando que até a humanidade de Cristo, aos que já estão assim adiantados, embaraça e impede de subir à mais perfeita contemplação.

Alegam, a este propósito, o que disse Cristo aos apóstolos acerca da vinda do Espírito Santo, isto é, quando subiu aos céus. Parece-me que se tivessem fé como tiveram depois da vinda deste Divino Espírito, de que o Senhor era Deus e homem, sua presença não lhes serviria de impedimento, pois não foi dito o mesmo à Mãe de Deus, apesar de o amar esta mais que todos.

Julgam tais autores que, sendo a contemplação espiritual por completo, qualquer coisa corpórea a pode dificultar ou impedir. O que se há de procurar, dizem eles, é cada qual considerar que Deus está em toda parte e ver-se nele engolfado.

Bem me parece isto algumas vezes, mas apartar-se por inteiro de Cristo e pôr seu Divino Corpo no rol de nossas misérias e de todo o criado, eis o que não posso sofrer! Praza a Sua Majestade que me saiba explicar.

2. Não os contradigo porque são letrados e espirituais e sabem o que dizem, aliás, por muitos caminhos e veredas leva Deus as almas. O que agora quero dizer é como levou a minha, e o perigo em que me vi por querer conformar-me com o que lia; no demais não me intrometo. Bem creio que quem chegar a ter união e não passar adiante, isto é, a arroubamentos, visões e outras mercês que faz Deus às almas, terá por melhor a dita doutrina, como aconteceu comigo; mas se eu tivesse ficado nessa persuasão, creio que nunca teria chegado ao ponto em que estou agora. A meu ver, há aqui engano, bem pode ser que seja eu a enganada, mas direi o que me aconteceu.

3. Como não tinha diretor, lia esses livros por meio dos quais imaginava ir aos poucos entendendo alguma coisa. Depois verifiquei que se o Senhor não me houvesse ensinado, pouco poderia ter aprendido com os livros, porque era nada o que entendia até que, por meio da experiência, Sua Majestade mo dava a entender, e nem mesmo sabia o que fazia. Assim que sentia começo de oração sobrenatural, isto é, de quietação, procurava desviar o espírito de toda coisa corpórea, embora não ousasse ir levantando a alma, pois sendo sempre tão ruim, via ser atrevimento. Parecia-me sentir a presença de Deus, o que era verdade, e procurava estar recolhida com Ele. É oração saborosa e que causa imenso deleite quando Deus ajuda. Com tais proveitos e gosto, já não havia quem me fi-

zesse tornar à santa humanidade, senão que me parecia ser, de fato, impedimento.

Ó Senhor de minha alma e Bem meu, Jesus Cristo crucificado! Não me recordo uma vez sequer desta minha opinião, que não me dê pena; parece-me vos ter feito grande traição, conquanto por ignorância.

4. Toda a minha vida havia eu sido muito devota de Cristo, pois isto já foi para o fim, digo, nos últimos tempos, antes que o Senhor me fizesse estas mercês de arroubamentos e visões. Pouco fiquei com a referida opinião e assim tornava sempre ao meu costume de folgar com esse Senhor, sobretudo quando comungava. Quisera ter sempre diante dos olhos seu retrato, sua imagem, já que não o podia trazer tão gravado na alma como desejava. Será possível, Senhor meu, que mesmo só durante uma hora tenha detido o pensamento de que me havíeis de servir de empecilho para maior bem? Donde me vieram todos os bens senão de Vós?

Não quero pensar que nisto tenha tido culpa, porque me causou intenso pesar. Por certo, foi ignorância e, assim quisestes Vós, por vossa bondade, remediá-la, dando-me quem me tirasse de semelhante erro e fazendo-me em seguida ver-nos tantas vezes – como adiante direi – para que eu, com mais evidência, ao entender ser grande erro, o dissesse a muitas pessoas, como tenho feito e, agora, o repetisse aqui.

5. Estou convencida de ser essa a causa de muitas almas não aproveitarem mais nem adquirirem mui grande liberdade de espírito quando chegam a ter oração de união.

Parece-me haver duas razões nas quais posso fundar o que afirmo. Talvez não diga grande coisa, mas do que disser tenho experiência. O certo é que se achava muito mal minha alma até o Senhor lhe dar luz, porque todos os seus gozos eram tomados a sorvos e, saindo da oração, não se achava na companhia de que depois fruiu nos sofrimentos e nas tentações.

Uma das razões é que há um pouco de falta de humildade, tão solapada e escondida, que não se sente. E quem será o soberbo e miserável como eu, que quando haja passado toda a vida com quantas penitências, orações e perseguições se possam imaginar, não se julgue muito rico e muito bem pago se lhe consentir o Senhor que esteja ao pé da cruz com São João? Não sei em que juízo cabe não se contentar com isto, senão no meu, que de todas as maneiras achou ocasião de perder no que havia de ganhar.

6. Se, por temperamento ou enfermidade, não podemos sempre pensar na paixão, por nos causar pena, quem nos impede de estar com Ele depois da ressurreição, pois tão perto o temos no sacramento, no qual já está glorificado? Assim, não teremos de o contemplar tão aflito e dilacerado, coberto de sangue, fatigado de caminhar, perseguido pelos mesmos aos quais fazia tanto bem, magoado com a pouca fé dos Apóstolos. Sim, por certo, porquanto não há quem sofra pensar, de contínuo, nos muitos tormentos que passou. Ei-lo aqui sem pena, cheio de glória, uns confortando, outros animando antes de subir aos céus; companheiro nosso no Santíssimo Sacramento, pois parece que não esteve em suas mãos apartar-se de nós um só momento! E, entretanto, nas minhas, esteve apartar-me eu de Vós, Senhor meu, para vos servir melhor!... Quando vos fazia ofensas, ao menos não vos conhecia! Mas conhecer-vos e pensar ganha mais por tal caminho! Oh! Que mau rumo levava, Senhor! Mais parece que ia transviada, se não me fizésseis tornar ao verdadeiro caminho, pois vendo-vos junto de mim, logo vi todos os bens. Nunca me sobrevem tal provação que, olhando-vos na atitude em que estivestes diante dos juízes, não ache bom suportá-la. Com tão bom amigo presente, com tão esforçado capitão, quem, em matéria de padecer, foi o primeiro, tudo se pode sofrer. Serve de ajuda e dá esforço, nunca falta, é verdadeiro amigo. Vi depois, e sempre tenho visto com clareza, que para contentarmos a Deus e para que nos faça Ele mercês, quer que seja por intermédio desta humanidade sacra-

tíssima, na qual declarou Sua Majestade ter posto suas complacências. Incontáveis vezes, e bem o tenho visto por experiência e também mo disse o Senhor. Compreendo ao claro que por esta porta havemos de entrar se quisermos que a Soberana Majestade nos mostre grandes segredos.

7. De modo que Vossa Mercê, Senhor, não queira outro caminho, ainda que esteja no cume da contemplação. Por aqui irá seguro. É por meio deste Senhor nosso que nos vêm todos os bens. Ele o ensinará; contemple sua vida porque não há melhor modelo. Que mais queremos do que ter a nosso lado tão bom amigo que não nos deixará nos trabalhos e nas tribulações, como fazem os do mundo? Bem-aventurado quem o amar deveras e sempre o trouxer junto de si. Olhemos o glorioso São Paulo de cujos lábios, por assim dizer, não saía senão o nome de Jesus, tão bem gravado o tinha no coração. Desde que entendi isto tenho considerado com atenção alguns santos, grandes contemplativos, e vi que não iam por outro caminho. São Francisco bem o mostra nas chagas; Santo Antônio de Pádua, no Menino; São Bernardo deleitava-se com a humanidade. O mesmo acontecia com Santa Catarina de Sena e com outros muitos que Vossa Mercê saberá melhor do que eu.

8. Esse aviso de se apartar do corpóreo, bom deve ser sem dúvida, pois vem de gente tão espiritual, mas, em meu parecer, há de ser quanto está a alma adiantada em demasia. A não ser assim, claro está que se há de buscar o Criador pelas criaturas. Tudo é de acordo com as mercês que o Senhor faz a cada alma; nisto não me intrometo. O que desejaria dar a entender é que não há de entrar neste rol a humanidade sacratíssima de Cristo. E note-se bem este ponto, que desejaria saber declarar.

9. Quando quer Deus suspender todas as potências, como vimos nos modos de oração que ficam ditos, claro está que, embora não queiramos, se nos tira a presença da santa humanidade. Vá-se então em boa hora! Ditosa tal perda, que faz gozar mais do que nos parece ter perdido, porque então se entrega a alma toda a amar o que o entendimento procurou co-

nhecer. Ama o que não compreendeu e goza o que não pudera tão bem gozar a não ser perdendo a si mesma, como digo, para melhor ganhar.

Mas que nós mesmos, com propósito e cuidado, nos acostumemos a não procurar, com todas as nossas forças, trazer sempre diante de nós – e prouvera ao Senhor que fora sempre! – esta sacratíssima humanidade, isto é que não me parece bem: é andar a alma no ar, como dizem, pois não tem arrimo, por mais que imagine estar cheia de Deus. É grande coisa, enquanto vivemos e somos humanos, trazer a Deus humanado diante de nós. É a este respeito que quero falar do segundo inconveniente a que aludi. O primeiro, já disse, é um pouco de falta de humildade, pois quer levantar-se a alma antes que o Senhor a levante, não se contentando com meditar acerca de coisa tão preciosa; e pretende ser Maria antes de haver trabalhado como Marta. Quando o Senhor assim quer, ainda que seja no primeiro dia, não há que temer, mas sejamos nós comedidos, como penso já ter dito. Esse miúdo argueiro de pouca humildade, ainda que pareça nada, é deveras prejudicial a quem quer progredir na contemplação.

10. Voltemos ao segundo inconveniente. Não somos anjos, temos corpo. Querermos arvorar-nos em anjos quando estamos na terra, e nela tão engolfados como estava eu, é desatino. De arrimo, aliás, carece, de ordinário, o pensamento, porquanto embora às vezes a alma saia de si, em muitas outras, anda tão cheia de Deus a ponto de dispensar coisa criada para se recolher. Isto, porém, não é comum, e quando não se pode ter tanta quietação no meio de negócios, perseguições e trabalhos, bem como em tempo de securas, mui bom amigo é Cristo, porque olhamos para Ele feito homem e vemos suas fraquezas e tormentos, de modo que ficamos em sua companhia. Ao haver costume, é muito fácil achá-lo junto de nós, conquanto dias venham nos quais nem uma coisa nem outra consigamos fazer.

Para essas ocasiões, serve o que já foi dito, isto é: que não nos habituemos a buscar consolações de espírito. Grande coisa é viver abraçado à cruz, venha o que vier. Desamparado de toda consolação ficou este Senhor: sozinho o deixaram nos tormentos. Não o deixemos nós, pois, para mais subirmos, melhor nos dará Ele a mão do que nossa diligência, e ausentar-se-á quando vir que convém e quer o Senhor elevar a alma acima de si mesma pelo modo já indicado.

11. Muito agrada a Deus ver que uma alma com humildade põe por terceiro junto dele seu Filho, e tanto o ama que, ainda querendo Sua Majestade elevá-la a altíssima contemplação – repito –, se reconhece indigna, dizendo, com São Pedro: "Apartai-vos de mim porque sou homem pecador".[33]

Isto tenho experimentado por mim mesma e deste modo tem Deus levado minha alma. Outros irão, como já disse, por atalho diverso, mas o que tenho entendido é que todo o alicerce da oração está na humildade, e quanto mais se humilha uma alma, mais Deus a faz subir. Não me recordo de me haver Ele feito mercê muito assinalada, das que adiante direi, que não fosse ao estar eu aniquilada de me ver tão ruim e, ainda assim, procurava Sua Majestade dar-me a entender para me ajudar no meu conhecimento de coisas que não saberia imaginar.

Tenho para mim que tudo quanto faça a alma para se ajudar na oração de união, ainda que a princípio pareça proveitoso, muito depressa se desvanecerá como coisa sem fundamento, e temo que assim nunca chegue à verdadeira pobreza de espírito. Consiste esta não em buscar gosto e consolo na oração depois de ter deixado os da terra, mas sim em achar consolação nos tormentos por amor daquele que neles sempre viveu, e em ter paz no meio das provações e securas, embora sem as deixar de sentir. Não convém que a alma se entregue à inquietação e à pena, à semelhança de algumas pessoas que, se não estão sempre trabalhando com o entendimento e sentindo devoção,

---

33. Lc 5,8: *Exi a me, quia homo peccator sum, Domine.*

julgam tudo perdido, como se com seu trabalho pudessem merecer tão imenso bem!

Não digo que deixem de o procurar e de estar com cuidado diante de Deus, mas sim que não se matem se não puderem ter sequer um bom pensamento, como outrora disse. Servos imprestáveis somos: como presumimos de nós?

12. Quer o Senhor que reconheçamos essa verdade e andemos como pequeninos jumentos para trazer água por meio da nora de que falei. É certo que, mesmo com os olhos vendados e sem entender o que fazem, tiram eles água em maior quantidade que o hortelão com toda a sua diligência. Com liberdade havemos de andar neste caminho, entregues às mãos de Deus. Se Sua Majestade quiser elevar-nos à categoria de seus camareiros e confidentes de seus segredos, vamos de boa vontade: do contrário, sirvamos em ofícios baixos e não tomemos assento no melhor lugar, como já tenho dito. Deus cuida de tudo melhor que nós e sabe o que é próprio de cada um. De que serve querer governar-se a si, quem já deu toda a sua vontade a Deus!

Em meu parecer, muito menos se pode sofrer isto aqui do que no primeiro grau de oração, e muito mais prejudica, pois se trata de bens sobrenaturais. Se alguém tiver má voz, por muito que se esforce para cantar, não a tornará boa, mas, sem esforço de sua parte, só terá de recebê-la se Deus lhe quiser fazer esta graça. Recorramos, pois, à súplica, a pedir sempre ao Senhor que nos faça mercês, rendido nosso espírito, mas confiando na grandeza de Deus... E visto ser permitido à alma estar aos pés de Cristo, procure ela não se arredar daí, seja qual for o seu estado. Imite Madalena, e, desde que esteja forte, será levada pelo Senhor ao deserto.

13. Em suma, até que ache, Vossa Mercê, quem tenha mais experiência do que eu e o saiba melhor, tenha por certo o que lhe digo. Se forem pessoas que apenas começam a gozar de Deus, não lhes dê crédito, pois essas em geral julgam aproveitar e gozar mais ao ajudarem a si mesmas. Oh! Quan-

do Deus quer, como vem Ele de modo indubitável a nós sem nosso pequeno concurso! Por mais que façamos, arrebata o espírito como um gigante levanta uma palha e não há resistir-lhe! Como é possível crer que espere Ele que voe o sapo por si mesmo quando o quer fazer voar? E ainda considero o nosso espírito mais pesado e difícil para se levantar, se Deus não o levanta, porque está carregado de terra e de mil impedimentos. Pouco lhe aproveita querer voar, pois ainda que isto lhe seja mais natural do que ao sapo, está tão metido na lama, que por sua culpa perdera as asas.

14. Quero concluir dizendo que, quando pensarmos em Cristo, sempre nos lembremos do amor com que nos fez tantas graças e da grande ternura que nos testemunhou Deus em nos dar tal penhor do muito que nos ama: pois amor produz amor. E ainda que nos vejamos muito ruins e deveras no princípio, procuremos sempre considerar essas verdades e estimular-nos a amar porque, uma vez que nos faça o Senhor a mercê de que se nos imprima no coração este amor, ser-nos-á tudo fácil, faremos grandes coisas às rápidas e sem labor. Dê-nos Sua Majestade este amor, pois sabe o muito que nos convém; isto lhe peço pelo que Ele nos teve e por seu glorioso Filho, que à custa de tantos sofrimentos, no-lo mostrou. Amém.

15. Uma coisa quero perguntar a Vossa Mercê. Por que motivo, ao começar o Senhor a fazer a uma alma mercês tão subidas, como é elevá-la à perfeita contemplação, não fica ela logo perfeita de todo, como seria justo? Sim, decerto seria conforme à razão, pois quem tão grande graça recebe não deveria mais querer consolo na terra. Por que então, chegando a ter arroubos e a receber, por via de regra, outras mercês, tornam-se mais altivos os efeitos e quanto mais se multiplicam, tanto mais desapegada fica a alma? Num momento, chegando-se a ela o Senhor, não poderia deixá-la santificada? Como, depois, com o andar do tempo, vai deixando-a o mesmo Senhor com mais perfeição nas virtudes?

Isto quisera saber, pois ignoro, mas bem compreendo que é diferente a fortaleza que infunde Deus no princípio, quando esta mercê não dura mais que um abrir e fechar de olhos e quase só se sente pelos efeitos, ou quando a concede de maneira mais duradoura. Inúmeras vezes parece-me que será talvez porque não dispõe de todo e sem demora a alma, até que o Senhor pouco a pouco a cria e faz com que ela se determine e lhe dá ânimo varonil para que calque por completo aos pés tudo, como num breve instante o fez com Madalena. Faz o mesmo em outras pessoas conforme se entregam à ação divina e deixam agir Sua Majestade. Não acabamos de crer que ainda nesta vida dá Deus cento por um.

16. Ocorreu-me também esta comparação. Tanto aos que vão mais adiante como aos que começam, é sempre o mesmo alimento que se dá, mas é como um manjar de que comem muitas pessoas. Algumas provam pouquinho e ficam só com o bom sabor por algum tempo; outras comem mais e já se sustentam; outras comem muito e cobram vida e força. Pode mesmo alguém comer tantas vezes e com tanto proveito desse manjar da vida, que já não ache gosto em outra coisa fora dele. É que vê quanto proveito encontra e tem já o paladar tão afeito a esta suavidade, que preferiria perder a vida a ter de provar de outras coisas, que não serviriam senão para tirar o bom sabor deixado pelo celeste alimento.

Do mesmo modo, a convivência com uma pessoa santa não produz tanto fruto num dia como em muitos; e tantos podem ser estes que, afinal, com o favor de Deus, sejamos como ela. Em suma, tudo depende da vontade do Senhor e Sua Majestade concede suas graças a quem quer. Mesmo assim é de grande importância que a alma, começando a receber tais mercês, se determine a apreciá-las com justiça e a desprender-se de tudo.

17. Dir-se-ia também que anda Sua Majestade a experimentar um e outro para ver quem o quer, e, a fim de avivar a fé no que nos há de dar um dia, se porventura está amortecida,

descobre quem Ele é por meio daquele deleite tão soberano. Parece dizer: "Olhai que não é isto mais que uma gota do mar imenso de meus tesouros". Nada deixa por fazer em favor daqueles que ama e, se vê que o recebem, dá tudo e dá-se Ele mesmo. Quer a quem lhe quer. E como sabe querer bem! E que bom amigo!

Ó Senhor da minha alma, quem tivera palavras para dar a entender o que dais aos que se fiam de Vós e quanto perdem os que chegam a este estado e ficam apegados a si mesmos! Não permitais Vós, Senhor, pois mais do que isto fazeis, vindo a pousada tão ruim como é a minha. Bendito sejais para todo o sempre!

18. Torno a suplicar a Vossa Mercê que estas coisas de oração que escrevi, se quiser conferi-las com alguém, só o faça com pessoas espirituais, porquanto caso não saibam mais que um caminho ou caso tenham parado no meio, não poderão atinar que seja assim como digo. Há alguns que logo os leva Deus por via muito sublime e julgam que os outros tirarão fruto do mesmo modo, aquietando o entendimento e não se valendo do concurso das coisas corpóreas. O resultado é que ficam secos como pedaços de pau. Outros, porque tiveram um pouco de quietação, logo pensam que assim como têm uma coisa podem fazer outra; e, em lugar de aproveitar, desaproveitam, como já disse.

Assim que em tudo há necessidade de experiência e discrição. O Senhor no-la dê por sua bondade.

CAPÍTULO 23

Volta a narrar sua vida. Diz como começou a ter mais perfeição e por que meios. É proveitoso às pessoas que se ocupam em dirigir almas que têm oração, para saberem como hão de proceder nos princípios. Proveito que lhe resultou de achar quem soubesse guiá-la.

1. Quero tornar ao ponto[34] no qual deixei a narração de minha vida. Creio que me detive mais do que me havia de deter, e foi para que melhor se entenda o que está por vir. É outro livro novo daqui por diante, quero dizer, outra vida nova. A que decorreu até aqui era minha, a que vivi desde que comecei a receber as graças de oração que descrevi, é a que Deus vivia em mim, ao que me parece, porque bem vejo que me era impossível em tão pouco tempo sair de tão ruins costumes e obras. Seja Deus louvado, que me livrou de mim mesma.

2. Ao começar, pois, a deixar as ocasiões e a dar-me mais à oração, pôs-se logo o Senhor a me fazer mercês como quem desejava, segundo me parece, que eu quisesse recebê-las. Principiou Sua Majestade a dar-me de ordinário oração de quietação, e muitas vezes a de união durante muito tempo.

Como, então, se haviam constatado grandes ilusões em mulheres e enganos em que as tinha enredado o demônio, entrei a temer, por sentir tão grande deleite e suavidade, muitas

---

34. Capítulo 9.

vezes sem o poder de evitar. Por outra parte, via em mim imensa segurança de que era obra de Deus, sobretudo quando estava em oração e sentia-me muito melhor e com mais fortaleza. Se, porém, me distraía um pouco, tornava a temer e a pensar que talvez o demônio, fazendo-me entender que era bom, procurava suspender-me o raciocínio para me tirar a oração mental e não me deixar refletir na Paixão, tampouco me aproveitar do entendimento. Ainda não entendia bem as coisas e parecia-me isto o maior dos prejuízos.

3. Como Sua Majestade queria dar-me luz a fim de não o ofender mais e conhecer o muito que lhe devia, cresceu em mim o medo, de tal sorte que me fez buscar com diligência pessoas espirituais com quem tratar. Já tinha notícia de algumas porque haviam vindo aqui os padres da Companhia de Jesus, aos quais, embora sem conhecer nenhum, era muito afeiçoada só por saber o modo de vida e de oração que levavam. Não me achava, entretanto, digna de os consultar, nem forte o bastante para lhes obedecer, e isto me incutia mais temor, porquanto tratar com eles e continuar a ser quem era me parecia coisa muito dura.

4. Andei assim algum tempo até que, depois de inúmeros combates e temores, resolvi tratar com uma pessoa espiritual para perguntar que oração era essa que eu tinha, além de pedir que me desse luz no caso de estar errada, ajudando-me a fazer tudo que estivesse em minhas mãos para não ofender a Deus. A falta de fortaleza que sentia, como já disse, me fazia andar com sobeja timidez.

Que engano tão grande, valha-me Deus! Por querer ser boa, apartava-me do bem! Neste ponto deve o demônio combater em demasia os que começam a trilhar o caminho da virtude, pois sentia dificuldade em me resolver. Sabe ele que, para a alma, todo o remédio está em tratar com amigos de Deus e, por isso, decerto não havia meios de me determinar a fazê-lo. Aguardava; queria primeiro emendar-me, tal qual fiz durante o tempo em que abandonei a oração; e talvez jamais o conseguisse, porque estava tão afeita a coisinhas de mau costume, sem perceber a sua maldade, que precisava ser ajudada, darem-me a mão para me levantar. Bendito seja o Senhor! Afinal, foi sua mão a primeira que se me estendeu!

5. Como vi aumentar o meu temor, porque cresciam as mercês na oração, pareceu-me que nisto devia haver algum grande bem ou imenso mal. Já algumas vezes não podia resistir, e tê-lo, quando queria, era impossível. Pensei comigo que o remédio era procurar manter limpa a consciência e apartar-me de toda ocasião, mesmo de pecados veniais. Se fosse espírito de Deus, claro estava o ganho; se fosse do demônio, procurando eu contentar o Senhor e não o ofender, pouco dano me poderia resultar. Com esta determinação e suplicando sempre ao Senhor que me ajudasse, procurei fazer assim alguns dias, mas vi que não tinha força minha alma para, por si só, atingir tão alta perfeição em razão de algumas afeições a coisas que, embora não fossem muito más, bastavam para tudo estragar.

6. Falaram-me dum clérigo[35] letrado que havia nesse lugar, cuja bondade e virtuosa vida começava o Senhor a dar a entender a todos. Procurei tratar com ele por intermédio dum santo cavaleiro que há nesta cidade, casado, mas de vida tão exemplar e virtuosa, de tanta oração e caridade, que tudo nele irradia bondade e perfeição. Com efeito, tem vindo grande bem a muitas almas por seu intermédio, apesar de seu estado ajudá-lo, pois tem tantos talentos que não pode deixar de colher com eles incontáveis frutos. É de muito entendimento e sobremodo aprazível para com todos. Sua conversação, longe de ser pesada, é tão suave e amena e, ao mesmo tempo, reta e santa, que dá imenso contentamento às pessoas com que trata. Tudo faz servir ao bem das almas que o cercam, parecendo não ter outra ambição senão fazer por todos o que está a seu alcance, dar a todos contentamento.

---

35. O Mestre Gaspar Daza.

7. Esse bendito e santo homem, com suas indústrias, creio ter sido para minha alma o princípio da salvação. Espanta-me sua humildade. Há pouco menos de quarenta anos, não sei se dois ou três de menos, tem oração e leva a vida de maior perfeição que parece possível no seu estado; sua esposa é tão grande serva de Deus e de tanta caridade, que só pode ajudá-lo; em suma, o próprio Deus a escolheu para aquele de quem sabia que havia de ser seu fiel servo. Estavam casados parentes seus com pessoas da minha família e havia também estreitas relações entre eles e outro bem virtuoso servo de Deus, esposo de uma de minhas primas.

8. Por seu intermédio, procurei que viesse falar-me o clérigo a que aludi, tão grande servo de Deus e muito seu amigo. Era minha intenção confessar-me a ele e tomá-lo por diretor. Trouxe-mo, pois, para que lhe falasse, e eu, com ingente confusão de me ver em presença de homem tão santo, lhe dei conta apenas de minha alma e oração, porque se recusou a ouvir-me em confissão, dizendo que era muito ocupado e, de fato, o era. Começou com determinação santa a levar-me como alma forte, querendo que eu de nenhum modo ofendesse a Deus, e tinha razão de assim me julgar segundo a oração que conheceu em mim.

Vendo eu sua determinação tão repentina em coisinhas que, como disse, não me sentia com forças para superar logo com tanta perfeição, afligi-me e compreendi que tomava as dificuldades de minha alma como coisa que se havia de vencer duma só vez, enquanto eu bem via que eram necessários muito maiores cuidados.

9. Por fim, compreendi que não eram os meios que ele me dava os que me haviam de remediar, porque eram próprios para almas mais perfeitas, e eu, embora nas mercês de Deus estivesse adiantada, no que toca às virtudes e à mortificação, estava deveras no princípio. Estou certa de que se tivesse de tratar só com ele nunca, talvez, medraria minha alma. Só a aflição que me dava ver que eu não fazia, nem – segundo me

parece – podia fazer, o que me mandava, era suficiente para perder a esperança e abandonar tudo.

Maravilho-me algumas vezes de ver que, sendo pessoa com graça particular para levar a Deus os principiantes, não foi o Senhor servido de que entendesse minha alma nem quisesse encarregar-se dela; e vejo que foi tudo para maior bem meu, a fim de que conhecesse e tratasse gente tão santa como a da Companhia de Jesus.

10. Desde então fiquei ajustada com o santo cavaleiro[36], para que me viesse ver de vez em quando. Aqui mostrou sua grande humildade em querer tratar com pessoa tão ruim como eu. Começou a visitar-me e a dar-me ânimo, dizendo-me que não pensasse que de um dia para outro me havia de apartar de tudo, que pouco a pouco Deus o iria fazendo. Contava-me que em coisas bem leves tinha ele estado alguns anos, sem se poder vencer. Ó humildade, que grande bem fazes aos que te têm e aos que a eles se chegam! Em bem de minha alma, este santo – penso poder com razão dar-lhe este nome – referia-me coisas de sua vida que, pela sua humildade, lhe pareciam fraquezas, mas nele não eram faltas nem imperfeições à vista de seu estado, ao passo que, conforme o meu, era imensa falta tê-las.

Não digo isto sem algum propósito. Pareço alargar-me em minúcias, mas, são tão importantes para começar a fazer bem a uma alma e ajudá-la a voar, no tempo em que, como dizem, ainda não tem asas, que não o crerá senão quem passou por isto. E porque, espero em Deus, com proveito Vossa Mercê prestará auxílio a muitos, aqui lhe digo que foi toda a minha salvação achar quem soubesse curar-me, tendo não só humildade e caridade para se manter a meu lado, senão paciência para sofrer que eu de todo não me emendasse. Ia ele, com discrição, pouco a pouco, ensinando-me diversos modos de vencer o demônio. Comecei a ter-lhe tão grande afeto que não havia para mim maior descanso do que os dias de sua vi-

---

36. Francisco de Salcedo.

sita, conquanto raros. Quando tardava, logo me afligia muito, parecendo-me que, por ser eu tão ruim, não vinha ver-me.

11. Como foi ao perceber minhas imperfeições tão grandes que chegariam, talvez mesmo, a pecados, embora em parte estivesse emendada desde que tratei com ele, contando-lhe eu as mercês que Deus me fazia para que me desse luz, disse-me que uma coisa não concordava com a outra. Aqueles regalos eram próprios de pessoas já muito adiantadas e mortificadas e, portanto, não podia ele deixar de temer em demasia. Em algumas coisas julgava reconhecer a ação do mau espírito, embora não se pronunciasse em definitivo. Mandou-me refletir bem acerca de minha oração para depois lhe contar o que houvesse entendido. Dificuldade tinha eu em fazê-lo, porque não sabia, nem muito nem pouco, dizer o que era minha oração. A mercê de entendê-la e saber explicá-la, só de pouco a recebi de Deus.

12. Ouvindo-o assim falar, como já andasse com medo, foi grande minha aflição, e derramei muitas lágrimas, porque decerto desejava contentar a Deus e não podia persuadir-me de que fosse aquilo obra do demônio, mas temia que por meus grandes pecados o Senhor me cegasse para não o entender.

Ao consultar livros para ver se saberia dizer a oração que tinha, achei, num intitulado Subida do monte, no lugar em que fala da união da alma com Deus, todos os sinais que via em mim naquela impossibilidade de pensar. Era de fato isto o que eu mais assinalava: em nada poder pensar quando fazia aquela oração. Sublinhei as ditas passagens e dei-lhe o livro para que ele e o santo clérigo[37] e servo de Deus de quem falei o examinassem e me dissessem o que devia fazer. Conforme fosse o parecer de ambos, deixaria a oração por completo, pois para que me havia de meter em tais perigos, se, ao cabo de quase vinte anos que a tinha, não conseguira sair com lucros, senão com enganos do demônio? Melhor seria deixá-la. Contudo,

---

37. O Mestre Daza.

também isto era muito duro para mim porque já tinha experiência de como ficava minha alma sem oração.

Assim, para onde quer que me voltasse, só via tribulações, como quem caiu num rio e de todos os lados vê maior perigo de se afogar.

É ingente sofrimento, e dessa espécie tenho tido muitos, como direi adiante; pois ainda que pareça pouco importar, servirá talvez para fazer entender como se há de provar o espírito.

13. Grande é, não há dúvida, a aflição que se passa. Cumpre usar de prudência, em especial ao se tratar de mulheres, porquanto é muita a sua fraqueza, e poderia causar grande mal o dizer-lhes, decerto, que estão sob a ação do demônio. Melhor é examinar bem, apartá-las dos perigos possíveis e avisá-las em segredo, pois convém, assim, guardá-lo.

Isto digo como quem muito sofreu por não o terem guardado alguns confessores com os quais falei de minha oração. Consultando-se uns aos outros com boa intenção, imenso dano me causaram porque se vieram a divulgar coisas que deviam ficar secretas por não serem para todos, parecendo ser eu quem as publicava. Creio que, escusados de culpa, assim permitiu o Senhor para que eu padecesse. Não digo que revelassem o que eu lhes confiava em confissão, mas, sendo pessoas às quais, por meus temores, contava tudo para que me dessem luz, parecia-me que o haviam de calar. Contudo, nunca ousei ocultar-lhes coisa alguma.

É preciso, pois, repito, que avisem a essas almas com muita prudência, animando-as e aguardando o tempo em que o Senhor as queira ajudar como fez comigo. A falta dessas precauções poderia causar-me enorme dano, pois eu era muito medrosa e sujeita a me assustar. Ao tanto sofrer do coração, espanto-me de não me haver feito muito mal.

14. Dei, pois, ao santo cavaleiro, o livro e uma relação que tinha feito de minha vida e meus pecados em conjunto, o melhor que pude. Não em forma de confissão, por ser secular, mas

que ressaltasse o quanto era ruim. Os dois servos de Deus[38] examinaram com grande caridade e amor o que me convinha.

Ao vir a mim o cavalheiro com a resposta que eu, com sobejo temor, esperava, fazendo larga oração aqueles dias e pedindo a muitas pessoas que me encomendassem a Deus, disse-me, todo aflito, que, segundo o parecer de ambos, era tudo obra do demônio. O que me convinha era tratar com algum padre da Companhia de Jesus, que viria se eu o chamasse alegando muita necessidade, e dar-lhe conta de toda a minha vida e de meu espírito por uma confissão geral, tudo com muita clareza. Pela virtude do Sacramento da Penitência, lhe infundiria Deus mais luz, além de que estes padres são muito experimentados em coisas espirituais. Recomendou-me que não me apartasse em coisa alguma do que ele me disse, pois eu ficaria em muito perigo se não houvesse quem me dirigisse.

15. Causou-me isto tanto temor e pena que não sabia o que fazer de mim: tudo era chorar. Estava num oratório muito desolada, sem saber o que fazer, li num livro, que o Senhor me parece ter posto nas mãos, este dito de São Paulo: "Que Deus é muito fiel e jamais consentia que fossem enganados pelo demônio os que o amam" (1Cor 10,13).

Consolou-me deveras esse pensamento. Comecei a tratar de minha confissão geral, pondo por escrito todos os males e bens, fazendo uma relação da minha vida o mais ao claro que entendi e soube, sem nada deixar por dizer.

Recordo-me de que, depois que escrevi, vendo tantos males e quase nenhum bem, fui acometida de intensa dor e aflição. Também me dava pena que me vissem na casa tratar com gente tão santa como a da Companhia de Jesus, porque temia minha ruindade. Em meu parecer, era contrair maior obrigação de não ser dissipada e de me afastar de meus acostumados passatempos, e, a não fazer assim, seria pior. Pedi, por isso, à sacristã e à porteira, que a ninguém o dissesse. Valeu-me de

---

38. Francisco de Salcedo e Gaspar Daza.

pouco, pois aconteceu de fato estar na portaria, quando me chamaram, quem o espalhou por todo o convento. Oh! Que embaraços põe o demônio, e que temores inspira a quem se quer chegar a Deus!

16. Ao tratar com aquele servo de Deus[39], que o era em alto grau e bem-avisado, e abrindo-lhe toda a minha alma, ele, como quem bem sabia esta linguagem, declarou-me o que era e animou-me muito. Disse-me ser, de modo muito indubitável, espírito de Deus, mas julgou necessário que eu recomeçasse a oração pela base, porque não ia bem fundada nem tinha começado a entender a mortificação. Era tão verdade que até esse nome não me parece que eu entendesse. Recomendou-me que de nenhum modo deixasse a oração, antes me esforçasse muito, pois Deus me fazia tão particulares mercês; e quem sabia se, por meu intermédio, queria o Senhor fazer bem a muitas pessoas? Disse-me ainda outras coisas, parecendo profetizar o que depois o Senhor fez comigo; e assegurou-me que eu teria muita culpa se não correspondesse às mercês que Deus me fazia.

Em tudo eu tinha a impressão de que falava nele o Espírito Santo para curar a minha alma, de tal modo se imprimiam nela suas palavras.

17. Fez-me grande confusão, levou-me por meios que pareciam por inteiro tornar-me outra. Que grande coisa é compreender uma alma! Disse-me que fizesse cada dia uma oração acerca de um passo da paixão e procurasse aproveitar-me dele, não pensando senão na humanidade; e resistisse quanto pudesse àqueles recolhimentos, de maneira a não lhes dar entrada até que ele me dissesse outra coisa.

18. Deixou-me consolada e animada; o Senhor ajudou a mim e também a ele para que compreendesse meu espírito e o modo de governar minha alma. Fiquei determinada a

---

[39]. O Padre Diogo de Cetina, religioso da Companhia. Descobriu-se há pouco ser o Padre Cetina esse primeiro confessor de Santa Teresa, e não o Padre João de Prádanos, como se escreveu até agora.

não me apartar em coisa alguma do que mandasse e assim o tenho feito até hoje. Louvado seja o Senhor que me tem dado graça para obedecer a meus confessores, ainda que com imperfeição. Tem sido quase sempre desses benditos homens da Companhia de Jesus e, como disse, embora de modo imperfeito, a eles tenho seguido.

Sensível melhora começou a ter minha alma, como agora direi.

CAPÍTULO 24

Prossegue no relato iniciado e diz como progrediu sua alma depois que principiou a obedecer. Refere quão pouco lhe aproveitava resistir às mercês de Deus e como Sua Majestade lhas dava com maior abundância.

1. Dessa confissão ficou minha alma tão branda que me parecia não haver coisa árdua a que não me abalançasse. Comecei a mudar em muitos planos ainda que o confessor não me apertasse, antes parecesse fazer pouco caso de tudo. Isto me estimulava mais porque me levava por via do amor de Deus, parecendo deixar-me liberdade para que eu me resolvesse por amor e não em vista do prêmio.

Estive, assim, quase dois meses a fazer todos os esforços para resistir aos regalos e mercês de Deus. Quanto ao exterior, era notória a mudança porque já começava o Senhor a dar-me ânimo para me abster de certas coisas, a ponto de dizerem as pessoas que me conheciam, e até mesmo as de casa, que era exagero. Em comparação ao que eu antes fazia, tinham razão de tachar de extremos, mas, em realidade, ainda tinha pouco rigor naquilo a que estava obrigada pelo meu hábito e profissão.

2. Dessa resistência aos gostos e regalos de Deus, ganhei ser ensinada por Sua Majestade, porquanto antes disso pensava que para receber regalos na oração era preciso um isolamento absoluto e quase não ousava mexer-me; depois vi que de pouco serve, pois quanto mais procurava divertir-me, mais me cobria o Senhor daquela glória e suavidade. Parecia-me estar rodeada por completo e de nenhum lado poder fugir, e assim era na rea-

lidade. Meu cuidado era tanto que me fazia sofrer. Maior o tinha o Senhor para me fazer mercês e assinalar muito mais sua ação durante esses dois meses do que antes, a fim de melhor me dar a entender que não estava mais em minhas mãos o resistir-lhe.

Comecei uma vez mais a tomar amor à sacratíssima humanidade, de modo que minha oração melhorou, como edifício que já se elevava sobre bases sólidas. Afeiçoei-me também à penitência da qual vivia descuidada por minhas grandes enfermidades. Disse-me aquele varão santo que me confessou que algumas coisas não me podiam fazer mal, e, porventura, a razão de me dar Deus tantas dores era porque, ao não me penitenciar, ma queria dar Sua Majestade. Mandava-me fazer algumas mortificações não muito saborosas ao meu paladar. Eu, tudo fazia, porquanto tinha a impressão de que o Senhor mo ordenava e dava graça ao padre para mo prescrever de modo que lhe obedecesse. Já minha alma sentia qualquer ofensa que fizesse a Deus por pequena que fosse, a tal ponto que, se tinha em meu poder alguma coisa supérflua, não podia recolher-me enquanto não a deixava. Orava muito para que o Senhor me tivesse em sua mão e não me permitisse tornar atrás, pois tratava com seus servos. Isto me parecia grave delito e ocasião de perderem crédito por minha causa.

3. Nesse tempo, veio a este lugar o Padre Francisco, que era Duque de Gandia[40] e, tendo tudo deixado havia alguns anos, entrara na Companhia de Jesus. Procurou meu confessor que eu tratasse com ele e lhe desse conta de minha oração, e veio aconselhar-me o cavalheiro de quem falei, porque sabiam que estava em mui alto estado e era muito favorecido e regalado por Deus, que desde esta vida lhe pagava, como a quem muito havia deixado por seu amor.

Ouviu-me ele, pois, e disse-me em seguida que era espírito de Deus e que julgava já não ser conveniente resistir, mas até então fora bem feito fazê-lo. Mandou-me que quando me

---

40. São Francisco de Borja.

pusesse a orar, sempre começasse por um passo da Paixão, e se o Senhor me levasse o espírito, deixasse Sua Majestade levá-lo e não lhe resistisse, não o procurando eu. Como quem estava muito no cume, deu-me remédio e conselho, que importa muito para isto a experiência. Disse que já seria erro resistir por mais tempo. Fiquei deveras consolada, tal qual o cavalheiro. Este folgava muito de saber que tudo vinha de Deus, e sempre me ajudava com avisos no que podia, o que era bastante.

4. Nesse tempo, transferiram meu confessor para outro lugar, o que senti muito, por pensar que havia de tornar a ser ruim e não me parecer possível achar outro como ele. Ficou minha alma como num deserto, desconsolada e temerosa, não sabia o que havia de ser de mim. Uma parenta minha conseguiu levar-me para sua casa e tratei logo de procurar outro confessor entre os da Companhia. Foi o Senhor servido que travasse amizade com uma senhora viúva, de alta nobreza e grande oração, que tratava muito com ele. Fez ela que me confessasse a seu confessor e estive em sua casa vários dias porquanto morava perto dos padres. Eu me consolava por tratar muito com eles, pois só de entender a santidade de sua vida era grande o proveito que sentia minha alma.

5. Esse padre[41] começou a exigir de mim maior perfeição. Dizia-me que, para contentar de todo a Deus, não havia de deixar nada por fazer. Ao mesmo tempo, ia com demasiado jeito e brandura, porque minha alma não estava nada forte, senão muito tenra, sobretudo em relação a algumas amizades que, aliás, não me faziam ofender a Deus. A afeição era muita e deixá-las parecia-me ingratidão; e assim lhe perguntava por que motivo, já que não ofendia a Deus, havia de ser desagradecida? Ele me respondeu que encomendasse o caso a Deus uns dias e rezasse o hino Veni Creator, pedindo que me desse luz para ver o que era melhor. Ao estar um dia em demasiada oração e a suplicar ao Senhor que me ajudasse a contentá-lo em tudo, comecei o

---

41. O Padre Baltasar Álvarez.

hino e, no meio dele, veio-me um aborrecimento tão súbito, que quase me tirou de mim de modo tão manifesto que não pude duvidar. Foi a primeira vez que o Senhor me fez esta mercê de arroubamentos. Entendi estas palavras: Já não quero que tenhas conversação com homens, senão com anjos. Causou-me muito espanto porque a moção da alma foi grande e, tão só no espírito, foram-me ditas as palavras, de modo que me fez temor. Por outra parte, deu-me imenso consolo, o qual me ficou depois de passar o assombro causado, a meu ver, pela novidade do fato.

6. Tiveram plena realização essas palavras, pois nunca mais pude descansar em amizade alguma, nem ter consolação ou amor particular senão a pessoas que, segundo percebo, amam a Deus e procuram servi-lo. Não está em minhas mãos agir de outro modo, ainda que se trate de parentes ou amigos. Se não entendo que é pessoa que ama o Senhor e se dá à oração, é para mim penosa cruz tratar com alguém. É a pura verdade, segundo me parece, e sem exceção.

7. Desde aquele dia fiquei tão animosa para deixar tudo por Deus, como se naquele momento – que não me parece ter sido mais – houvesse Ele querido deixar outra a sua serva. Não foi preciso que mo mandassem mais; de modo que até então meu confessor, vendo-me tão apegada, não tinha ousado dizer-me, inesitante, que o fizesse. Estava ele, ao que parece, aguardando que o Senhor agisse, como sucedeu. Nunca pensei consegui-lo porque já havia procurado fazê-lo e sentia tanta pena que desanimava, tanto mais que não me parecia coisa inconveniente. Aqui, porém, me deu o Senhor liberdade e força para o realizar. Assim o disse ao confessor e deixei tudo de acordo com o que ele determinou. Trouxe demasiado proveito à pessoa com quem eu tratava ver em mim essa determinação.

8. Bendito seja Deus para sempre, por me ter num minuto dado a liberdade que eu em muitos anos, com toda sorte de diligências, não tinha podido alcançar, embora fazendo algumas vezes tão grande esforço que me prejudicava de sobejo a saúde. Como foi obra daquele que é poderoso e Senhor verdadeiro de tudo, não me causou pena alguma.

CAPÍTULO 25

Trata da maneira e forma de entender as falas que, sem ruído exterior, Deus faz à alma, e de alguns enganos que nisto pode haver. Meios de conhecer quando são palavras divinas. É de muito proveito para quem se vir neste grau de oração, porque está muito bem declarado e contém abundante doutrina.

1. Parece-me conveniente referir como é este falar de Deus à alma e o que esta sente, para que Vossa Mercê o entenda; porquanto desde essa primeira vez em que, como relatei, me fez o Senhor esta graça até agora, tem sido ela muito frequente para mim, como se verá adiante.

São umas palavras muito distintas que não se percebem com os sentidos corporais, mas se entendem muito mais ao claro do que se fossem ouvidas. Com efeito, aqui na Terra, quando o que se diz não nos agrada, podemos tapar os ouvidos ou fixar a atenção em outra coisa de maneira a não compreender, embora perceba-se os sons das palavras. Nessas práticas de Deus à alma não há remédio algum, ainda que nos pese havermos de escutar e estar com a inteligência tão lúcida para compreender o que Deus quer que entendamos, de modo que não há querer ou não querer. O Onipotente quer que saibamos que se há de fazer o que Ele quer, dando-se a conhecer por verdadeiro Senhor nosso. Tenho muita experiência disto porque despendi quase dois anos de resistência pelo grande temor que sentia e, ainda agora, tento fazê-lo de quando em vez, mas pouco me aproveita.

2. Quisera declarar os enganos que aqui podem ocorrer, ainda que haverá poucos ou nenhum para quem tiver demasiada experiência, mas esta deve ser em alto grau. Grande é a diferença que há ao se tratar do bom ou do mau espírito; pode também ser tudo apreensão do próprio entendimento pois, não raro, o espírito fala a si mesmo. Não sei se pode ser como digo, mas ainda hoje me pareceu que sim.

Das palavras que são de origem divina tenho tido provas em diversos acontecimentos que me foram preditos com dois ou três anos de antecedência, e até hoje todos se cumpriram, sem exceção, além de outros sinais por onde se vê com clareza ser espírito de Deus, como depois direi.

3. Penso que, ao estar uma pessoa a encomendar uma coisa a Deus com grande preocupação e afeto, poderia imaginar que ouve dizer que se fará ou não. É deveras possível, mas quem já ouviu palavras verdadeiras, decerto verá do que se trata, porquanto é enorme a diferença. Se for coisa forjada pelo entendimento, por sutil que seja, logo entenderá que é ele quem alinha e formula as palavras. É como a diferença que há entre compor um discurso ou ouvir o que diz outra pessoa. Logo verá a inteligência que está agindo por si e não escutando, pois as palavras que fabrica são como coisa surda, fantástica; não têm a nitidez das outras. Está aqui em nossas mãos distrair-nos, assim como nos podemos calar quando falamos, mas, quando fala Deus, é impossível.

E outro sinal, maior que todos, é que não produzem efeito, e as que vêm de Deus são, a um só tempo, palavras e obras. Estas, ainda que não sejam de devoção, senão de repreensão, desde a primeira dispõem a alma, enobrecendo-a, enternecendo-a, dando-lhe luz, regalo e paz. Se estava com secura ou agitação e desassossego no interior, passa-lhe tudo como se lho tirassem com a mão, e ainda melhor. Parece querer o Senhor que se entenda como é poderoso e como suas palavras são obras.

4. A meu ver, é tanta a diferença, qual entre falar e ouvir, nem mais nem menos, porquanto, torno a dizer, quando falo, ordeno com a inteligência as palavras, mas, quando me falam, não faço mais do que ouvir, sem trabalho algum.

No primeiro caso, é coisa que não fica bem determinada, como de quem está meio adormecido. No segundo, é voz tão nítida que não se perde uma sílaba do que se ouve dizer. E acontece ser em ocasiões nas quais a alma está tão agitada e distraída que não acertaria a formular coisa razoável e sem labuta; acha em si grandes sentenças que lhe dizem e que ela nunca poderia alcançar, mesmo estando demasiado recolhida. Logo à primeira palavra, como digo, torna-se outra por completo. Em especial, ao estar em arroubamento, momento no qual estão suspensas as potências, como entenderá coisas que antes nunca lhe vieram à memória? Se esta quase não obra e a imaginação está como abobada, como lhe ocorrerão tais pensamentos?

5. Convém entender que, quando a alma tem visões ou ouve essas palavras, nunca – a meu ver – é no tempo em que está de todo unida a Deus no mesmo arroubamento, pois então – como creio já ter declarado na segunda água – perdem-se por completo as potências e, em meu parecer, ali não se pode ver, entender e ouvir. Está ela por inteiro debaixo de outro poder e, nesse tempo, que é muito breve, não me parece que lhe deixe o Senhor liberdade para nada. Passado esse breve espaço e ao estar a alma ainda arroubada é que acontece o que digo, porquanto ficam as potências de tal maneira que, embora não estejam perdidas, quase nada obram: estão como absortas e incapazes de raciocinar. Há tantos indícios para perceber a diferença que quem se enganar uma vez não se enganará muitas.

6. Repito que, se for pessoa exercitada e que esteja de sobreaviso, o verá com clareza porque, deixando de lado outros argumentos que o comprovam, nenhum efeito produzem as palavras quando são falsas; a alma não as admite nem lhes dá crédito, antes, percebe que é tudo devaneio do

espírito, do mesmo modo que não faria caso duma pessoa em estado de delírio.

Quanto às outras palavras, ainda que nos pesem, é como se ouvíssemos uma pessoa muito santa ou letrada, e de grande autoridade, que, sabemos, não nos há de mentir. E ainda é baixa comparação porque algumas vezes as palavras são acompanhadas de tanta majestade que, mesmo sem considerarmos quem as diz, se são de repreensão, fazem tremer, e, se são de amor, agem sobre a alma de tal modo que ela se desfaz em amar. São coisas, repito, que estavam bem longe da memória, e as sentenças que num momento ouvimos são tão elevadas que seria preciso muito tempo para as compor. Então, de nenhum modo podemos ignorar, penso eu, não ser coisa fabricada por nós.

Não há, pois, motivo para me deter mais neste ponto, porquanto me parece que fora de admirar poder cair em engano pessoa experiente, se por si mesma com advertência não se quiser iludir.

7. Tem-me acontecido inúmeras vezes, quando me ocorre alguma dúvida, não o crer o que me anunciam e atribuí-lo à imaginação, isto depois de certo intervalo, pois, enquanto dura, é impossível. Muito tempo depois vejo cumprir-se tudo porque faz o Senhor que fique na memória e não se possa olvidar. O que provém do nosso entendimento é como pensamento furtivo que passa e fica esquecido; estoutro é subsistente e, embora a lembrança do que nos foi dito se amorteça um pouco com o decorrer do tempo, nunca ela se perde por inteiro, salvo se foi coisa muito antiga ou se são palavras de favor ou instrução. Tratando-se, porém, de profecia, não há possibilidade de olvidar, em meu parecer; ao menos assim se dá comigo, embora tenha fraca memória.

8. Torno a dizer que se não for alma tão sem consciência para querer fingir – o que seria muito malfeito – e dizer que ouve não sendo assim, parece-me impossível que deixe de ver com clareza ser ela mesma quem compõe as palavras e

as profere no seu íntimo, sobretudo se alguma vez percebeu o espírito de Deus. Se nunca o percebeu, poderá toda a vida conservar-se enganada e imaginar que ouve, mas, confesso, não sei como pode ser isto. Com efeito, ou esta alma quer entender ou não. Se está sofrendo muito com o que ouve e não quisera ouvir nada em absoluto, por mil temores ou por outras muitas causas que há para desejar estar quieta em sua oração sem lhe sucederem tais coisas, como pode dar tanta folga ao entendimento para compor frases? Tempo é mister para isso. Quando é Deus que fala, ficamos ensinadas num instante entendendo coisas tais que pareceria preciso um mês para as imaginar. O próprio entendimento e a alma ficam espantados do muito que aprendem.

9. Isso é assim, e quem tiver experiência verá ser verdade tudo que expliquei, literalmente. Louvo a Deus porque o consegui declarar e termino dizendo que, se viessem do entendimento as palavras, penso que estaria em nossas mãos entendê-las quando quiséssemos e, até de cada vez que temos oração, poderíamos imaginar que as ouvimos. Mas com as outras não acontece assim; pelo contrário, passarei muitos dias na impossibilidade de entender alguma coisa, ainda que queira, e doutras vezes, não querendo, serei obrigada a entender.

Parece-me que quem quiser enganar aos outros dizendo que ouviu de Deus o que forjou por si mesmo, pouco lhe custa dizer que o percebe com os ouvidos corporais; e é certo que, na realidade, jamais pensei que houvesse outra maneira de ouvir ou de entender até que o vi por mim e, como disse, custou-me muito trabalho.

10. Quando o demônio é o autor, não deixa bons efeitos, antes, os deixa maus. Isto me aconteceu duas ou três vezes, não mais, e logo o Senhor me avisou ser obra do inimigo. Além de grande secura, sente a alma uma inquietação semelhante à que muitas vezes tem permitido o Senhor que me assalte por ocasião de violentas tentações e trabalhos interiores de diversos gêneros. Ainda que me atormente amiúde esse inimigo, como adiante direi, é uma inquietação que não se pode perceber

donde provém; parece que a alma resiste e se perturba e aflige sem saber por que, pois o que ele diz não é mau, senão bom. Tenho pensado se não será que um espírito percebe o outro. O gozo e deleite que dá é, a meu ver, sobremodo diferentes. Só poderia ele enganar com tais gostos a quem não tiver ou não houver tido outros de Deus.

11. Os verdadeiros deleites produzem uma consolação suave, forte, profunda, deliciosa, pacífica, sobremaneira diferente de umas miúdas devoções da alma que consistem em lágrimas e outros pequenos sentimentos, comparáveis a florezinhas que se desfolham no primeiro sopro de perseguição e nem sequer merecem o nome de devoções. São bons princípios estes santos sentimentos, mas insuficientes para se poder determinar se provêm do bom ou do mau espírito, de modo que convém andar sempre com grande cautela, porquanto pessoas que não estão mais adiantadas na oração e só chegaram a este ponto, poderiam ser enganadas se tivessem visões ou revelações.

Nunca tive coisa alguma destas últimas, enquanto o Senhor só por sua bondade não me deu oração de união. Excetuo a primeira vez da qual falei[42], quando há muitos anos vi Cristo e prouvera a Sua Majestade tivesse eu percebido que era verdadeira visão, como ora compreendo, pois muito bem me teria resultado. As palavras do demônio nenhuma doçura deixam, pelo contrário, sente-se a alma como apavorada e com grande tédio.

12. Tenho por muito certo que o demônio não enganará – nem lho permitirá Deus – a alma que em nada se fia de si e está fortalecida na fé e pronta a morrer mil vezes por uma só de suas verdades. Com esse amor à fé que logo Deus lhe infunde, tem uma convicção viva, robusta: sempre procura conformar-se com a doutrina da Igreja e pergunta a uns e outros, como quem já assentou sólidas bases nessas verdades e não se deixaria, por

---

42. Capítulo 7.

todas as revelações imagináveis, desviar no mínimo ponto do que ensina a Igreja, ainda que visse os céus abertos.

Se alguma vez, ao começar o demônio a tentá-la por primeiro movimento, se vir, no interior, vacilar nesta certeza ou chegar a dizer: "Pois se Deus me diz isto, também pode ser verdade, como o que dizia aos santos", asseguro que não o crerá, pois já se vê que o deter-se em tal pensamento é malíssimo. Creio mesmo que esses primeiros movimentos serão raros, em consequência da fortaleza na fé que costuma dar o Senhor à alma enriquecida dessas mercês. Sente-se ela capaz de esmagar os demônios pela mínima das verdades que a Igreja manda crer.

13. Digo que, se não vir em si essa fortaleza magnânima, e se a devoção ou visão não contribuir para a confirmar, não se tenha por segura. Ainda que não o sinta logo, o dano pouco a pouco poderia tornar-se considerável. O que tenho visto e sabido por experiência é que, nessas coisas, só fica a certeza de que procedem de Deus quando são conformes à Sagrada Escritura. Se desta se desviassem, por pouquinho que fosse, julgá-las-ia eu obra do demônio, com muito mais certeza, sem comparação do que agora tenho de que são de Deus, por grande firmeza que nisto sinta.

Em tal caso, não é mister andar em busca de sinais nem examinar o espírito, pois tão claro indício é este para provar que é coisa diabólica, que se, então, o movimento todo me assegurasse ser de Deus, não o creria. O fato é que, quando age o demônio, dir-se-ia que todos os bens se escondem e fogem da alma, de tal modo que fica esta desabrida e alvoroçada e sem nenhum bom efeito. Ainda que pareça produzir louváveis desejos, estes não são fortes; a humildade que deixa é falsa, agitada e sem suavidade. Penso que quem tiver experiência do bom espírito o entenderá.

14. Contudo, pode o demônio usar de muitos embustes de modo que, neste ponto, não há coisa tão certa que o mais seguro não seja temer, ir sempre com cautela, ter diretor que seja

letrado e não lhe calar coisa alguma. Ao assim fazer, nenhum dano pode lhe vir, ainda que a mim vieram inúmeros, por certos temores excessivos a que algumas pessoas estão sujeitas.

Em particular, aconteceu uma vez que se reuniram para uma consulta a meu respeito muitos aos quais eu, com razão, dava imenso crédito. Embora já tratasse só com um, por sua ordem falava às vezes a outros e todos entre si conferenciavam em demasia quanto a meu remédio, pois me tinham grande amor e temiam ver-me enganada. Eu também vivia com ingente temor quando não estava em oração, pois estando nela e fazendo-me o Senhor alguma mercê, logo me tranquilizava. Eram uns cinco ou seis, creio, todos muito servos de Deus, e disse-me meu confessor que todos tinham por certo que era demônio e determinaram que eu não comungasse tão a miúdo e procurasse distrair-me, a fim de evitar a solidão.

Era eu medrosa em extremo, como disse, em parte por causa da doença de coração; incontáveis vezes, em pleno dia não ousava estar sozinha numa sala. Vendo que tantos o afirmavam e eu não podia crer, deu-me imenso escrúpulo, parecendo-me pouca humildade. Com efeito, sendo todos letrados, de vida, decerto incomparável, mais virtuosa que eu, por que não lhes havia de dar crédito? Esforçava-me o mais possível para acreditar no que diziam e pensava na minha ruim vida, procurando convencer-me de que, por esta causa, devia ser verdade.

15. Saí da igreja com esta aflição e entrei num oratório. Havia muitos dias que estava sem comungar, privada da solidão que era todo meu consolo, sem ter com quem desabafar porque todos eram contrários a mim. Quando falava, uns zombavam, julgando tudo fantasia; outros avisavam ao confessor que se guardasse de mim; outros diziam que era por certo obra do demônio. Só o confessor, embora parecendo conformar-se com eles para me provar, como depois vim a saber, sempre me consolava. Dizia-me que não ofendendo eu a Deus ainda que fosse obra do demônio, nenhum mal me poderia fazer e afinal tudo passaria. Mandava-me que o rogasse muito a Deus, e ele

e todas as pessoas a quem confessava, além de muitas outras, o pediam com instância. Quanto a mim, toda a minha oração era para que Sua Majestade me levasse por outro caminho e ele pedia a quantos tinha em conta de servos de Deus. Durou não sei se dois anos esse contínuo suplicar ao Senhor.

16. Nada era bastante para meu consolo quando pensava que era possível falar-me o demônio tantas vezes. Deixei de tomar horas de soledade para a oração, mas no meio de qualquer conversa me fazia o Senhor entrar em recolhimento e, sem que lhe pudesse resistir, dizia-me o que era servido e eu era obrigada a ouvi-lo, ainda contra a minha vontade.

17. Ao estar, pois, sozinha no oratório, sem ter com quem desabafar, não podia rezar, nem ler, como aterrada de tanta tribulação; com temor de ser enganada pelo demônio; toda agitada e aflita, sem saber o que ia ser de mim. Em semelhante aflição me vi algumas e até muitas vezes, mas creio que nunca chegou a tal extremo. Estive assim quatro ou cinco horas a deixar-me o Senhor padecer, não havia para mim consolo no céu nem na Terra, temia mil perigos. Ó meu Senhor, como sois Vós o amigo verdadeiro! Sois poderoso; quando quereis, podeis, e nunca deixais de amar os que vos amam! Louvem-vos todas as criaturas, Senhor do mundo! Oh! Quem pudera ir por todo o universo, bradando e dizendo quão fiel sois a vossos amigos! Vêm a faltar todas as coisas, Vós, Senhor de todas elas, nunca faltais. Deixais pouco padecer os que vos amam. Ó Senhor meu, quão delicada, polida e com sabor sabeis tratá-los! Oh! Quem jamais se houvera detido em amar a alguém fora de Vós! Parece, Senhor, que provais com rigor quem vos ama para que, no extremo do sofrimento, perceba-se o extremo maior de vosso amor. Ó Deus meu, quem tivera inteligência, letras e palavras nunca ouvidas, para encarecer vossas obras como as concebe minha alma! Falta-me tudo, Senhor meu, mas se Vós não me desampararáes, não vos faltarei eu a Vós. Levantem-se contra mim todos os letrados; persigam-me todas as criaturas; atormentem-me os demônios e não me falteis Vós, Senhor,

porque já tenho experiência do lucro com que tirais a salvo a quem só em Vós confia.

18. Ao estar, pois, nessa grande aflição, não tendo ainda começado a ter visões, só estas palavras que ouvi bastaram para me tirar toda pena, dando-me inteira paz: *Não tenhas medo, filha, sou Eu, e não hei de te desamparar; não temas*. No estado em que me via, penso que seria preciso o trabalho de muitas horas para me restituir o sossego, e ninguém seria capaz de o conseguir.

E eis-me aqui, só com as sobreditas palavras, sossegada, com fortaleza, com ânimo, com segurança, com tal quietação e luz que, num momento, vi minha alma transfigurada, parecendo-me que sustentaria contra todo o mundo ser Deus quem me falava. Oh! Que bom Deus! Que bom Senhor, e quão poderoso! Dá não só o conselho senão o remédio. Suas palavras são obras. Oh! Valha-me Deus, e como fortalece a fé e aumenta o amor!

19. É isto tão certo que inúmeras vezes me recordava de quando mandou o Senhor aos ventos que estivessem quietos, tendo-se desencadeado a tempestade no mar. Dizia eu também: Quem é este, tão poderoso que assim lhe obedecem todas as minhas potências, num momento faz raiar a luz em tão grande obscuridade, torna brando um coração que parecia de pedra e dá água de suaves lágrimas onde deveria prolongar-se por muito tempo a seca? Quem infunde estes desejos? Quem dá este ânimo? Que pensamentos foram os meus? De que tenho medo? Que é isto? Desejo servir a este Senhor, não tenho outra ambição senão contentá-lo, não quero contentamento nem descanso nem outro bem, senão fazer sua vontade. Disto estava muito certa e, em meu parecer, podia afirmá-lo. Se este Senhor é poderoso como vejo e sei que é, se são seus escravos os demônios, e disto não há dúvida, pois é de fé – que mal podem eles me fazer, sendo eu serva deste Senhor e Rei? Por que não hei de ter fortaleza para combater com todo o inferno?

Tomava na mão uma cruz e parecia, de fato, dar-me Deus tal ânimo que me vi outra em breve tempo e não temera enfrentá-los e lutar com eles, certa de que a todos com facilidade venceria com aquela cruz, e assim dizia: Agora vinde todos, que, sendo eu serva do Senhor, quero ver o que me podeis fazer.

20. É indubitável que mostravam temer-me, porque fiquei sossegada e tão sem receio de todos eles, que me vi livre até hoje dos medos de que costumava ter. Depois ainda os vi algumas vezes, como adiante direi, mas quase os não temia, antes, eram eles que pareciam temer-me.

Ficou-me tal poderio contra todos, dádiva bem manifesta do Senhor de quem são escravos, que não faço mais caso deles do que de moscas. São tão covardes, acho eu, que, vendo-se desprezados, perdem toda força. Não sabem estes inimigos acometer de rijo senão a quem se lhes rende com franqueza, a não ser quando Deus, para maior bem de seus servos, permite-lhes que os tentem e aflijam.

Prouvera a Sua Majestade que temêssemos a quem havemos de temer, e compreendêssemos que nos pode vir maior dano de um só pecado venial, do que de todo o inferno junto, pois é a pura verdade.

21. Se nos amedrontam os demônios, é porque nós mesmos queremos apavorar-nos, com apegos às honras, bens e deleites. Juntam-se então a nós, porque também nos somos contrários – visto estarmos a amar e querer o que devemos aborrecer – e nos causam muito dano. Neste caso somos nós que lhe pomos nas mãos as armas com que nos havíamos de defender, para que, na peleja, as virem contra nós. Esta é a grande lástima. Se, pelo contrário, tudo aborrecemos por Deus, nos abraçamos com a cruz e tratamos de o servir, decerto foge destas verdades o demônio como quem foge da peste. É amigo das mentiras, ou, antes, é a mentira em si mesma. Não fará pacto com quem anda no caminho da verdade.

Quando vê obscurecido o entendimento, então é que ajuda com formosura a dar cabeçadas. Com efeito, se vê que alguém já está cego em colocar seu descanso em coisas vãs, e tão vãs como são as deste mundo, que parecem brinquedos de crianças, logo conhece que este é menino, e assim o trata como tal e atreve-se a lutar contra ele uma e muitas vezes.

22. Praza ao Senhor que não seja eu deste número, e que me favoreça Sua Majestade para ter por descanso o que é descanso, por honra o que é honra, por deleite o que é deleite, mas tudo ao revés; e ... uma *figa* a todos os demônios, pois serão eles os que temerão a mim. Não compreendo tantos temores. Por que dizer: demônio! demônio! se o podemos fazer tremer dizendo: Deus! Deus! Sim, pois sabemos que, se não lho permite o Senhor, não pode sequer mover-se. Que é isto? É irrefragável que, mais do que ao próprio demônio, receio aos que tanto o temem, porquanto ele nenhum mal pode fazer-me, e estes, mormente se são confessores, inquietam muito. Passei, por este motivo, tão grande tormento durante alguns anos que agora me admiro de ter podido suportá-lo. Bendito seja o Senhor que tão deveras acudiu em meu auxílio!

CAPÍTULO 26

Prossegue na mesma matéria. Declara e narra certos acontecimentos que a levavam a perder o temor e a afirmarque era bom espírito o que lhe falava.

1. Considero uma das grandes mercês que me tem feito o Senhor este ânimo que me deu contra os demônios; porque andar uma alma acovardada e receosa de alguma coisa que não seja ofender a Deus é demasiado inconveniente, pois temos Rei todo-poderoso e tão grande Senhor, que tudo pode e a todos submete. Não há o que temer, como disse, se andamos com verdade e com limpa consciência na presença de Sua Majestade. Para isto, repito, quisera todos os temores para não ofender no mínimo ponto aquele que, de imediato, nos pode aniquilar; pois, contente Sua Majestade, não há adversário que não saia confuso.

Poder-se-ia afirmar que assim é, mas quem será essa alma tão reta que de todo se contente e, por isso, o tema? Por certo, não será a minha, que é muito miserável, sem proveito e cheia de mil misérias; contudo, Deus leva em conta nossas fraquezas e não é rigoroso como os homens; aliás, por grandes conjecturas sente a alma se o ama de verdade, pois em quem chega a este grau, não anda o amor dissimulado como nos princípios, senão com grandes ímpetos e desejos de ver a Deus, como já disse, ou direi depois: tudo cansa, tudo fatiga, tudo atormenta. Se não é com Deus ou por Deus, não há descanso que não lhes seja cansaço, porque se veem privadas de seu verdadeiro repouso. É, pois, coisa muito evidente e que não sofre dissimulação.

2. Aconteceu-me, outras vezes, a respeito de certo negócio[43] que depois relatarei, ver-me acabrunhada com grandes tribulações e murmurações de quase toda a cidade onde estou e de minha ordem, e, aflita, com muitas ocasiões que havia para me inquietar, disse-me o Senhor: Que temes? Não sabes que sou poderoso? Cumprirei o que te prometi. Com efeito, tudo depois se cumpria, ficando eu logo com tal fortaleza, que novamente me animaria a empreender outras coisas para o servir, ainda que me custassem maiores trabalhos, e me expusessem a novos padecimentos.

Isto ocorreu tantas vezes, que não as poderia contar. Repreendia-me e repreende-me ainda amiúde quando incido em imperfeições, de tal modo que a alma fica aniquilada. Ao menos essas repreensões trazem consigo a emenda, porque Sua Majestade, como já disse, dá o conselho e o remédio. Em outras ocasiões, traz-me o Senhor à memória os pecados passados, mormente quando quer fazer-me alguma assinalada mercê. Então, já parece à alma ver-se no verdadeiro juízo; porque a verdade se lhe apresenta com tamanha clareza que não sabe onde se há de esconder. Por vezes, avisa-me de haver perigos para mim e para outras pessoas. Muitos acontecimentos me foram anunciados três ou quatro anos antes, e sempre se realizaram. Poderia indicar alguns.

Assim, tantas provas há de virem de Deus tais palavras que, a meu ver, não se pode deixar de reconhecer a sua ação.

3. O mais seguro é o que faço: não deixo de comunicar toda a minha alma e as mercês que o Senhor me faz a algum confessor que seja letrado, e a este obedeço. Sem isso, não teria sossego, tampouco é razoável que o tenhamos, nós, que somos mulheres e sem letras. Aqui não pode haver dano, senão muitos proveitos. Isto me tem dito o Senhor diversas vezes.

---

43. A fundação do Convento de São José de Ávila.

Tinha eu um confessor que me mortificava muito e, em certas ocasiões, chegava a afligir-me e dar-me grande tormento, porquanto me inquietava em demasia. Contudo, foi, em meu parecer, aquele com quem mais aproveitei. Ainda que lhe votasse muito afeto, tinha algumas tentações de o deixar, parecendo-me que me impediam de fazer oração aqueles pesares que ele causava. Cada vez que me resolvia a isso, era-me dito logo que não o fizesse, com uma repreensão que me aniquilava mais do que tudo quanto fazia o confessor. Algumas vezes ficava acabrunhada: discussão dum lado, repreensão de outro! E tudo, no entanto, me era necessário, tão pouco dobrada tinha a vontade.

Disse-me numa ocasião o Senhor: não é obediente quem não está determinado a padecer; pusesse eu os olhos no que Ele havia padecido, e tudo se me tornaria fácil.

4. Certa vez, um sacerdote, que, aos princípios, me havia confessado, aconselhou-me que, visto já estar provado ser bom espírito o que me dirigia, calasse e não desse mais parte a ninguém do meu interior, porque nessas coisas o melhor é calar. Não me pareceu mau o conselho, porquanto sentia tanto, sempre que as dizia ao confessor e ficava tão envergonhada, que chegava a custar-me muito mais contá-las do que confessar pecados graves. Em especial, se eram grandes mercês parecia-me que não me haviam de crer e que zombariam de mim. Sentia tanto isso, por me parecer desacato às maravilhas de Deus, que, por esta razão, quisera guardá-las secretas. Compreendi então que tinha sido muito mal aconselhada por aquele confessor, e de nenhum modo devia calar coisa alguma a quem me confessava, porque nisto havia grande segurança e, ao fazer o contrário, poderia alguma vez enganar-me.

5. Sempre que o Senhor me determinava uma coisa na oração e o diretor me dizia outra, tornava o mesmo Senhor a falar, ordenando-me que obedecesse ao seu representante; depois, Sua Majestade o trocava, para que me desse nova ordem conforme à sua.

Quando se proibiu a leitura de vários livros em língua vulgar, senti-o muito, porque me deleitava em ler alguns e já não poderia mais fazê-lo sendo em latim os permitidos. Disse-me o Senhor: Não tenhas pena, que te darei livro vivo. Não pude entender o sentido dessas palavras, pois ainda não tinha tido visões. Poucos dias depois o entendi muito bem, visto que tenho achado tanto em que pensar e em que me recolher no que via presente, e o Senhor tem tido tanto amor comigo, ensinando-me de várias maneiras, que muito pouca, ou quase nenhuma necessidade, tenho de livros. Sua Majestade tem sido o livro verdadeiro em que tenho visto as verdades. Bendito seja o tal livro, que deixa impresso o que se há de ler e fazer, de maneira que não se pode olvidar! Quem pode contemplar o Senhor coberto de chagas e aflito com perseguições, sem que as abrace, ame e deseje? Quem, ao ver algum vislumbre da glória que dá aos que o servem, não reconhecerá ser nada tudo quanto se pode fazer e padecer, pois tal prêmio esperamos? Quem pode olhar os tormentos que passam os réprobos sem que se lhe tornem deleites todos os tormentos cá da terra em sua comparação, e sem que reconheçam o muito que devem ao Senhor, por tantas vezes os ter livrado daquele lugar?

6. Como, porém, com o favor de Deus, falarei mais acerca deste assunto, quero ir adiante no processo de minha vida. Praza ao Senhor que tenha sabido explicar-me nisto que ficou dito. Bem creio que quem tiver experiência entenderá e verá que logrei dizer alguma coisa. Quem não a tiver, não estranharei que tenha tudo por desatino. Basta ser dito por mim, para ficar desculpado quem assim julgar, e não o culparei eu.

Conceda-me o Senhor a graça de atinar com o cumprimento de sua vontade. Amém.

CAPÍTULO 27

Trata de outro modo de ensinar o Senhor à alma, dando-lhe a conhecer de forma admirável a sua vontade. Relata também a grande mercê que lhe fez o Senhor, duma visão não imaginária. É muito importante este capítulo.

1. Torno, pois, à narração da minha vida. Andava eu acabrunhada de penas e fazendo muitas orações – como já disse – para que o Senhor me levasse por outro caminho, visto que afirmavam ser tão suspeito o que eu seguia. Verdade é que, embora o suplicasse a Deus e muito fizesse por desejar outro caminho, ao ver tão melhorada a minha alma, não estava em minhas mãos ter tal desejo apesar de sempre o pedir, exceto algumas vezes em que me sentia atormentada pelo que me diziam e pelos receios que me inspiravam. Vendo-me por inteiro transformada, como podia desejar outra coisa? O que fazia era pôr-me nas mãos de Deus, pedindo-lhe que, pois sabia o que me convinha, cumprisse em mim sua vontade em tudo.

Via eu que pelo atual caminho era levada para o céu e que, pelo outro, ia para o inferno. Forçar-me a desejar este e crer que era demônio, eis o que eu não conseguia, nem estava em minhas mãos, embora fizesse o possível para o crer e desejar. Pus-me a oferecer nesta intenção tudo quanto fazia em matéria de boas obras. Recorria aos santos de minha devoção para que me livrassem do demônio. Fazia novenas; encomendava-me a São Hilarião, ao anjo São Miguel, a quem por esta causa tomei nova devoção; e a muitos outros santos importunava para que me mostrasse o Senhor a verdade, isto é, para que o alcançassem de Sua Majestade.

2. Ao cabo de dois anos em que andei com toda esta oração minha e de outras pessoas na intenção de que o Senhor me levasse por outro caminho ou manifestasse a verdade, porque eram muito contínuas as falas do Senhor a que me referi, aconteceu-me o seguinte. Estando em oração no dia do glorioso São Pedro, vi Cristo junto de mim, ou, por melhor dizer – pois nada vi com os olhos do corpo nem com os da alma –, senti e tive a impressão de o ter ao meu lado. Por íntima convicção via que era Ele quem me falava. Eu, como estava muito longe de ter conhecimento de semelhantes visões, fui a princípio acometida de grande temor e não fazia senão chorar; contudo, ao ouvir do Senhor uma só palavra de segurança, ficava no meu estado habitual, tranquila, consolada e sem temor algum. Parecia-me andar Cristo sempre a meu lado; sentia com demasiada clareza estar Ele sempre à minha direita e testemunhar todos os meus atos, mas não via em que forma, por não ser visão imaginária. Não havia ocasião em que me recolhesse um pouco, ou não estivesse muito distraída, que não o sentisse junto de mim.

3. Fui logo a meu confessor para lhe dar parte de tudo, bem aflita. Perguntou-me em que forma o via. Respondi-lhe que não percebia forma alguma. Indagou, então: Como podia eu saber que era Cristo? Tornei-lhe que não sabia como, mas não podia deixar de entender que o tinha junto de mim; via e sentia isto com clareza; o recolhimento da alma era muito maior, em oração de quietação muito contínua, com efeitos deveras superiores aos que costumava ter; tratava-se de coisa muito evidente. Procurei acumular comparações para dar a entendê-lo, mas, nesta maneira de visão, é certo – em meu parecer – que nenhuma se enquadra com perfeição. É das mais altivas, segundo me disse depois um varão santo e deveras espirituoso, chamado Frei Pedro de Alcântara, de quem adiante farei menção. Tenho ouvido de outros grandes letrados que,

entre todas, é a visão em que menos se pode intrometer o demônio. Não há termos com que nós, mulheres de pouco saber, possamos descrevê-la. Os doutos muito melhor a explicarão. Se digo que nem com os olhos do corpo nem com os da alma o vejo – porquanto não é visão com imagem –, como percebo e afirmo que está o Senhor junto de mim, com mais clareza do que se o visse? Não se ajusta bem a comparação se eu disser que é como uma pessoa que está às escuras ou é cega e não vê outra que se acha ao seu lado. Há alguma semelhança, mas não muita, porque em tal caso é possível percebê-la com os sentidos, ouvi-la falar ou mexer-se, ou mesmo tocá-la. Aqui nada disto há, nem reina escuridão; a alma percebe o Senhor por uma notícia mais clara do que o sol. Não digo que se veja sol ou claridade, mas uma luz que, sem manifestação sensível, ilumina o entendimento para que a alma goze de tão grande bem. Traz consigo imensos benefícios.

4. Não é como uma presença de Deus sentida inúmeras vezes, em especial, pelos que têm oração de união e de quietação. Nesta, assim que começamos a orar, parece que achamos com quem falar e entendemos que nos ouve, pelos efeitos e sentimentos espirituais que experimentamos de grande fé e amor, com várias determinações acompanhadas de ternura. Esta é grande mercê de Deus, e quem a receber a tenha em grande apreço, porque é mui subida oração; mas não é visão. É pelos efeitos que produz na alma, como disse, que se percebe que ali está Deus, porquanto Sua Majestade quer dar-se a sentir por esse modo. Aqui, vemos com evidência que está presente Jesus Cristo, filho da Virgem. Na oração de que falei primeiro, representam-se umas influências da divindade; cá, junto a elas, vemos que também nos acompanha e nos quer fazer mercês a humanidade sacratíssima.

5. Perguntou-me ainda o confessor: Quem disse que era Jesus Cristo? – Ele mo diz diversas vezes, respondi; mas antes que mo dissesse já em meu entendimento se tinha imprimido que era Ele. Nas mercês recebidas dantes, embora mo

afirmasse, eu não o via. Se uma pessoa que eu nunca houvesse visto e só conhecesse pela fama viesse falar-me, estando eu cega ou em grande escuridão, e me dissesse quem era, crê-lo-ia, mas não com tanta certeza o poderia afirmar, como se a visse. Aqui, sim; sem que se veja, imprime-se tão clara notícia, que não parece possível haver vacilação. Quer o Senhor que fique isto tão impresso no entendimento, que não se pode duvidar; é tanta a certeza como de coisa que se viu, e ainda mais; porquanto algumas vezes nos fica suspeita de ter sido imaginação o que vimos, mas aqui, ainda que de passagem ocorra algum receio, fica, por outro lado, tão grande convicção que não tem força a dúvida.

6. Assim acontece também com outra maneira pela qual Deus ensina a alma e lhe fala sem palavras, do modo que fica dito. É uma linguagem tão do céu que mal se pode dar a entender aqui, por mais que se queira explicar, se o Senhor não o ensina por experiência. Põe Sua Majestade muito no interior da alma o que lhe quer dar a entender, e aí lho representa, sem imagem e sem palavras formuladas, senão pelo mesmo modo dessa visão que fica dita. E note-se muito essa maneira de fazer Deus que entenda a alma o que Ele quer, revelando-lhe grandes verdades e mistérios; porque muitas vezes quando o Senhor me explica alguma visão que se dignou a conceder-me é por esse modo que me faz entendê-la. Parece-me que é onde menos o demônio se pode intrometer, pelas razões ditas. Se não são boas, devo estar enganada.

7. É coisa tão somente espiritual esse modo de visão e de linguagem, que nenhum movimento há nas potências e nos sentidos do qual o demônio possa tirar partido. Isso sucede algumas vezes e com brevidade; noutras ocasiões, bem me parece que não estão suspensas as potências, nem tirado o uso dos sentidos, antes, estão muito em si, pois não é sempre durante a contemplação que acontece isso, senão, pelo contrário, mui de quando em vez. Quando assim é, porém, digo que nada agimos por nós mesmos, tampouco fazemos algo: tudo parece obra do Senhor.

É como se víssemos já posto o manjar no estômago sem o termos comido nem sabermos quem aí o pôs, mas percebendo bem que nele está. Entretanto, em tal caso, não se saberia qual o manjar, nem quem o trouxe; aqui o sabemos; mas, como o puseram em mim, não o sei, pois nem o vi, nem o entendo, nem jamais pensara desejá-lo, nem a meu conhecimento tinha vindo que isso pudesse acontecer.

8. Na fala de que antes tratamos, faz Deus que o entendimento esteja atento, embora lhe pese, e compreenda o que se lhe diz. Parece que a alma tem outros ouvidos com que ouve e é obrigada a escutar, sem se distrair. É como uma pessoa que ouvisse bem e a quem não consentissem tapar os ouvidos; se lhe falassem de perto e em altas vozes, entenderia, ainda que não quisesse. E, enfim, alguma coisa faz de sua parte, pois está atenta para entender o que lhe falam. Aqui não há concurso algum; até o pouco que fazia nas falas passadas, que consistia em só escutar, lhe é tirado. Tudo encontra guisado e comido; nada lhe resta a fazer senão gozar. É como alguém que, sem ter aprendido nem trabalhado nada para saber ler, nem tampouco estudado coisa alguma, achasse em si adquirida toda a ciência, sem saber como e donde lhe veio, pois jamais se esforçou nem sequer para aprender o abecê.

9. Esta última comparação parece-me explicar em parte esse dom celestial, porquanto, dum momento para outro, a alma se vê sábia e tão instruída acerca do mistério da Santíssima Trindade e outras coisas muito excelsas, que não há teólogo com quem não se atrevesse a disputar acerca da verdade dessas grandezas. Fica tão espantada que basta uma mercê dessas para a transformar por inteiro e fazer que já não ame senão a Deus, pois bem vê que, sem cooperação alguma de sua parte, a torna Ele capaz de tão grandes bens, comunica-lhe tais segredos e a trata com tanta ternura e amor que não se podem descrever. Com efeito, algumas mercês chegam a causar suspeita, por serem tão admiráveis e feitas a quem tão pouco as tem merecido, que, se não houver fé muito viva,

não se poderão crer. Assim é que tenciono referir poucas das que o Senhor me tem feito, se não me mandarem outra coisa. Direi apenas que algumas visões podem ser de proveito para que não se surpreenda quem as receber de Deus, parecendo-lhe impossíveis, como fazia eu; servirão também para explicar o modo e caminho por onde o Senhor me tem levado, porque é o que me mandam escrever.

10. Tornando agora a esta maneira de entender, parece-me que de todos os modos quer o Senhor dar a esta alma alguma notícia do que se passa no céu. Assim como lá não há necessidade de palavras para todos se entenderem – o que não sabia até quando o Senhor, por sua bondade, quis que eu o visse, mostrando-mo num arroubamento –, assim acontece aqui; entendem-se Deus e alma, só porque assim o quer Sua Majestade. Sem outro artifício, esses dois amigos manifestam, um ao outro, o recíproco amor que têm. É como, no mundo, quando duas pessoas se querem muito e têm bom entendimento; até sem sinais, só com o olhar uma a outra, parece que se compreendem. É, se não me engano, o que se passa aqui; sem o vermos nós, esses dois amantes se fitam, face a face, segundo diz o esposo à esposa nos Cânticos. Ao que creio, ouvi citar este trecho[44].

11. Ó benignidade admirável de Deus, que assim vos deixais olhar por uns olhos que se empregaram em tanto mal, como são os de minha alma! Com vos verem, ficam já acostumados, Senhor, a não olhar coisas baixas, nem achar contentamento algum fora de Vós. Ó ingratidão dos mortais! A que ponto hás de chegar? Sei por experiência ser verdade isto que digo, e ser bem pouco o que se pode dizer do que fazeis com uma alma que elevais a tal estado. Ó almas que haveis começado a ter oração e vós que tendes verdadeira fé! Que bem podeis buscar, ainda tendo em vista só a felicidade nesta vida, que seja como o menor destes, sem falar no que se ganha para a eternidade?

---

44. Ct 4,9.

12. Vede ser muito certo que Deus se dá aos que tudo deixam por Ele. Não faz acepção de pessoas, a todos ama; ninguém se pode escusar, por pior que seja, pois que o Senhor assim fez comigo, trazendo-me a tal estado. Sabei que é como zero o que digo, em comparação do que se pode dizer; só menciono o necessário para fazer compreender esse gênero de visão e mercê que faz Deus à alma; mas não posso exprimir o que se sente quando o Senhor dá a entender segredos e grandezas suas. É deleite tão superior a tudo que se pode conceber na terra, que com bem razão faz aborrecer os gozos da vida. Não são mais que cisco, todos juntos. Tenho até asco de os tomar aqui por termo de comparação, ainda quando se pudesse gozar deles sem fim. E que direi destes que dá o Senhor? Não são mais que uma só gota do rio caudaloso que nos está aparelhado.

13. Digo-o para vergonha nossa. Sim, por certo, envergonho-me de mim; e, se pudera haver confusão no céu, eu lá estaria mais confusa que ninguém. Por que havemos de querer tantos bens e deleites e glórias sem fim, tudo tão só à custa do bom Jesus? Não choraremos sequer com as filhas de Jerusalém, já que não o ajudamos a levar a cruz como o Cireneu? Com prazeres e passatempos havemos de gozar do que Ele nos ganhou à custa de tanto sangue? É impossível. E com honras vãs pensamos reparar um desprezo como o que Ele sofreu a fim de adquirirmos um reino eterno? Não tem cabimento. Errado, errado vai o caminho: nunca chegaremos lá.

Apregoe sobremodo Vossa Mercê essas verdades, pois Deus me tirou a mim esse direito. Quisera de contínuo apregoá-las a mim mesma; e tão tarde o ouço, tão tarde o entendi de Deus, como se verá no que escrevi. É para mim grande confusão falar nessas coisas, de modo que quero calar-me; só direi o que algumas vezes considero. Praza ao senhor pôr-me em estado em que possa gozar de tanto bem!

14. Que glória acidental será e que contentamento o dos bem-aventurados que já disso gozam quando virem que, em-

bora tarde, não deixaram de fazer por Deus coisa que estivesse a seu alcance, e, por todos os modos possíveis, nada lhe negaram de acordo com suas forças e com seu estado! Quem mais tiver feito, maior glória terá. Quão rico se achará o que todas as riquezas deixou por Cristo! Quão honrado o que por Ele não quis honras, antes gostou de se ver muito abatido! Quão sábio o que folgou de ser tido por louco, pois assim chamaram a mesma sabedoria! Quão poucos destes agora há, por nossos pecados! Sim, sim, parece que se acabaram os que o mundo tinha por loucos, vendo neles obras heroicas de verdadeiros amantes de Cristo! Ó mundo, mundo, como vais ganhando honra, em razão de haver poucos que te conheçam!

15. Mas, pensamos talvez que é mais serviço de Deus sermos tidos por sábios e por discretos. Deve ser, deve ser, a julgar pela discrição que está em voga. Logo imaginamos que é de pouca edificação não andar com muita compostura e autoridade, cada um segundo seu estado. Até o frade, o clérigo, a monja imaginarão que trazer roupa velha e remendada é novidade, é dar escândalo aos fracos. O mesmo dizem de estar muito recolhido e ter oração! De tal forma está o mundo e tão olvidadas estão as coisas de perfeição dos grandes ímpetos que tinham os santos. Penso que mais dano faz isso e mais contribui para as desventuras que se veem nos nossos tempos do que causariam escândalos os religiosos dando a entender por obras, como o dizem por palavras, o nenhum caso que se há de fazer do mundo, pois desses escândalos tira o Senhor grandes proveitos. E se uns se escandalizam, outros entram em si e têm remorsos. Prouvera a Deus, se visse ao menos um debuxo de como viveu Cristo com seus Apóstolos, pois agora, mais do que nunca, é necessário.

16. E que bom imitador seu nos levou o Senhor agora, chamando a si o bendito Frei Pedro de Alcântara! O mundo já não é capaz de suportar tanta perfeição. Dizem que estão as saúdes mais fracas e que mudaram os tempos. Esse santo homem viveu em nossos dias; tinha o espírito alentado, como

os santos doutros tempos, e assim trazia o mundo debaixo dos pés. Ainda que não andemos descalços, nem façamos tão áspera penitência como ele, muitas coisas há, como tenho dito por várias vezes, em que se pode também desprezar o mundo; e o Senhor no-lo ensina quando vê ânimo. E que grande coragem deu Sua Majestade ao referido santo, para durante quarenta e sete anos fazer tão áspera penitência, como todos sabem. Quero dizer a esse respeito alguma coisa, e sei que é a pura verdade.

17. Disse-o a mim e a outra pessoa para quem não tinha segredos. A causa de mo dizer era a afeição que me tinha, porquanto o Senhor lha quis dar para que tomasse minha defesa e me animasse em tempo de tanta necessidade, como já disse e direi ainda. Parece-me que foram quarenta anos os que me contou ter passado adormecido só hora e meia entre a noite e o dia. Vencer o sono foi, de todas as penitências, a que mais lhe custou nos princípios e, para isto, estava sempre de joelhos ou de pé. Quando dormia, era assentado com a cabeça arrimada a um pedaço de madeira que tinha pregado à parede. Deitar-se, ainda que quisesse, não podia, porque sua cela, como é sabido, não tinha mais de quatro pés e meio de comprimento.

Em todos esses anos jamais se cobriu com o capuz, por grandes soalheiras e aguaceiros que houvesse; não trazia calçado nos pés, nem vestia senão um hábito de saial, sem outra roupa sobre a carne, e esse hábito, tão estreito quanto podia ser, com um manto pequeno do mesmo pano por cima. Contou-me que tirava este nos grandes frios e deixava a porta e o postigo da cela abertos, para depois, pondo de novo o manto e fechando a porta, contentar o corpo e fazê-lo sossegar com mais abrigo. Comer só no fim de três dias era-lhe muito ordinário. E perguntou-me por que razão me espantava, pois era muito possível a quem o tivesse por costume. Disse-me um companheiro seu que acontecia a esse santo passar oito dias sem comer. Devia ser estando em oração, pois tinha grandes arroubamentos e ímpetos de amor de Deus, como uma vez presenciei.

18. Sua pobreza era extrema. Foi tal sua mortificação na mocidade que, segundo me contou, havia lhe acontecido estar três anos numa casa de sua ordem sem conhecer frade algum a não ser pela fala, porquanto jamais levantava os olhos. Não sabia ir aos lugares nos quais o chamava o dever, a não ser ao andar atrás dos outros religiosos. O mesmo lhe acontecia pelos caminhos. Jamais olhou mulher alguma durante muitos anos. Dizia-me que já nada se lhe dava de ver, ou não ver; mas era muito velho quando o vim a conhecer, e tão extrema sua fraqueza, que parecia feito de raízes de árvores.

Com toda essa santidade, era muito afável, embora de poucas palavras, a menos que fosse interrogado. Sua conversação era mui agradável porque tinha espírito encantador. Outras coisas quisera mencionar, mas receio que Vossa Mercê pergunte por que me meto em tal assunto, e já foi com temor que escrevi. E assim concluo dizendo que foi seu fim semelhante à sua vida, pois morreu pregando e admoestando a seus religiosos. Quando viu que estava nas últimas, disse o salmo *Laetatus sum in his quae dicta sunt mihi*[45], e, posto de joelhos, expirou.

19. Depois, tem o Senhor permitido que com ele me ache mais do que em sua vida, e seja aconselhada por ele em diversos pontos. Tenho-o visto várias vezes em imensa glória. Na sua primeira aparição, além de outras coisas, disse-me que bem-aventurada era a penitência que lhe granjeara tal prêmio. Um ano antes de morrer, ao estar ausente, apareceu-me. Tive revelação de que estava próxima sua morte, e mandei-lhe aviso, a algumas léguas daqui. Ao expirar, apareceu-me e disse-me que ia entrar no seu descanso. Não acreditei e contei-o a algumas pessoas. No fim de oito dias, veio a notícia de que morrera ou, para melhor dizer, começara a viver para sempre.

20. Ei-la, pois, acabada, essa aspereza de vida, com tão grande glória! Parece-me que muito mais me consola do que

---

45. Sl 121: "Alegrei-me com o que me foi dito".

quando estava na Terra. Disse-me uma vez o Senhor que não lhe pediriam coisa em nome desse santo que não a concedesse. Muitas que eu lhe tenho encomendado para que as peça ao Senhor tenho visto cumpridas. Seja Ele bendito para sempre. Amém.

21. Mas para que falar e estimular a Vossa Mercê a não fazer caso das coisas desta vida, como se não o soubesse, ou não estivesse já determinado a deixar tudo, pois até o pôs por obra? É que vejo tanta perdição no mundo que é descanso para mim dizer isto, embora a ninguém aproveite e só sirva para me dar cansaço o escrevê-lo. Contra mim é tudo o que digo. Perdoe-me o Senhor o que o tenho ofendido neste ponto; e perdoe-me Vossa Mercê que o canse sem motivo. Dir-se-ia querer que eu faça penitência pelo que pequei nesta matéria.

CAPÍTULO 28

Em que narra as grandes mercês que lhe concedeu o Senhor, e como este lhe apareceu pela primeira vez. Declara o que é visão imaginária, os grandes efeitos e sinais que deixa quando é de Deus. Este capítulo é muito útil e importante.

1. Tornemos ao nosso propósito. Passei alguns dias, poucos, com a visão intelectual a que me referi, muito contínua. Causava-me tanto proveito que vivia numa oração não interrompida; e em tudo quanto fazia, procurava que fosse de modo a não descontentar aquele que o estava presenciando, como eu via com clareza. Por vezes, é verdade, tinha temor pelo muito que me assustavam, mas durava pouco, porque o Senhor me tranquilizava.

Certo dia, em oração, quis o Senhor mostrar-me só as mãos, de tanta formosura que me seria impossível descrevê-las. Fez-me grande temor, porque qualquer nova mercê sobrenatural que o Senhor me faça, muito me assusta no princípio. Daí a poucos dias vi também aquele divino rosto, que de toda me deixou absorta, ao que me parece. Não podia compreender por que se mostrava assim o Senhor pouco a pouco, pois me havia de fazer mais tarde mercê de que o visse todo. Compreendi depois que me ia levando Sua Majestade conforme a minha fraqueza natural. Seja bendito para sempre, porque tanta glória junta, tão baixa e vil criatura não o pudera sofrer. Como quem isto sabia, aos poucos me ia dispondo o piedoso Senhor.

2. Parecerá a Vossa Mercê que não era mister grande esforço para ver umas mãos e um rosto de tanta formosura; mas são tão belos os corpos glorificados, que a glória, produzida pela vista de coisa tão sobrenatural e formosa, desatina; e assim me fazia tanto temor que eu toda me perturbava e alvoroçava. Logo depois, entretanto, ficava com certeza e segurança e com tais efeitos, que depressa perdia o medo.

3. Um Dia de São Paulo, durante a missa, eis que se me representou toda a humanidade sacratíssima, como se pinta depois da ressurreição, com tanta formosura e majestade como em particular escrevi a Vossa Mercê quando mo ordenou expressamente. E custou-me em demasia escrevê-lo, porquanto nada se pode dizer acerca dessa graça que não seja desfazer nela; contudo, declarei-a o melhor que pude, e, assim, não há para que o tornar a dizer aqui. Só digo que, ainda que outra coisa não houvesse para deleitar a vista no céu senão a formosura dos corpos glorificados, seria sublime glória, em especial a vista da humanidade de Jesus Cristo Senhor Nosso. Se é assim aqui na Terra, onde Sua Majestade se mostra conforme ao que pode comportar nossa miséria, que será na mansão onde se goza da plenitude de tanto bem?

4. Essa visão, ainda que seja imaginária, nunca a percebi com os olhos corporais, nem tampouco alguma outra, e sim com os olhos da alma.

Afirmam – os mais entendidos nesta matéria – ser mais perfeita a visão passada do que esta, que, por sua vez, é muito superior às visões percebidas com os olhos do corpo, as quais são mais baixas e sujeitas às ilusões do demônio. Como eu então não podia entender isto, desejava que, visto receber a mercê, fosse de modo a ver com os olhos corporais, para não me dizer o confessor que era fantasia. Acontecia também que, depois de passada a visão, logo me vinha o pensamento de que fora efeito da imaginação, e afligia-me de o haver dito ao confessor pelo receio de o ter enganado. Novo pranto; ia a ele e dizia-lhe meu receio. Perguntava-me se pensara dizer-lhe a realidade ou se havia querido enganá-lo. Eu lhe dizia a verdade, pois, em meu parecer, não mentira, tampouco pretendera fazê-lo, nem sequer para ganhar o mundo inteiro diria uma coisa por outra. Disto estava ele bem certo, e assim procurava sossegar-me. Quanto a mim, sentia tanto ir a ele com essas ninharias, que não sei como o demônio conseguia persuadir-me de que era fingimento da minha parte. Como me havia eu de atormentar?

O Senhor, porém, deu-se tanta pressa em me fazer essa mercê e em declarar sua veracidade, que logo perdi toda suspeita de ser fantasia. Depois vi com demasiada clareza minha tolice, porque, se eu levasse muitos anos estudando o modo de figurar coisa tão formosa, não teria capacidade nem ciência para tanto, porquanto só na brancura e resplendor excede tudo que se pode imaginar na Terra.

5. Não é brilho que deslumbre; é brancura suave, resplendor infuso que dá sublime deleite à vista e não cansa. Digo a mesma coisa da claridade em que se vê essa formosura tão divina. É luz tão diferente da que há na Terra, que a claridade do sol nos parece apagada em comparação daquele fulgor esplêndido que se representa à nossa vista. Quem a viu uma vez não quereria mais abrir os olhos. É como contemplar uma água muito límpida que desliza sobre cristal e reverbera o sol; e olhar depois outra muito turva que corre por cima da terra em dia de grande nevoeiro. Não é que se veja o sol, nem semelhança de luz solar; mas, em suma, é luz que mostra ser verdadeira, e a deste mundo é como coisa artificial. Luz que não conhece a noite; brilha sempre e nada a pode ofuscar. Por fim, é de tal sorte que, por grande entendimento que uma pessoa tivesse, não a poderia figurar esforçando-se em todos os dias de sua vida. E apresenta-a Deus tão de súbito à nossa vista que nem haveria tempo para abrir os olhos se fora mister abri-los; mas tanto faz estarem abertos como fechados, pois quando o Senhor quer, vemos, ainda que não queiramos.

Não há distração que o estorve; nem resistência possível, nem diligência, nem cuidado que o consiga. Disto tenho boa experiência, como depois direi.

6. O que desejaria explicar agora é o modo pelo qual o Senhor me mostra essas visões. Não pretendo declarar como essa luz tão forte pode imprimir-se no sentido interior, nem como a inteligência recebe imagem tão clara a ponto de Jesus Cristo parecer estar ali de verdade. Pertence isto aos letrados. Não há querido o Senhor dar-me a entender a razão, e sou tão ignorante e tão rude de entendimento que, conquanto tenham querido explicar-mo, não consegui compreendê-lo por completo. É a pura verdade; ainda que Vossa Mercê julgue que tenho vivacidade de espírito, não é assim; antes, em muitas coisas tenho experimentado que só compreendo o que me dão mastigado, como se costuma dizer. Algumas vezes ficava admirado meu confessor de minha ignorância, pois jamais entendi, nem, aliás, desejei saber, como fazia Deus isto ou aquilo, ou como podia ser; e nunca o perguntei, ainda que, de muitos anos para cá, tenha tratado com homens doutos. Se uma coisa era ou não pecado, isto sim indagava; no demais, bastava-me pensar que Deus o tinha feito para ver que não havia razão de espanto, senão motivo para o louvar. Até me fazem devoção as coisas dificultosas; e, quanto mais incompreensíveis, mais me enternecem.

7. Direi, pois, o que tenho visto por experiência. Como o Senhor o faz, melhor o dirá Vossa Mercê, e explicará o que estiver obscuro e eu não souber dizer. Bem me parecia, por alguns indícios, que era imagem o que eu via, mas, por outros muitos, achava que não; antes, era o próprio Cristo; dependia tudo da claridade com que era servido mostrar-se a mim. Manifestava-se umas vezes tamanha confusão que me parecia imagem, conquanto não semelhante aos quadros cá da Terra, por muito perfeitos que sejam, dos quais diversos tenho visto, e bem lindos. É disparate pensar que exista alguma analogia entre uma e outra coisa, nem mais nem menos que entre uma pessoa viva e

seu retrato. Este, por melhor que seja, não pode ser tão natural que não se perceba, afinal, que é coisa inanimada. Mas deixemos isto, pois está bem explicado e é assim literalmente.

8. O que acabei de dizer não é comparação; é muito mais que isto, é a pura verdade: existe, de fato, a diferença do vivo em relação ao pintado, nem mais nem menos. Com efeito, se é imagem, é imagem animada: não homem morto, senão Cristo vivo. E dá a entender que é homem e Deus; não como estava no sepulcro, e sim como dele saiu depois de ressuscitado. Vem, às vezes, com tão grande majestade, que não há como duvidar: vê-se que é o próprio Senhor, sobretudo logo depois da Comunhão, quando já sabemos que está ali, pois no-lo diz a fé. Representa-se tão senhor daquela pousada, que parece à alma estar toda desfeita e consumida em Cristo. Ó Jesus meu, quem pudera dar a entender a majestade com que vos mostrais, e quão Senhor de todo este mundo, dos céus e de outros mil mundos e de inumeráveis mundos e céus que poderíeis criar! Entende a alma, segundo a majestade com que vos representais, que é nada para Vós serdes Senhor de tudo isso.

9. Aqui se vê ao claro, Jesus meu, o pouco poder de todos os demônios em comparação com o vosso. Na verdade, quem vos tiver a pleno contentado pode calcar aos pés o inferno todo. Aqui se vê a razão de temer que tiveram eles quando descestes ao limbo; desejariam outros mil infernos mais profundos para fugir de tão imensa majestade. Vejo que quereis dar a entender quão grande é o poder que tem vossa sacratíssima humanidade unida à divindade. Aqui se representa bem o que será no dia do juízo ver a majestade desse Rei e o rigor que mostrará aos maus. Aqui, é a verdadeira humildade, incutida na alma pela vista de sua miséria, que não pode ignorar; eis a confusão e o verdadeiro arrependimento dos pecados, a tal ponto que ela não sabe onde se meter, embora receba tantas mostras de amor, e assim fica aniquilada.

Digo que tem força tão possante essa visão, quando o Senhor quer mostrar grande parte de sua grandeza e majestade, que, penso, seria impossível a qualquer alma resistir se o Senhor não se dignasse a alentá-la de modo deveras sobrenatural, pondo-a em êxtase ou arrebatamento e fazendo que, com o excessivo gozo, perca a visão daquela divina presença.

Há verdades que se olvidam depois, mas aquela majestade e formosura fica tão impressa que não há como a olvidar, a não ser quando quer o Senhor que padeça o espírito uma grande aridez e soledade de que falarei adiante, porquanto, então, do próprio Deus parece esquecer-se. Fica a alma transformada, sempre embebida; tem a impressão de que começa a amar a Deus com novo amor, muito vivo e, a meu ver, em altíssimo grau. A visão passada, na qual se representa Deus sem imagem, como disse, é mais elevada; contudo, em consequência de nossa fraqueza, é muito grande coisa ficar representada e impressa na imaginação tão divina presença para que a conservemos na memória e tenhamos bem ocupado o pensamento. Vêm quase sempre juntas, aliás, estas duas espécies de visão; e convém que assim seja, porque com os olhos da alma contemplamos a excelência, formosura e glória da santíssima humanidade e, do outro modo que ficou dito, se nos dá a entender como é Deus poderoso, que tudo pode, tudo ordena, tudo governa e tudo enche de seu amor.

10. É digna de estima essa visão, e sem perigo, em meu parecer, porque pelos efeitos se conhece que não tem força aqui o demônio. Parece-me que, três ou quatro vezes, quis este, por meio duma representação falsa, dar-me a ver desta maneira o mesmo Senhor. Toma forma humana, mas não pode contrafazê-la com a glória que tem quando é de Deus. Representa fantasmagorias para desfazer a verdadeira visão concedida à alma; esta, porém, resiste, sente-se perturbada, desabrida, inquieta, perde a devoção e o gosto que antes tinha e fica sem nenhuma oração.

Aconteceu-me isto nos primeiros tempos, três ou quatro vezes, conforme disse. É coisa deveras diversa que basta ter tido oração de quietação para o entender, pelos efeitos que ficam ditos acerca das falas. É coisa muito conhecida, e se a alma não quer se deixar enganar, penso que não será enganada, desde que ande com humildade e simplicidade. Quem tiver tido verdadeira visão de Deus, quase de imediato o sentirá, porquanto, embora comece com regalo e gosto, a alma o rejeita. Deve mesmo ser diferente o gosto, a meu ver; não tem aparência de amor puro e casto; bem depressa dá a entender quem é, de modo que, onde há experiência, tenho por impossível o demônio fazer dano.

11. Ser efeito da imaginação é inaceitável em absoluto, não tem cabimento porque só a formosura e brancura da mãos excede tudo quanto podemos imaginar. Como, pois, sem lembrança nem pensamento anterior, se podem ver presentes, num instante, coisas que em muito tempo a imaginação seria incapaz de conceber, porquanto estão acima do que nos é dado compreender aqui na Terra? Claro está que é impossível. E mesmo que pudéssemos produzir alguma coisa desse gênero, a sua origem apareceria ao claro pelo que vou dizer. Se fosse representação do entendimento, não produziria os grandes efeitos que indiquei, e até ficaria sem fruto. Seria como o caso de uma pessoa que quisesse dar mostras de estar adormecida, mas ficasse acordada por não lhe ter vindo o sono. Ao sentir necessidade ou fraqueza na cabeça e desejar dormir, esforça-se por adormecer; faz todas as diligências e às vezes parece conseguir alguma coisa: mas, se o sono não é verdadeiro, não a sustenta, nem lhe dá força à cabeça; antes, acontecerá talvez deixá-la mais atordoada. É em parte o que se daria aqui: ficaria enfraquecida a alma, sem sustentação e força, senão cansada e cheia de tédio. Quando a visão é verdadeira, não se pode encarecer a riqueza que deixa; ao próprio corpo dá saúde e conforto.

12. Essa razão, entre outras, apresentava eu quando me diziam ser obra do demônio ou da imaginação, e isto acontecia mui amiúde. Punha-me, então, a fazer comparações conforme o que alcançava e o que o Senhor me dava a entender. Tudo, porém, com pouco resultado, porquanto, como havia nesse

lugar pessoas muito santas que Deus não levava por este caminho, e a respeito das quais era eu uma criatura perdida, logo todos se enchiam de temores. Creio que, por meus pecados, circulavam as notícias de um para outro, de maneira que se vinham a saber sem que eu falasse senão a meu confessor ou a quem ele me indicava.

13. Disse-lhe duma feita: Se me assegurassem que uma pessoa muito minha conhecida, com quem tivesse acabado de falar, não era aquela que eu pensava, e me dissessem que estavam certos do meu erro, dar-lhes-ia mais crédito do que aos meus próprios olhos. Mas se essa pessoa me houvesse deixado várias joias por prendas do seu muito amor, vendo-as eu em minhas mãos, quando antes nenhuma tinha, e, sentindo-me rica, sendo até então pobre, não poderia crer em tais palavras, embora quisesse. Essas joias, eu lhas poderia mostrar, porque todos os que me conheciam viam que minha alma de fato estava outra, e assim o dizia meu confessor, pois era muito considerável a diferença em todas as coisas, não dissimulada senão tão manifesta que todos a podiam ver. Sendo antes tão má, dizia eu, não podia crer que, se o demônio pretendia com isto enganar-me e arrastar-me ao inferno, usasse de meio tão contrário, qual o de tirar-me os vícios e dar-me virtudes e fortaleza, porquanto via eu com clareza que cada uma destas graças me deixava transformada.

14. Meu confessor, que era um padre bem santo da Companhia de Jesus, como disse, respondia o mesmo, segundo soube mais tarde. Era muito discreto e de extrema humilde, mas a sua grande humildade acarretou-me demasiado sofrimento, porque, apesar de ser douto e de ter muita oração, não confiava em si. Não o levava, aliás, o Senhor, pelo mesmo caminho. Por minha causa, assaz sofreu. Diziam-lhe – como vim a saber – que se precatasse de mim: não o enganasse o demônio fazendo-lhe crer alguma coisa do que de mim ouvia! Apontavam-lhe exemplos de outras pessoas. Tudo isso me fazia sofrer.

Cheguei a temer que não houvesse com quem me confessar e que todos fugissem de mim. Não fazia senão chorar.

15. Foi providência divina ter ele querido continuar a ouvir-me; mas era tão grande servo de Deus, que a tudo se exporia por seu amor. Dizia-me que não ofendesse eu a Deus, não me apartasse de sua direção e não tivesse receio, que ele, por sua vez, não me faltaria. Sempre me animava e consolava, mandando-me a todo instante que não lhe calasse coisa alguma; e eu obedecia. Assegurava-me que, ao assim proceder eu, o mesmo demônio não me faria dano, antes, o Senhor tiraria bem do mal que o inimigo quisesse fazer à minha alma. Procurava aperfeiçoá-la em tudo que podia. Eu, como andava com tantos temores, obedecia em tudo, ainda que com imperfeição. Por minha causa, no meio de tantas dificuldades, padeceu ele sobremaneira nos três anos e tanto em que foi meu confessor; pois, em grandes perseguições que moveram contra mim, e quando, em muitas circunstâncias, por permissão do Senhor, me julgaram mal, amiúde sem a isso ter dado caso, iam a ele e lançavam-lhe a culpa de tudo, conquanto fosse bem inocente.

16. Seria impossível, se não tivesse tanta santidade e não o animasse o Senhor, poder sofrer tanto. Com efeito, tinha de responder aos que não lhe davam crédito e me julgavam transviada; e, ao mesmo tempo, havia de sossegar-me e curar o medo que me assaltava, embora por vezes me fizesse temer ainda mais. Por outra parte, tinha de tornar a tranquilizar-me depois de cada nova visão, porque permitia Deus que me ficassem grandes temores. Tudo me vinha de ter sido e de ser ainda tão pecadora. Ele me consolava com muita piedade, e, se tivesse confiança em si mesmo, não padeceria eu tanto, pois Deus lhe dava a entender a verdade em tudo, e o mesmo Sacramento lhe infundia luz, creio eu.

17. Os servos de Deus que não se sentiam seguros tratavam muito comigo, e eu lhes falava com singeleza algumas coisas que eles interpretavam em desfavor. Queria muito a um

deles[46] porque assaz lhe devia minha alma; era muito santo e desejava com grande ardor, para meu aproveitamento, que o Senhor me desse luz. Eu sentia sobremaneira vendo que não me entendia, e que todos eles, como disse, sem mais considerações, atribuíam à pouca humildade minhas palavras. Mal viam em mim uma falta – o que não seria raro – logo condenavam tudo. Faziam-me algumas perguntas e, ao respondê-las com simplicidade e confiança, logo imaginavam que queria passar por sábia e dar-lhes lições. Tudo iam denunciar a meu confessor; decerto porque queriam meu proveito, e ele se punha a ralhar comigo.

18. Andei, assim, muito tempo atormentada por todos os lados; mas, com as mercês que me fazia o Senhor, passava por cima de tudo.

Digo isto para que se entenda o grande trabalho que é não achar quem tenha experiência neste caminho espiritual. Se não me favorecera tanto o Senhor, não sei o que teria sido de mim. Inúmeras coisas havia para me tirar o juízo. Via-me, por vezes, reduzida a tal extremidade que não sabia o que fazer senão levantar os olhos ao Senhor; porque contradição de bons a uma mulherzinha fraca, ruim e inclinada ao temor como eu, assim dito, parece nada, e, contudo, tendo passado na vida imensos trabalhos, posso dizer que é este um dos maiores.

Praza ao senhor que nisto haja eu servido de algum modo a Sua Majestade! Quanto aos que me arguiam e condenavam, bem certa estou de que visavam a glória de Deus e, em suma, foi tudo para meu grande bem.

---

46. É provável que a autora se refira a Dom Francisco de Salcedo.

CAPÍTULO 29

Prossegue o que fora começado e narra algumas grandes mercês que lhe fez o Senhor. Coisas que lhe dizia Sua Majestade e que lhe infundiram confiança e lhe ensinaram o modo de responder aos que a contradiziam.

1. Em demasia me apartei do assunto, pois tratava de declarar as razões que há para vermos que não procedem da imaginação essas visões. Com efeito, como poderíamos, à custa de esforços, representar a humanidade de Cristo e reproduzir por meio da imaginação sua grande formosura? Não seria mister pouco tempo para conseguir alguma semelhança. Bem pode alguém imaginar uma figura e contemplá-la durante algum tempo; ver seus traços, sua brancura e, pouco a pouco, aperfeiçoar e gravar na memória aquela imagem. Ninguém lho pode impedir, pois é mero trabalho do entendimento.

No que há de ser tratado, nada disto é possível: forçoso é ver o que o Senhor nos quer representar, e vê-lo como Ele quer e quando quer. Não há tirar nem pôr, nem modo de o conseguir; por mais que façamos, não depende da nossa vontade o ver ou deixar de ver. Ao pretender fixar alguma coisa particular, logo se perde de vista a Cristo.

2. Durante dois anos e meio, fazia-me Deus de ordinário essa mercê. Haverá mais de três que me tirou o tê-la com tamanha continuidade, substituindo-a por outra mais elevada, como talvez direi depois. Via eu que o Senhor falava a mim;

olhava aquela grande formosura e notava a suavidade – por vezes o rigor – das palavras daquela mui formosa e divina boca. Desejava em extremo perceber a cor de seus olhos e saber a sua altura para o dizer depois, mas jamais o mereci, nem há esforço que o consiga; antes, tudo se desvanece diante de minha vista. Bem vejo, algumas vezes, que me olha com piedade; mas tem tanta força este olhar, que não o pode sofrer a alma e fica em tão subido arroubamento que, para mais gozar do Senhor, perde esta formosa vista. Aqui, pois, não há querer e não querer. Vê-se decerto que só quer o Senhor que tenhamos humildade e confusão e tomemos o que nos for dado, louvando a quem o dá.

3. Isso acontece em todas as visões, sem exceção: não há poder ver mais nem menos; nem para isto faz nem desfaz nossa diligência. Quer o Senhor dar-nos a ver mui ao claro que não é obra nossa, senão de Sua Majestade. Desse modo, muito menos podemos ter soberba, antes ficamos humildes e temerosos, conhecendo que, assim como o Senhor nos tira a possibilidade de ver o que queremos, pode tirar-nos também essas mercês e a sua graça e deixar-nos perdidos por completo; e é bom que sempre andemos com temor enquanto estamos neste exílio.

4. Quase sempre se me representava o Senhor como ressuscitado, e via-o na Hóstia do mesmo modo. Algumas vezes, porém, para me reanimar em qualquer tribulação, mostrava-se chagado, na cruz e no horto; de quando em vez com a coroa de espinhos, e, por vezes, levando a cruz; isto, como disse, por ocasião de necessidades minhas e de outras pessoas, mas sempre com a carne glorificada.

Várias afrontas e dissabores acarretou-me o ter contado essas visões. Diversos temores e perseguições sofri! Tão certa lhes parecia a ação do demônio em minha alma, que algumas pessoas queriam sujeitar-me a exorcismos. Disso pouco se me dava, mas ficava triste quando via que os confessores tinham receio de me atender, ou quando sabia que lhes falavam contra mim. Não obstante tudo isso, jamais podia ter pesar de haver sido favorecida com tais visões celestes, das quais nem sequer uma só trocaria por todos os bens e deleites do mundo. Sempre as tinha por grandes mercês do Senhor; pareciam-me excelso tesouro, e o mesmo Senhor assegurou-me disto muitas vezes. Eu me via crescer em o amar demasiado; ia queixar-me a Ele de todos esses trabalhos, e sempre saía consolada da oração e com novas forças. Aos que me eram contrários não ousava contradizer porquanto via que era pior, pois lhes parecia pouca humildade minha. A meu confessor dizia tudo, e ele sempre me consolava muito quando me via atribulada.

5. Como as visões foram crescendo, um deles, que muito me ajudava e algumas vezes me ouvia em confissão quando estava impedido o ministro, começou a dizer que sem nenhuma dúvida era obra do demônio. Ordenaram-me que, pois me era impossível resistir, a cada visão fizesse o sinal da cruz e desse figas, na certeza de estar vendo o demônio e de o afugentar por esse meio. Ao assim fazer não tivesse medo, pois Deus me havia de guardar e livrar daquele mal. Para mim era isto grande sofrimento e coisa terrível, pois não podia deixar de crer que era Deus, e também não conseguia, como disse, desejar que me fossem tiradas aquelas graças; contudo, fazia quanto me mandavam. Suplicava muito a Deus que me livrasse de ser enganada; isto pedia sempre e com abundantes lágrimas. Recomendava-me a São Pedro e São Paulo, porque o Senhor me apareceu pela primeira vez no dia deles e me disse que me guardariam para que não fosse enganada. Via-os inúmeras vezes ao meu lado esquerdo, mui ao claro, ainda que não por visão imaginária. Honrava a estes gloriosos santos como meus particulares protetores.

6. Isto de dar figas quando em visão me aparecia o Senhor causava-me imensa pena. Com efeito, ao vê-lo presente, ainda que me fizessem em pedaços, não poderia crer que era o demônio; e, assim, foi um gênero de penitência bem grande para

mim. Por fim, para não me andar benzendo tanto, tomava uma cruz na mão. Isto fazia quase sempre; as figas, de modo mui esporádico, porque sentia muita repugnância. Lembrava-me das injúrias que o Senhor tinha recebido dos judeus, e suplicava-lhe que me perdoasse porquanto o fazia para obedecer a quem estava em seu lugar, e não me culpasse, pois eram os ministros por Ele constituídos em sua Igreja. Respondia-me que não me importasse e que fazia bem em obedecer; mas Ele daria a entender a verdade. Quando me tiraram a oração, pareceu-me descontente. Mandou-me que lhes dissesse que já aquilo era tirania. Dava-me razões para que entendesse não ser obra do demônio, das quais algumas direi depois.

7. Duma feita, ao segurar eu a cruz dum rosário, tomou-a e, quando ma restituiu, estava formada por quatro grandes pedras, sem igual e mais preciosas do que diamantes, porque quase não se pode comparar o que é visível com o sobrenatural. O diamante parece pedra falsa e imperfeita ao lado das gemas que lá em cima se veem. Na cruz, estavam representadas com primor as cinco chagas. Disse-me o Senhor que doravante eu a veria assim, o que se verificou, pois não via mais a madeira de que era feita, senão as pedras. A não ser eu, porém, ninguém as percebia.

Apenas me mandaram resistir e fazer tais provas, as mercês cresceram em alto grau. Por mais que me quisesse divertir, nunca saía da oração; até adormecida parecia estar nela. Crescia o amor, e, a seu lado, minhas lástimas ao Senhor. Deixar de pensar nele não o podia sofrer, nem estava em minhas mãos, por mais que quisesse e me esforçasse; contudo, obedecia quanto me era possível, embora pouco e até nada estivesse em meu poder. O Senhor nunca me dispensou de obedecer; mas, se dizia que o fizesse, por outro lado assegurava-me e ensinava-me o que lhes havia de dizer, e ainda o faz agora. Dava-me tão fortes razões, que me deixava confiante por inteiro.

8. Dentro de pouco tempo, começou Sua Majestade, como me tinha prometido, a dar maiores mostras de que era Ele.

Cresceu em minha alma tão grande amor a Deus que eu não sabia de onde me vinha, porquanto era muito sobrenatural e não procurado por mim. Sentia-me morrer com o desejo de ver a Deus, e não sabia onde havia de buscar a verdadeira vida senão com a morte. Vinham-me grandes ímpetos desse amor que, embora nem tão intoleráveis, tampouco de tanto valor como os que referi acima[47], me punham em estado de não saber o que fazer. Nada me saciava; não cabia em mim; parecia, em verdade, que se me arrancava a alma. Ó soberano artifício do Senhor, de que indústria tão delicada usáveis para com a vossa miserável escrava! Por um lado, vos escondíeis de mim; por outro, o vosso amor me punha em agonia de morte tão deliciosa, que dela jamais quisera sair.

9. Quem não tiver experimentado semelhantes ímpetos nunca os poderá entender. Não se trata aqui dum desassossego do peito, nem dessas devoções muito comuns que muitas vezes sufocam o interior e transbordam no exterior. É isso oração bem inferior, e convém evitar semelhantes agitações e procurar, com suavidade, recolher a alma no interior e fazê-la calar. É como se faz com os meninos que têm um modo acelerado de chorar e parecem perder o fôlego; dando-se-lhes de beber, logo se acalmam. Assim, no nosso caso: a razão trate de atalhar e de encolher as rédeas, porque a natureza se pode aqui intrometer. Mude a consideração, introduzindo o temor de que nem tudo aquilo é perfeito, antes, pode proceder em grande parte da sensibilidade; e faça calar a alma, como se faz a uma criança, com um regalo de amor que a incline a amar de modo suave, e não às punhadas, como se costuma dizer. Recolha o amor mais no íntimo, e não seja como panela que ferve em demasia e se derrama toda porque se pôs lenha sem justa medida. Modere a causa que ateou esse fogo e procure abrandá-lo com lágrimas suaves, e não penosas como as que procedem de tais sentimentos, pois estas são muito prejudiciais. Nos princípios,

---

47. Capítulo 20.

tive delas algumas vezes, e deixavam-me com a cabeça perdida e tão cansado o espírito que um dia, e até mais tempo, ficava incapaz de tornar à oração. Assim, pois, é mister muita discrição nos primeiros tempos para que vá tudo com suavidade e aprenda o espírito a obrar no interior, procurando muito evitar as demonstrações exteriores.

10. Esses outros ímpetos, a que me refiro agora, são deveras distintos. Não pomos nós a lenha, antes parece que, aceso já o fogo, de súbito nos lançam nele para que nos queimemos. Não procura a alma que lhe doa esta chaga da ausência do Senhor; é uma seta com que lhe atravessam, por vezes, o mais vivo das entranhas e do coração, de tal sorte que não sabe mais o que há nem o que quer. Bem entende que quer a Deus, e que a seta parece ervada e tem virtude para movê-la a aborrecer-se a si por amor do Senhor e a perder, de boa vontade, a vida por Ele.

Não se pode encarecer nem exprimir o modo com que chaga Deus a alma; a imensa pena que dá, e como a põe fora de si; mas é pena tão saborosa, que não há deleite na vida que mais contentamento dê. Sempre quisera ela, como disse, estar morrendo desse mal.

11. Esta pena, unida a tanta glória, trazia-me desatinada: não podia eu entender como era aquilo. Oh! Que maravilha ver uma alma assim ferida! Sim, ela o entende, de maneira que pode declarar-se ferida por tão excelente causa; vê com clareza que nada fez por onde lhe viesse tal abrasamento, antes lhe parece que do imenso amor que o Senhor lhe tem, nela caiu aquela centelha que a faz toda arder. Oh! Quantas vezes me recordo, quando assim estou, daquele verso de Davi: *Quemadmodum desiderat cervus ad fontes aquarum*[48]. Julgo vê-lo ao pé da letra cumprido em mim!

---

48. Sl. 42: "Assim como deseja o cervo as fontes das águas".

12. Quando este transporte não dá com muito ímpeto, dir-se-ia que, de certo modo, se aplica com algumas penitências; ao menos busca a alma por este meio algum remédio, embora não saiba o que fazer; mas não as sente e, mesmo ao derramar sangue, não tem mais dor do que se estivesse o corpo morto. Busca meios e modos de fazer coisa que sinta, por amor de Deus; porém, tamanha é a primeira dor que não conheço tormento corporal capaz de tirá-la. Como não está nisto o remédio, são demasiado baixas tais medicinas para tão subido mal. O que o mitiga e alivia um pouco é pedir a Deus remédio; e nenhum vê senão a morte, por cujo meio espera gozar a pleno de seu Sumo Bem. Outras vezes, dá esse ímpeto com tanta veemência que nem isso nem outra alguma coisa consegue fazer. O corpo fica despedaçado, incapaz de menear os pés e os braços; se está de pé, cai assentado como um objeto inanimado. Nem pode o peito respirar à vontade; só dá uns gemidos, miúdo pela falta de forças, mas bem altos pelo sentimento.

13. Aprouve ao Senhor favorecer-me algumas vezes com esta visão. Via um Anjo perto de mim, do lado esquerdo, sob forma corporal, o que não costumo ver senão mui de quando em quando. Ainda que muitas vezes me apareçam Anjos, não os vejo senão pelo modo que expliquei na visão passada, de que falei primeiro[49]. Nesta visão, quis o Senhor que assim o visse: não era grande, senão pequeno, formosíssimo, o rosto tão incendido, à semelhança dos anjos muito próximos de Deus, que parecem abrasar-se todos. Presumo que seja dos chamados Querubins, pois os nomes não me dizem; mas bem vejo que no céu há tanta diferença de uns anjos a outros, e destes a outros ainda, que não o saberia dizer. Via-lhe nas mãos um comprido dardo de ouro, e na ponta de ferro julguei haver um pouco de fogo. Parecia-me meter-mo pelo coração algumas vezes, de modo que me chegava às entranhas. Ao tirá-lo, tinha eu a impressão de que as levava consigo, deixando-

---

49. Capítulo 27.

-me toda abrasada em grande amor de Deus. Era tão intensa a dor, que me fazia dar os gemidos de que falei; e tão excessiva suavidade vem gerada dessa dor imensa que não há desejar que se tire, nem se contenta a alma com menos do que com Deus. Não é dor corporal, senão espiritual, ainda que o corpo não deixe de ter sua parte, e até bem grande. É um trato de amor tão suave entre a alma e Deus, que suplico à sua bondade o dê a provar a quem pensar que minto.

14. Os dias em que recebia essa graça, andava como fora de mim[50]; quisera não ver, nem falar, e sim ficar abraçada com a minha pena, que era para mim maior glória que todas as grandezas criadas.

Isto me acontecia algumas vezes, quando quis o Senhor que me acometessem arroubamentos tão grandes, que, ainda ao estar entre muitas pessoas, não podia resistir, de modo que, com mui pesar meu, começaram a ser divulgados. Desde que os tenho, sinto menos o tormento a que me referi agora; foi substituído por outro de que falei acima, não me recordo em que capítulo[51], o qual é muito diferente em vários pontos e de maior preço. Ao começar esta pena de que agora falo, parece que arrebata o Senhor a alma e a põe em êxtase, e assim não há ocasião de haver mágoa nem de padecer, porquanto logo vem o gozar.

Seja bendito para sempre aquele que tantas mercês faz a quem tão mal corresponde a seus grandes benefícios.

---

50. No original: embobada.
51. Capítulo 20.

CAPÍTULO 30

Retoma o fio da narração de sua vida e conta como remediou o Senhor em grande parte seus tormentos ao trazer aonde estava o santo varão Frei Pedro de Alcântara, da ordem do glorioso São Francisco. Trata de grandes tentações e sofrimentos interiores que tinha algumas vezes.

1. Ao ver que quase nada lograva fazer para não ter ímpetos tão grandes, comecei também a temê-los; porque pena e contentamento não conseguia entender como podiam andar juntos. Pena corporal e contento espiritual, sabia que era bem possível; mas tão excessiva pena espiritual e com tão imenso gosto, eis o que me desatinava. Continuava ainda no intento de resistir, mas conseguia tão pouco que, algumas vezes, ficava cansada. Amparava-me com a cruz e queria defender-me daquele que com ela nos amparou a todos. Via que ninguém me entendia; isto era muito claro para mim, mas não ousava dizê-lo senão ao meu confessor, porquanto o contrário fora dar mostras de não ter humildade.

2. Foi o Senhor servido remediar grande parte de meu trabalho, e mesmo por completo durante algum tempo, trazendo a este lugar o bendito Frei Pedro de Alcântara, de quem já fiz menção e de cujas penitências dei alguma ideia[52]. Entre outras, certificaram-me de que havia trazido durante vinte anos a fio um cilício de folha de lata. É autor duns pequenos livros

---

52. No fim do capítulo 27.

acerca de oração, em língua vulgar, agora muito lidos, porque escreveu com muito proveito para os que a têm, com quem tão bem a havia exercitado. Guardou a regra primitiva do bem-aventurado São Francisco em todo o seu rigor, além do mais que já em parte mencionei.

3. Soube a viúva, serva de Deus e minha amiga de quem falei, que estava aqui tão eminente varão. Conhecia ela minha necessidade, era testemunha de minhas aflições e consolava-me bem, porquanto, com sua grande fé, não podia deixar de crer que era Espírito de Deus o que os demais atribuíam ao demônio. Como é pessoa muito discreta e de ótimo entendimento, a quem o Senhor fazia mercês em demasia na oração, quis Sua Majestade dar-lhe luz para entender o que os letrados ignoravam. Davam-me licença meus confessores para que me abrisse com ela contando-lhe algumas coisas, pois era digna de confiança. Cabia-lhe, algumas vezes, parte das mercês que o Senhor me fazia, com avisos muito proveitosos para sua alma.

Sabendo-o ela, pois, para maior facilidade, alcançou licença do meu provincial, sem nada me dizer, para que eu estivesse oito dias em sua casa. Aí e em algumas igrejas, falei a este santo muitas vezes na sua primeira vinda a Ávila, e depois em diversas ocasiões tive muita comunicação com ele. Dei-lhe conta da minha vida de modo sucinto e de como procedia eu na oração, com a maior clareza que me foi possível. É sempre meu costume tratar com toda inteireza e verdade com aqueles a quem comunico as coisas de minha alma; até os primeiros movimentos quisera que lhes fossem conhecidos, assim como os casos apenas de dúvida e de suspeita. Chegava a dar-lhes argumentos contra mim. Assim, pois, sem fingimento nem dissimulação, manifestei-lhe minha alma.

4. Quase às primeiras palavras, vi que me entendia por experiência, e isto era tudo o que eu precisava. Sim, porque eu então não o sabia entender como agora, nem tinha termos para me exprimir; só depois recebi de Deus o dom de saber com-

preender e declarar as mercês que me faz Sua Majestade. Era, pois, mister alguém que houvesse passado pelo mesmo, para de todo me entender e declarar o que era. Deu-me ele imensa luz porque, até então, as visões desprovidas de imagens constituíam para mim inexplicável mistério, e tão pouco entendia as que se manifestavam aos olhos apenas da alma; pois – como disse – só julgava dignas de apreço as que se percebem com os olhos corporais, e destas não tinha.

5. Deu-me o santo homem muita luz e explicou-me tudo. Disse-me que não me afligisse, antes, louvasse a Deus e me convencesse de que era espírito seu; que, afora as verdades da fé, não podia haver coisa mais certa e digna de ser crida. Consolava-se muito comigo e mostrava-me demasiada bondade e benevolência; e sempre, desde então, testemunhou-me muita estima, dando-me parte de seus empreendimentos e negócios. Achou em mim, em estado de desejos, o que já nele eram obras – pois esses anseios muito decididos me dava o Senhor –, e, vendo-me com tanto ânimo, folgava de tratar comigo. É que, para uma alma elevada por Deus a esse estado, não há prazer nem consolo que iguale ao de dar com outra alma a quem lhe parece ter concedido o Senhor princípios semelhantes. Então não devia eu ter muito mais do que isso, segundo posso julgar; e praza ao Senhor o tenha agora!

6. Mostrou-me excelsa compaixão. Disse-me que uma das maiores provações neste mundo é a contradição de bons, e era o que eu havia padecido; e ainda me restava muito a passar porque minhas necessidades eram contínuas e não havia nesta cidade quem me entendesse. Prometeu-me falar ao que me confessava e a um dos que mais me faziam sofrer, que era o cavaleiro casado de quem fiz menção. Este, como me tinha maior amizade, era quem mais guerra me fazia; é alma temerosa e santa e, como havia tão pouco tempo que me tinha visto tão ruim, não podia tranquilizar-se de todo.

Fez o santo varão como disse, e falou a ambos, dando-lhes razões e explicações para que se tranquilizassem e não me inquietassem mais. O confessor de pouco precisava; mas o cavaleiro estava tão necessitado, que isso não bastou para o sossegar por completo, embora contribuísse para que não me assustasse tanto.

7. Ficou combinado entre nós que lhe escreveria eu daí em diante o que me sucedesse, e um ao outro muito nos encomendaríamos a Deus. Era tanta a sua humildade que fazia caso das orações desta miserável, o que me causava não pequena confusão. Deixou-me com imenso consolo e contentamento, mandando-me que continuasse a ter oração com toda segurança e não duvidasse de que tudo vinha de Deus; ademais, que desse parte ao confessor de qualquer dúvida que me ocorresse, e mesmo de tudo mais para maior segurança; e com isto vivesse tranquila.

Contudo não podia eu ter essa total segurança a respeito de todos os pontos, porque o Senhor me levava pelo caminho do temor; e assim tornava a crer que era ação do demônio quando mo afirmavam. O certo é que ninguém me podia infundir, quer temor, quer tranquilidade, de maneira que lhe pudesse dar mais crédito além do que o Senhor punha em minha alma. Assim foi que, embora esse santo me tenha consolado e tranquilizado, não lhe dei tanta fé que de todo ficasse sem temor, sobretudo quando me deixava o Senhor nos sofrimentos interiores que agora direi. Contudo, fiquei, como digo, muito consolada. Não me fartava de dar graças a Deus e a meu glorioso pai São José, que me pareceu tê-lo trazido, porquanto era comissário-geral da Custódia de São José, a quem eu muito me encomendava, assim como a Nossa Senhora.

8. Acontecia-me algumas vezes – e ainda agora me acontece –, embora não com tanta frequência, estar com excessivos trabalhos na alma e, ao mesmo tempo, com tormentos e dores no corpo, tão violentos que não achava alívio.

Outras vezes, tinha males corporais mais graves, e como não tinha os da alma, passava-os com muita alegria. Quando, porém, se juntava tudo, era tão grande o sofrimento que me via no maior aperto. Olvidava todas as mercês que me havia feito o Senhor; só me restava uma memória vaga, como de coisa sonhada, para me dar pena. Ficava com o entendimento entorpecido, a ponto de andar em mil dúvidas e suspeitas, parecendo-me que não tinha entendido bem e que talvez fosse imaginação minha. Não me bastava andar eu enganada, sem enganar os bons? Sentia-me tão má que todos os males e heresias que têm surgido se me afiguravam consequência de meus pecados.

9. É esta uma humildade falsa, que o demônio inventava para me tirar a paz, com intento de levar minha alma ao desespero. Tenho já tanta experiência que é coisa sua, que ele, ao ver que o entendo, não me atormenta mais nesse ponto como costumava. Vê-se isto ao claro na inquietação e no desassossego com que começa; no alvoroto que produz na alma durante todo o tempo que dura e na obscuridade e aflição que deixa, bem como a secura e má disposição para orar e fazer qualquer bem. Parece que sufoca a alma e ata o corpo, para impedir todo proveito. Quando a humildade é verdadeira, embora conheçamos nossa maldade e tenhamos pena de ver o que somos, a pensar grandes encarecimentos de nossa miséria, tão grandes como os que referi, e bem sinceros e verdadeiros, não produz alvoroto, nem desassossego na alma, nem obscuridade, nem secura; antes, pelo contrário, vem com regalo, quietação, suavidade e luz. A alma sente pena; mas, por outra parte, fica confortada por ver quão grande mercê lhe faz Deus em lhe dar aquele sentimento, e como é bem empregado. Pesa-lhe de ter ofendido a Deus, mas, ao mesmo tempo, dilata-se com o pensamento de sua misericórdia. Tem luz para se confundir e louva a Sua Majestade que a suportou tanto.

Na outra humildade, que vem do demônio, não há luz para bem algum; tudo parece que leva Deus a fogo e a sangue. Só considera a sua justiça e, embora conserve a fé na sua misericórdia – porque o poder do demônio não é tanto que lha faça perder –, é de maneira que não sente consolo; antes, à vista de tanta misericórdia, contribui para lhe aumentar o tormento, porquanto vê que estava obrigada à maior gratidão.

10. É uma invenção do demônio, das mais penosas, sutis e dissimuladas de que tenho conhecimento; e assim quisera avisar a Vossa Mercê para que, se for tentado desse modo, tenha alguma luz e o conheça, se o inimigo lhe deixar livre o entendimento para o perceber. Não pense que dependa isto das letras e do saber, pois a mim, ainda que tudo me falte, depois de passado, bem vejo ser desatino. O que tenho entendido é que o Senhor o quer e permite e lhe dá licença, como lha deu para que tentasse a Jó, ainda que por minha pouca virtude não seja com tanto rigor.

11. Aconteceu-me isto, bem me recordo, na antevéspera de *Corpus Christi*, festa da qual sou devota, ainda que não tanto como fora justo. Desta vez, durou apenas até o dia da festa; de outras, dura oito, quinze dias, três semanas e não sei se mais. Em especial, durante as semanas santas nas quais costumava ter muitos regalos de oração, acontece que o inimigo de repente me distrai o espírito com coisas tão pueris, que em outra ocasião me riria eu delas, fazendo-me andar em grande perturbação por onde lhe apraz. A alma ali fica, aferrolhada, sem ser senhora de si, sem poder pensar senão nos disparates que ele lhe apresenta; coisas sem importância, que não atam nem desatam; ou, antes, só atam para a oprimir de tal maneira que fica fora de si. Tem-me acontecido, em tais casos, ter a impressão de que andam os demônios jogando a bola com a alma, sem que esta se possa livrar do seu poder.

Não se pode exprimir o que padece nessas ocasiões; anda a buscar socorro, e permite Deus que não o ache; só lhes resta a razão do livre alvedrio, mas obscurecida. Anda quase como de olhos vendados, tal qual uma pessoa que, muitas vezes tendo percorrido de dia um caminho, por ele passa de noite às escuras, porque sabe onde pode tropeçar e assim se precata dos perigos. É o mesmo aqui para não ofender a Deus: parece que se vai pelo costume. Deixemos de parte o ter-nos o Senhor de sua mão, que é o principal.

12. A fé está, nessas ocasiões, tão amortecida e sonolenta, como todas as demais virtudes, embora não perdida, pois bem crê a alma o que ensina a Igreja, e faz atos vocais, mas, por outro lado, parece-lhe que a apertam e a fazem ficar entorpecida; tem impressão de que conhece a Deus como coisa que ouviu ao longe.

Está o amor tão tíbio que, se ouve falar nesse Senhor, aceita-o como uma coisa que crê ser assim porque a Igreja o ensina, mas não lhe resta memória do que experimentou em si. Ir rezar ou buscar solidão é afligir-se ainda mais, porque o suplício que sente, sem lhe saber a causa, é intolerável. A meu ver, é uma tal ou qual imagem do inferno. É de fato assim, segundo o Senhor me deu a entender numa visão; porque a alma se queima dentro de si sem saber por quem nem por onde lhe entra o fogo, tampouco o meio de fugir dele, nem com que o apagar.

Buscar remédio na leitura é como se não soubesse ler. Aconteceu-me uma vez tentar ler a vida dum santo, para ver se conseguia nela embeber-me e consolar-me com o que padeceu. Li quatro ou cinco vezes outras tantas linhas e, apesar de ser na nossa língua, entendia menos no fim do que no princípio, de modo que desisti de continuar. Aconteceu-me isto muitas vezes, mas desta me recordo em particular.

13. Ter conversação com alguém é pior; porquanto o demônio incute um espírito de ira tão desagradável, que me parece ter ímpetos de comer a todos, sem me poder dominar. Já é muito, creio, ir-me à mão, ou, antes, é o Senhor quem segura com a sua a quem assim está, para que não diga nem faça contra os próximos coisa que os prejudique e ofenda a Deus.

Que fazer? Ir ao confessor? É fato averiguado que me acontecia muitas vezes o seguinte: apesar de serem tão santos aqueles com quem ora tenho tratado e ainda trato, falavam-

-me e repreendiam-me com tal aspereza que depois, quando eu lhes repetia suas palavras, eles mesmos se espantavam e diziam que não estava em suas mãos agir de outro modo. Com efeito, ainda que propusessem à força não o fazerem de outras vezes quando me vissem em semelhantes trabalhos de corpo e de alma, porque tinham depois pena e até escrúpulo e determinavam consolar-me com piedade, não o podiam cumprir.

Suas palavras não eram más; quero dizer, não chegavam a ser ofensa de Deus; contudo, eram as mais desabridas que se podem imaginar num confessor. Quiçá pretendiam mortificar-me. Em outras ocasiões ficaria eu contente e teria paciência para o sofrer, mas então tudo era tormento para mim.

Vinha-me também receio de os estar iludindo, e ia ter com eles e avisava-os muito deveras que se acautelassem comigo, que os poderia enganar. Bem via que, advertida, não seria capaz de o fazer, nem de lhes dizer mentira, mas tudo se me convertia em temor. Certa vez, ao entender a tentação, disse-me um confessor que não me afligisse, pois, ainda quando o quisesse enganar, bastante juízo tinha ele para não se deixar iludir. Deu-me isto muita consolação.

Algumas vezes e quase sempre – ao menos era o mais comum – ao terminar de comungar, descansava. Acontecia mesmo, de quando em vez, que, mal chegava ao Sacramento, logo, no mesmo instante, ficava tão boa de alma e de corpo que me espantava. Era como se num momento se dissipassem todas as trevas da alma, e raiasse o sol. Então eu conhecia em que disparates tinha estado metida.

Outras vezes, como já contei, com uma só palavra que me dizia o Senhor, como esta: – *Não te aflijas; não tenhas medo* – ou com alguma visão, ficava de todo sã, como se nada houvesse tido. Regalava-me, então, com Deus, queixava-me a Ele, perguntando-lhe como consentia que eu tantos tormentos padecesse; mas ficava tudo bem pago, porque depois me vinham quase sempre em grande abundância as mercês.

Tenho a impressão de que sai a alma do crisol, como o ouro, mais apurada e clarificada para ver em si o Senhor. Assim é que se fazem depois pequenos esses trabalhos, de incomportáveis que pareciam; e a alma deseja tornar a padecê-los, se forem de maior serviço do Senhor. E ainda que haja mais tribulações e perseguições, é tudo para maior proveito, desde que as passemos não só sem ofender ao Senhor, senão com alegria de as padecer por Ele. Quanto a mim, não as passo como se devem passar; ainda sofro de modo mui imperfeito.

15. De outras vezes me vinham, e vêm ainda, trabalhos de outro gênero. Parece-me que se me tira toda a possibilidade de pensar ou de desejar fazer coisa boa; sinto o corpo e a alma inúteis e pesados por completo. Contudo, é sem essas tentações e desassossegos; dá-me apenas um desgosto de que não sei a causa, e nada me contenta a alma. Procuro então aplicar-me a boas obras exteriores para ter ocupação quase por violência; e passo a bem conhecer o pouco que vale uma alma quando se esconde a graça. Não me causava isto muita pena, porque ver minha baixeza me dava alguma satisfação.

16. Acontece também, por vezes, achar-me de modo que não posso pensar de assento em Deus, nem em coisa alguma boa, nem ter oração, mesmo ao estar em soledade; contudo, sinto que conheço o Senhor. Quando isso ocorre, compreendo que está o mal no entendimento e na imaginação, pois a vontade me parece boa e disposta para todo bem. É o espírito que está tão desvairado como um louco furioso que ninguém consegue atar; não sou senhora de o sossegar nem sequer o tempo de um Credo. Rio-me algumas vezes e conheço minha miséria; ponho-me a olhá-lo, e deixo-o para ver até onde vai. Glória a Deus, nunca, nem por exceção, divaga em coisas que não sejam boas; senão em assuntos indiferentes, como, por exemplo, o que há de fazer aqui, ali ou acolá. Então melhor conheço a excelsa mercê que me faz o Senhor quando mantém atado este louco em perfeita contemplação. Não sei o que seria se me

vissem, em tal desvario, as pessoas que me têm em boa conta. Tenho grande lástima de ver a alma em tão má companhia. Desejo vê-la com liberdade, e assim digo ao Senhor: Quando, Deus meu, chegarei enfim a ver minha alma toda unida e entregue aos vossos louvores, de modo que todas as suas potências vos gozem? Não permitais mais, Senhor, que ela seja assim despedaçada: só me parece ver os seus pedaços dispersos por todos os lados.

Isto padeço com muita frequência; algumas vezes, bem entendo que é em grande parte pela pouca saúde corporal. Recordo-me muito do dano que nos fez o primeiro pecado e penso que dele nos veio o sermos incapazes de gozar de tanto bem sem essas vicissitudes; em mim deve isto provir ainda de meus próprios pecados. Se eu não houvesse feito tantos, teria mais inteireza no bem.

17. Passei também outro grande trabalho. Na leitura de livros que tratam de oração, parecia-me entendê-los todos e já me haver dado o Senhor aquelas graças. Não sentia necessidade deles e por isso os deixava, preferindo ler vidas de santos, pois o ver-me tão longe de servir a Deus como eles, me aproveita e anima. Julgava, entretanto, muito pouca humildade pensar já haver chegado àqueles graus de oração, e, como não podia deixar de pensar assim, ficava muito aflita, até que alguns letrados e o bendito Frei Pedro de Alcântara me disseram que não se me desse nada desse pensamento. Bem vejo que, no servir a Deus, ainda nem principiei; mas, no fazer-me Sua Majestade mercês, é como a muitos bons. Sou a mesma imperfeição, a não ser nos desejos e no amor, que nisto, bem vejo, me há favorecido o Senhor para que o possa de algum modo servir. Bem me parece a mim que o amo, mas desconsolam-me as obras e as muitas imperfeições que vejo em mim.

18. Dá-me, outras vezes, tal estupidez na alma – é a pura verdade –, que se me afigura não fazer nem bem nem mal. Ando atrás dos outros, como se costuma dizer, sem pena, nem

glória, quer acerca da vida, quer acerca da morte; sem prazer, nem pesar, numa espécie de insensibilidade. Parece-me que anda a alma como um pequeno asno que pasta e se sustenta, porque lhe dão de comer, e come quase sem saber o que faz. Com efeito, nesse estado não deve ela ficar sem comer algumas grandes mercês de Deus, pois, em vida tão miserável, não lhe pesa viver, e a vai tolerando com igualdade de ânimo; mas não sente movimentos nem efeitos que lho deem a entender.

19. Vem-me agora à ideia que é como um navegar com os ares muito serenos; anda-se muito sem entender como. Nos outros modos de que falei, são tão grandes os efeitos que quase de imediato se vê a melhora, porquanto logo fervem os desejos e nada mais pode satisfazer a alma. Assim atuam os grandes ímpetos de amor a que me referi naqueles a quem Deus os dá. São como umas pequenas fontes que tenho visto manar e que nunca cessam de mover a areia para cima.

Este exemplo ou comparação das almas que aqui vêm parece-me natural: o amor está sempre a borbulhar e a pensar no que vai fazer; não cabe em si, como na terra parece não caber aquela água, de modo que vai sempre borbulhando. Assim está a alma muito de ordinário, que não sossega, nem cabe em si, com o amor que tem. Já está inundada: quisera que bebessem outros, pois não lhe faz falta, para que a ajudassem a louvar a Deus. Oh! Quantas vezes me recordo da água viva de que falou o Senhor à samaritana! É o que me faz ser muito afeiçoada a esse Evangelho. Já o era desde muito pequena, e decerto não entendia, como agora, este bem; suplicava muitas vezes ao Senhor que me desse daquela água, e, no aposento onde estava sempre, havia um quadro representando o Senhor junto ao poço, com este letreiro: *Domine, da mihi aquam*[53].

20. Parece também um fogo que é grande e, para que não diminua, tem sempre necessidade de alimento as suas chamas. Assim são as almas a que me refiro: ainda que fosse muito à

---

53. "Senhor, dai-me dessa água" (Jo 4,15).

sua custa, quereriam trazer lenha para que não se apagasse esse incêndio. É tal minha miséria que me contentaria até de ter só palhas para lançar nele, e assim me acontece algumas, e mesmo muitas vezes; de umas, chego a rir, e de outras, aflijo-me em demasia. Incita-me o movimento interior a fazer alguma obra e, não sendo capaz de outras maiores, ocupo-me em adornar com ramalhetes e flores as imagens, em varrer, em arrumar um oratório e em outras pequenas coisas tão baixas que me causam confusão. Se alguma penitência fazia, era tudo tão pouco e de tal maneira que, a não levar o Senhor em conta a vontade, eu mesma via que era sem valor algum, e ria de mim.

Em verdade, não têm pouco tormento as almas a quem Deus, por sua bondade, dá esse fogo de amor seu em abundância quando lhes faltam forças corporais para fazerem por Ele alguma coisa. É pena bem grande porque, como carecem de meios para lançar alguma lenha a esse fogo, morrem para que não se apague; parece-me que se vão consumindo e reduzindo a cinzas por dentro: desfazem-se em lágrimas e abrasam-se ao mesmo tempo. Suplício bem intenso, embora saboroso.

21. Louve sobremodo ao Senhor a alma que, tendo aqui chegado, dele recebe forças corporais para fazer penitência, ou letras, talentos e liberdade para pregar e confessar e levar almas a Deus. Não sabe nem entende ela o valor dos bens que tem se não provou o que é receber sempre muito, e nada poder fazer no serviço do Senhor. Seja Ele por tudo bendito e rendam-lhe glória os Anjos. Amém.

22. Não sei se faço bem em escrever tantas minúcias. Como Vossa Mercê de novo me mandou dizer que não tivesse receio de me alargar, nem deixasse nada por dizer, trato com clareza e verdade tudo que me vem à memória. E muita coisa é forçoso deixar, porque seria gastar muito mais tempo tendo eu tão pouco, como disse, e, porventura, sem proveito algum.

CAPÍTULO 31

Trata de algumas tentações exteriores, representações e tormentos provenientes do demônio. Trata também de algumas coisas demasiado proveitosas para aviso de pessoas que seguem o caminho da perfeição.

1. Já que falei de algumas tentações e perturbações interiores e secretas, quero contar como me acometia o demônio com outras quase públicas, das quais era impossível desconhecê-lo por autor.

2. Ao estar uma vez num oratório, apareceu-me do lado esquerdo em abominável figura; reparei em especial na boca, porque me falou, e a tinha espantosa. Parecia sair-lhe do corpo uma grande chama toda clara, sem sombra. Disse-me, de modo aterrador, que bem me havia eu livrado de suas mãos, mas que havia de recair nelas. Tive grande temor, e benzi-me conforme pude. Desapareceu, mas tornou logo; o que me aconteceu por duas vezes. Eu estava sem saber o que faria. Tinha água-benta à mão; lancei-a para seu lado e não voltou mais.

3. Atormentou-me, outra vez, durante cinco horas, com tão terríveis dores e desassossego interior e exterior, que já me parecia impossível sofrê-lo. As que me assistiam estavam espantadas e não sabiam a que meios recorrer, nem eu tinha poder para nada. Quando as dores e males do coração são intoleráveis em absoluto, tenho por costume fazer atos interiores, conforme posso, suplicando ao Senhor que, se for servido de que sofra eu aquilo, me dê paciência Sua Majestade e deixe-me assim até o fim do mundo.

Dessa vez, pois, a que me refiro, como vi tão rigoroso padecer, buscava remédio nesses atos e propósitos para poder resistir. Quis o Senhor dar-me a entender que era arte do demônio, porque vi junto de mim um negrinho muito abominável que rangia os dentes, como desesperado por ver que, em vez de ganhar, perdia. Quando o vi, pus-me a rir e não tive medo. Havia comigo algumas pessoas e estavam perplexas sem achar remédio para tanto tormento, porquanto ele me fazia bater com o corpo, a cabeça e os braços, sem que eu lhe pudesse resistir; e o pior era o desassossego interior, que de nenhuma sorte me deixava descansar. Eu não ousava pedir água-benta, para não as assustar nem dar a entender o que era.

4. De muitos fatos cobrei experiência de que não há coisa de que mais fujam os demônios; e é de modo que não voltam. Da cruz também fogem, mas vêm de novo[54]. Grande deve ser a virtude da água-benta. Para mim é particular e muito notória a consolação que experimento quando a tomo; posso afirmar que de ordinário sinto uma recreação espiritual impossível de exprimir; é como um deleite interior que me conforta toda a alma. Isto não é imaginação nem coisa que tenha acontecido uma só vez: é muito frequente, e tenho-o verificado com grande advertência. É como se sentiria uma pessoa que, estando com muito calor e grande sede, bebesse um jarro de água fria: parece que em todo o corpo experimentaria refrigério. Considero que grandeza há em todas as instituições da Igreja; e regalo-me muito ao ver que têm tanta eficácia suas palavras; que assim comunicam virtude à água, de modo que seja tão grande a diferença entre a que é benta e a que não é.

5. Como, pois, não cessava o tormento, disse às que me rodeavam: Se não se rissem, pediria água-benta. Trouxeram-na e aspergiram-me com ela, mas sem resultado. Tomei-a eu e lancei-a para o lugar onde estava o demônio, e de imediato

---

54. É evidente que a santa diz apenas o que lhe aconteceu algumas vezes.

fugiu, ficando eu livre de todo mal, como se com a mão mo tivessem tirado. Apenas fiquei cansada, à semelhança de quem tivesse recebido muitas pauladas. Causou-me grande proveito o ver que, se esse inimigo faz tanto mal quando o Senhor lhe dá licença, não sendo ainda seus o corpo e a alma, que fará quando os tiver em definitivo? Deu-me novo desejo de evitar tão ruim companhia.

6. Em outra ocasião, há pouco tempo, sucedeu o mesmo, ao estar eu a sós, mas não durou muito. Pedi água-benta, e as que entraram depois de se terem ido os demônios, sentiram um cheiro péssimo, como de enxofre. Eram duas monjas bem dignas de fé, que de nenhum modo seriam capazes de mentir. Quanto a mim, não o senti, mas durou tanto que pôde ser verificado.

De outra vez, ao estar no coro, veio-me um grande ímpeto de recolhimento; saí, para que não o entendessem. Pouco depois, todas ouviram, pois estavam perto, dar rijas pancadas no lugar para onde eu me retirara. Ouvi falar junto de mim, ainda que não percebesse senão vozes grossas; pareciam organizar algum conluio, mas eu estava tão embebida em oração, que nada entendi, nem tive medo algum. Aconteciam essas coisas quase sempre quando o Senhor me fazia mercê de que, por minha persuasão, se aproveitasse alguma alma.

Um fato muito notável que me aconteceu é o que agora direi: deste há muitas testemunhas, sobretudo quem agora me confessa que o viu relatado numa carta. Não lhe disse de quem era esta, mas ele bem o entendeu.

7. Veio ter comigo uma pessoa que havia dois anos e meio vivia num pecado mortal dos mais abomináveis que tenho ouvido, e em todo esse tempo nem o confessara, nem se emendara, e dizia missa. Na confissão, acusava-se de seus outros pecados; quanto ao tal, alegava que não havia de confessar coisa tão feia. Tinha grande desejo de sair desse estado, mas não se podia vencer. Causou-me grande lástima e senti muita pena por ver que ofendia a Deus de tal maneira. Prometi-lhe supli-

car ao Senhor que lhe desse remédio e pedir a outras pessoas melhores do que eu que fizessem o mesmo. Escrevi-lhe por meio de certo mensageiro a quem me disse que podia dar as cartas. O fato é que, logo à primeira, se confessou. Assim quis Deus usar de misericórdia com essa alma, em atenção às preces de numerosas pessoas muito santas às quais a encomendei, e eu, ainda que miserável, fazia o que estava em minhas mãos com demasiado cuidado.

Escreveu-me que estava tão melhorado, que havia alguns dias se abstinha do pecado, mas era tão grande o tormento das tentações que lhe parecia estar no inferno, pelo muito que padecia. Pedia-me que intercedesse por ele junto de Deus. Tornei a encomendá-lo às minhas irmãs, que o tomaram muito a peito e por cujas orações devia fazer-me o Senhor esta mercê. Tratava-se de uma pessoa que ninguém podia atinar quem era. Supliquei a Sua Majestade que se aplacassem aqueles tormentos e tentações, e voltassem os demônios contra mim seus assaltos, contanto que eu em nada ofendesse ao Senhor. O resultado foi que passei um mês de imensos tormentos, e foi, em rigor, nesse tempo que aconteceram os dois casos que acima referi.

8. Foi o Senhor servido de que ficasse em paz aquela alma; assim mo escreveram, tendo-lhe eu dado conta do que estava sofrendo naquele mês. Cobrou forças espirituais, ficou de todo livre, e não se fartava de dar graças ao Senhor e a mim, como se eu houvesse feito alguma coisa. É que lhe tinha infundido confiança o crédito que eu já tinha de que o Senhor me fazia mercês. Contava que, quando se via muito apertado, lia minhas cartas e ficava livre da tentação; e estava deveras espantado de ver o que eu havia padecido e como ficara ele livre. Não foi menor meu espanto, e sofreria outros muitos anos para ver salva aquela alma. Seja por tudo o Senhor louvado! Na verdade, muito pode a oração dos que o servem, como são, a meu ver, as irmãs desta casa. Se os demônios se indignavam mais contra mim, é em virtude de que eu os estimulava, e o Senhor, por meus pecados, o permitia.

9. Aconteceu também nesse tempo que, uma noite, pensei que iam me estrangular. Lançamos muita água-benta, e vi grande multidão deles a fugir como quem se despenha. São tantas as vezes que me atormentam esses malditos e tão pouco o medo que deles tenho, por ver que não se podem menear se o Senhor não lhes dá licença, que cansaria a Vossa Mercê e a mim se fosse contar todas as minúcias.

10. Sirva o que disse para que o verdadeiro servo de Deus despreze esses espantalhos inventados pelos demônios para nos causar temor. É bom saber que ficam com menos força, e a alma se torna muito mais senhora, cada vez que são desprezados; e sempre resulta algum proveito considerável que, para não me alargar, não comento.

Só narrarei o seguinte fato que me aconteceu numa noite de finados. Fui a um oratório e, ao rezar um noturno, dizia, ao fim, umas orações muito, muito devotas que temos em nosso breviário. Eis que de repente se me põe sobre o livro o demônio para me impedir de acabar a oração. Benzi-me e desapareceu. Tornei a começar, e logo voltou; o mesmo aconteceu por três vezes, se não me engano; e, enquanto não lancei água-benta, não pude terminar. Mal acabei, vi que saíram do purgatório algumas almas para cuja expiação decerto pouco faltava. Pensei que o propósito do demônio era quiçá retardar a libertação delas.

Raras vezes o tenho visto em forma corporal, e muitas sem ela, pela visão na qual, sem forma alguma sensível, percebe-se com clareza estar alguém ali, como já expliquei.

11. Quero também dizer outro caso, porque me causou imenso pavor. Estando em arroubamento no coro, em certo mosteiro, no Dia da Santíssima Trindade, vi uma grande contenda de demônios contra anjos. Não podia entender o que queria dizer aquela visão; mas antes de quinze dias o compreendi bem, por certa desavença que aconteceu entre algumas pessoas de oração e outras muitas que não o eram, e da qual resultou bastante dano à dita casa. Durou muito e causou considerável desassossego.

Outras vezes os via, em densa multidão, em meu entorno; e parecia-me estar metida numa grande claridade que me cercava toda e os impedia de se aproximarem. Entendi que me guardava Deus para não me atingirem de maneira que me fizessem ofender ao Senhor. Por várias coisas que vi diversas vezes, constatei como foi verdadeira essa visão. O caso é que já compreendi com perfeição quão pouco é o poder deles contra mim se eu mesma não for contra Deus. Por isso quase não os temo. Nada valem suas forças, a não ser que vejam almas covardes que se lhes rendam, pois aqui mostram eles sua tirania.

Parecia-me algumas vezes, quando era acometida das tentações de que falei, que todas as vaidades e fraquezas dos tempos passados tornavam a despertar em meu espírito, a ponto que tinha de me encomendar bem a Deus. Assaltava-me logo outro tormento: a suspeita de que, se me vinham tais pensamentos, tudo em mim devia ter origem diabólica; até que, por fim, sossegava-me o confessor. É que eu julgava comigo que nem princípio de mau pensamento havia de ter quem tantas mercês recebia do Senhor.

12. Noutras ocasiões, não pouco me atormentava, e ainda agora me atormenta ver que muito me estimam e dizem muito bem de mim, em especial quando são pessoas principais. Neste ponto tenho sofrido demasiado, e ainda sofro. Olho de imediato para a vida de Cristo e dos santos, e parece-me que sigo caminho oposto, pois eles não acharam senão desprezo e injúrias. Faz-me isto andar temerosa; quase não ouso levantar a cabeça, não quero dar mostras do que, na realidade, não faço. Quando sofro perseguições, anda a alma tão senhora – ainda que o corpo o sinta, e que eu, por outra parte, me aflija – que não sei como pode isto ser; é verdade que então parece estar ela em seu reino e trazer todas as coisas debaixo dos pés.

Vinham-me, por vezes, esses sentimentos de confusão de que falei e que duravam diversos dias. Era, a meu ver, de certo modo virtude e humildade; mas agora reconheço com clareza a tentação. Um religioso dominicano, grande letrado, declarou-me bem esta verdade. Quando me vinha à lembrança que essas mercês que o Senhor me faz viriam a ser tornadas públicas, era tão excessivo o tormento que me inquietava muito a alma. Chegou a tal ponto que, ao imaginá-lo, me parecia preferível ser enterrada viva; assim, logo que me começaram esses grandes recolhimentos e arroubamentos aos quais nem em público podia resistir, ficava, depois, tão corrida de vergonha, que não quisera aparecer onde alguém me visse.

13. Ao estar, em certa ocasião, muito aflita com isto, perguntou o Senhor *por que razão temia, pois só podia haver duas coisas: ou murmurariam de mim, ou louvariam a Ele*; dando-me a entender que uns dariam crédito e o louvariam, outros seriam incrédulos e condenar-me-iam sem culpa. Em ambos os casos, porém, sairia no lucro e, portanto, não me devia afligir. Muito me sossegaram essas palavras e ainda me consolam quando me vêm à memória.

Chegou a tal extremo a tentação, que me queria ir deste lugar e levar meu dote para outro mosteiro de clausura muito mais estreita do que o meu e de cujos rigores tinha ouvido falar. Era também de minha ordem e muito distante. Ficaria consolada de ir para longe e viver onde ninguém me conhecesse, mas nunca mo permitiu o confessor.

14. Tiravam-me em demasia a liberdade de espírito esses temores. Depois vim a entender que essa humildade não era boa, pois tanto me inquietava. Ensinou-me também o Senhor esta verdade: se eu estivesse convencida e certa de que nenhum bem era meu, senão de Deus, não me pesaria de que Ele mostrasse em mim suas obras; assim como não me pesava de ouvir louvar a outras pessoas, antes, me consolava e folgava muito de ver que nelas se ostentava a Divina Bondade.

15. Também dei em outro exagero, que foi suplicar a Deus em particular que desse Sua Majestade a conhecer meus pecados a quem pensasse bem de mim, e manifestasse quão sem merecimento de minha parte me fazia mercês. Tenho sempre muito vivo este desejo. Mandou-me meu confessor que não o

pedisse. Mas até pouco tempo atrás, quando me parecia que alguém pensava muito bem a meu respeito, mediante rodeios ou como podia, dava-lhe a entender meus pecados, e com isto de certo modo ficava aliviada. Também acerca disto me infundiram grandes escrúpulos.

16. Hoje compreendo que todas essas coisas procediam não de humildade, senão duma tentação que originava outras muitas. Parecia-me trazer a todos enganados e, embora seja verdade que assim andam em pensar que há algum bem em mim, não era meu desejo enganá-los e jamais pretendi tal coisa; é o Senhor que, por algum fim, o permite. Mesmo com os confessores, se não fora a necessidade, não trataria dessas graças e teria grande escrúpulo de o fazer.

Vejo agora que esses miúdos temores, esses desgostos e essas sombras de humildade provinham de grande imperfeição e de não estar eu mortificada, porquanto uma alma de todo abandonada nas mãos de Deus e que compreende as coisas como são é tão indiferente ao bem como ao mal que dela se diz. Bem entendido, o Senhor lhe faz mercê de compreender que nada lhe vem de si mesma. Fie-se ela em quem lhe dá tantas graças e sabe por que as descobre, e prepare-se para a perseguição, que, nos tempos de agora, é certa, quando quer o Senhor dar a entender que faz a alguma pessoa semelhantes mercês. Há mil olhos para uma alma dessas, ao passo que para mil almas de outro feitio não há um só.

17. Na verdade, não há pouca razão de temer, e daí vinha em parte meu receio. Era não humildade, senão pusilanimidade. Com efeito, a alma que, por permissão de Deus, assim se torna alvo dos olhos de todos, bem se pode aparelhar a ser mártir do mundo, pois se não quiser morrer a ele, o mesmo mundo lhe dará a morte. É certo que nele não vejo coisa que me pareça louvável a não ser que não pode perceber faltas nos bons sem as corrigir a poder de murmurações. Digo que é mister mais ânimo a quem ainda não está

perfeito, a fim de enveredar pelo caminho da perfeição, do que para, num momento, dar a vida pelo martírio. É que a perfeição não se alcança depressa, a não ser que o Senhor queira, por particular privilégio, fazer essa mercê. O mundo, ao ver alguém principiar, logo o quer perfeito; a mil léguas de distância descobre uma falta, que porventura é virtude, e condena-a porque, ao usar daquilo mesmo por vício, julga os outros por si. Não dá licença ao tal para comer, nem dormir, nem respirar, como se costuma dizer; e, quanto mais o tem em boa conta, mais parece olvidar que ainda está em corpo mortal e que, por perfeita que tenha a alma, vive sujeito a incontáveis misérias na terra, embora a tenha já debaixo dos pés. Em suma, é como digo: requer-se grande ânimo, porque a pobre alma ainda não começou a andar e querem que voe; ainda não tem subjugadas as paixões, e exigem que em perigosas ocasiões esteja tão perfeita como se lê dos Santos confirmados em graça.

É para louvar a Deus a guerra que sofre, ou, antes, é de cortar o coração, porque voltam atrás inúmeras almas – pobrezinhas! – por não saberem defender-se. Assim teria acontecido com a minha se o Senhor, com tamanha misericórdia, não tivesse feito tanto da sua parte. De fato, verá Vossa Mercê que, até tomar Ele tudo a seu cargo, minha vida foi um contínuo cair e levantar.

18. Quisera saber explicá-lo, pois creio que aqui muitas almas se enganam ao pretender voar antes que o Senhor lhes dê asas. Tenho ideia de que empreguei uma vez esta comparação, mas calha bem neste lugar. Insisto neste assunto, porque conheço pessoas cuja aflição provém disso. Principiam com grandes desejos, com fervor e determinação de progredir na virtude, e algumas, mesmo quanto ao exterior, tudo deixam por Deus. Ficam, entretanto, desconsoladas quando veem em outras, que estão mais adiantadas, imensas obras de virtudes dadas pelo Senhor e que por nós mesmos não podemos adquirir; ou quando, nos tratados de oração e contemplação, leem

certas coisas que havemos de fazer para subir a essa dignidade e elas não se podem logo resolver e praticar. São ensinamentos como estes: nada se nos dá que se diga mal de nós, antes, sentimos maior contentamento do que quando dizem bem; ter em pouca estima a honra; levar o desapego dos parentes a ponto de não querer tratar com eles se não têm oração, antes, sentir cansaço com sua convivência e muitas outras coisas deste gênero, que são, em meu parecer, dons de Deus e bens por certo sobrenaturais e contrários à nossa natural inclinação.

Não se aflijam; ponham no Senhor sua esperança, pois se perseverarem na oração e fizerem de sua parte quanto está em suas mãos, fará Sua Majestade que venham a ter por obras o que agora tem só em desejos. É muito necessário para este nosso fraco natural o manter grande confiança e não desanimar, nem perder a certeza de que, se nos esforçarmos, sairemos com a vitória.

19. Tenho muita experiência neste ponto e, em virtude disso, direi alguma coisa para aviso de Vossa Mercê. Quando se lhe afigurar ter uma virtude, não a tenha por adquirida enquanto não a experimentar com o seu contrário. Sempre havemos de andar suspeitosos, sem nos descuidarmos, no tempo em que vivemos; porquanto com muita facilidade ficamos novamente apegados, se, como digo, não nos foi dada, a pleno, a graça de conhecer quão pouco valem todas as coisas; e nesta vida, por mais que se receba, nunca deixa de haver muitos perigos.

Parecia-me, há alguns anos, que estava demasiado desapegada de meus parentes, que até me cansavam, e de fato sentia-me enfastiada com sua conversação. Sobreveio certo negócio de sobeja importância, e tive de conviver com uma das minhas irmãs a quem eu antes queria em demasia. Não me agradavam suas conversas porque, embora melhor que eu, tendo diferente estado, visto ser casada, não podíamos sempre falar do que eu quisera. Conservava-me sozinha o mais possível; contudo, vi que me davam pena seus trabalhos muito mais que os do próximo, e até alguma preocupação. Em suma, entendi de mim que não estava tão livre como pensava e que ainda tinha necessidade de fugir da ocasião para que medrasse a virtude que o Senhor me havia começado a dar. É o que, desde então, tenho procurado, com seu auxílio, fazer sempre.

20. Em muito apreço convém ter qualquer virtude, quando o Senhor no-la concede; e de maneira alguma devemos expor-nos ao perigo de a perder. Refiro-me a coisas que atingem a reputação, e a muitas outras, pois creia Vossa Mercê que nem todos os que nos julgamos desapegados de tudo, o estamos; e é mister nunca nos descuidarmos neste ponto. Qualquer pessoa que se sinta presa a algum ponto de honra, creia-me, se quiser progredir na virtude, combata esse apego. É um grilhão que nenhuma lima consegue quebrar. Só Deus o despedaça, mas com muitos esforços e orações da nossa parte. Parece-me ser um obstáculo neste caminho, e espanta-me o mal que faz.

Conheço pessoas, santas em suas obras, que as fazem tão grandes a ponto de causar admiração a todos. Valha-me Deus! Por que está ainda na terra uma alma destas? Como não atingiu o cume da perfeição? Que é isso? Que estorvo existe para quem tanto faz por Deus? Ah! É que está presa a um ponto de honra! E o pior é que não quer entender que o tem; e algumas vezes convence-a o demônio de que é obrigada a conservá-lo.

21. Creiam-me, creiam por amor do Senhor o que diz esta miúda formiga que Ele quer que fale. Esse defeito, se não o tirarem, será como uma lagarta: quiçá não estrague de todo a árvore; algumas outras virtudes restarão, mas todas carcomidas. Não é árvore frondosa; não medra, nem deixa medrar as suas vizinhas; porque a fruta que produz de bom exemplo não é nada sã: pouco durará.

Costumo dizer que, por mínimo que seja o ponto de honra, é como, no canto acompanhado de órgão, um trecho ou compasso errado que põe dissonância em toda a música. É coisa que em todas as partes prejudica em demasia as almas, mas, neste caminho de oração, é peste.

22. Andas a procurar juntar-te com Deus por união; pretendes seguir os conselhos de Cristo carregado de injúrias e de falsos testemunhos; e queres imaculados o crédito e a honra? Não é possível chegar lá, pois são opostos os caminhos. O Senhor só se chega à alma, quando nos esforçamos e procuramos perder o nosso direito em muitas coisas.

Mas, dirá alguém, não tenho em que agir assim, nem se me deparam ocasiões. Creio que, se tiver tal determinação, não permitirá o Senhor que perca tão grande bem: Sua Majestade proporcionará tantas ocasiões de adquirir essa virtude, que lhe parecerão demasiadas. Mãos à obra!

23. Quero contar as ninharias e bagatelas, ao menos algumas, em que eu me exercitava quando comecei; são as palhinhas que lanço ao fogo, como disse, pois de maiores obras não sou capaz. Tudo recebe o Senhor: bendito seja para sempre.

Entre minhas faltas, tinha a de saber mal a reza no breviário, as cerimônias do coro e o modo de oficiar; isto tão somente por viver descuidada e metida em muitas vaidades. Via outras, ainda noviças, que me podiam instruir, mas não as consultava para que não ficassem sabedoras da minha ignorância. Ocorre logo a ideia do bom exemplo; é o que costuma acontecer. Depois que Deus me abriu um pouco os olhos, ainda que soubesse, se houvesse a menor dúvida, interrogava as meninas. Nem perdi honra nem crédito, antes, quis o Senhor, em meu parecer, dar-me daí em diante mais memória.

Não sabia bem cantar e, se não tinha estudado o que me encomendavam, sentia-o tanto – não por fazer falta diante do Senhor, que isto fora virtude, senão pelas muitas pessoas que me ouviam –, que, de puro amor-próprio, em extremo me perturbava e cantava ainda muito pior do que sabia. Determinei, depois, confessar minha ignorância sempre que não estivesse bem certa. No princípio, sentia demasiado; depois, já o fazia com prazer. O resultado foi que, desde que comecei a não me importar de ver percebida minha incapacidade, cantei muito melhor. Era a falsa honra, que cada um põe onde quer, e eu punha nessas coisas, que me impedia de o fazer bem.

24. Com essas ninharias, que em si nada são – e nas quais, contudo, por ser menos que nada, achava eu dificuldade – pouco a pouco nos acostumamos a praticar atos. E exercitando-nos nessas pequeninas coisas, às quais Deus dá valor quando feitas por amor a Ele, com o seu auxílio passamos a coisas maiores. Em matéria de humildade, por exemplo, acontecia-me que, ao ver todas progredirem na virtude, menos eu, que nunca prestei para nada, à saída do coro recolhia e dobrava todas as capas. Parecia-me servir àqueles anjos que ali louvavam a Deus, até que, não sei como, vieram a entendê-lo. Isto me causou sobremaneira confusão, porquanto não ia minha virtude a ponto de querer que se descobrissem essas coisas; não por humildade, quiçá, mas para que não se rissem de mim à vista desses nadas.

25. Ó Senhor meu, que vergonha é ver tantas maldades e contar uns grãozinhos de areia, que nem ainda os levantava da terra por vosso serviço, senão indo tudo envolto em mil misérias! Não manava ainda a água de vossa graça debaixo dessas areias, de modo que as levantasse.

Ó Criador meu, quem me dera ter algum serviço de monta e assinalar, entre tantos males, quando relato as grandes mercês que tenho recebido de Vós! O fato é, Senhor meu, que não sei como o pode sofrer meu coração, nem como poderá deixar de aborrecer-me quem ler isto, vendo que, ao corresponder tão mal a tão imensas mercês, não tenho vergonha de contar esses serviços, miseráveis, como tudo que vem de mim. Sim, tenho vergonha, Senhor meu; mas por não ter outra coisa a contar de minha parte, animo-me a relatar tão baixos princípios para que, vendo que mesmo isto parece o Senhor ter levado em conta, os que fizerem grandes obras tenham esperança de que ainda melhor lhas aceitará. Praza a Sua Majestade dar-me graça para que eu não fique sempre tão somente em princípios. Amém.

CAPÍTULO 32

Em que narra como aprouve ao Senhor pô-la em espírito no lugar do inferno que, por seus pecados, tinha merecido[55]. Dá uma ideia do que se lhe representou, e que nada é em comparação da realidade. Começa a tratar do modo e dos meios pelos quais se fundou o Mosteiro de São José, onde agora está.

1. Havia já muito tempo que o Senhor me fazia muitas das mercês que referi e outras excelsas, quando um dia, ao orar, achei-me de súbito, ao que me parecia, metida corpo e alma no inferno. Entendi que queria o Senhor dar-me a ver o lugar que aí me haviam aparelhado os demônios, e eu merecera por meus pecados. Durou breve instante, mas, ainda que vivesse muitos anos, tenho por impossível olvidá-lo.

Pareceu-me a entrada um beco bem longo e estreito, semelhante a um forno muito baixo, escuro e apertado. O solo tinha a aparência duma água, ou, antes, dum lodo demasiado sujo e de pestilencial odor, cheio de répteis venenosos. No fundo havia uma concavidade aberta numa parede, a modo de armário, onde me vi encerrada e apertada com estreiteza.

Tudo isto era deleitoso à vista, em comparação do que ali senti. Entretanto, o que escrevi está muito aquém da verdade.

---

55. Diz o Padre Ribera, na vida de Santa Teresa, que esse lugar era não o que havia merecido, mas o que viria a merecer pelo caminho que levava. É a opinião unânime de todos os biógrafos da santa.

2. O tormento interior é tal que, segundo me parece, não há palavras para bem indicar, nem se pode entender como é de fato. Na alma senti tamanho fogo que não tenho capacidade para o descrever. No corpo, eram incomparáveis as dores. Tenho passado nesta vida outras imensas e, ao dizer dos médicos, as maiores que se podem aqui passar, como foi quando se me encolheram todos os nervos e fiquei tolhida, sem falar de outras muitas de diversos gêneros e até – como disse – algumas causadas pelo demônio; mas posso afirmar que tudo foi nada em comparação do que ali experimentei. E o pior era ver que havia de ser sem fim e sem jamais cessar.

Sim, repito, tudo mais pode chamar-se nada em relação ao agonizar da alma: é um aperto, um afogamento, uma aflição tão intensa e com uma tristeza tão desesperada e pungente, que não sei como encarecer semelhante estado! Compará-lo à sensação de que sempre vos estão a arrancar a alma é pouco, porque em tal caso seria como se outro vos acabasse a vida, mas aqui é a própria alma que se despedaça.

O fato é que não sei como encareça aquele fogo interior e aquele desespero que se sobrepõem a tão severos tormentos. Não via eu quem mos ministrava, mas sentia-me queimar e retalhar, ao que me parecia; e, piores, repito, são aquele fogo e aquela desesperação que cruciam o interior.

3. Em tão pestilencial lugar, sem poder esperar consolo, não há sentar-se, nem se deitar, nem espaço para tal; pois me puseram numa espécie de fenda cavada na muralha e as próprias paredes, espantosas à vista, oprimem, e tudo ali sufoca. Por toda parte, trevas demasiado escuras: não há luz. Não entendo como pode ser que, sem haver claridade, se enxerga tudo que à vista causa pena.

Não quis o Senhor, então, que eu visse mais do que há no inferno; depois, em outra visão, vi coisas espantosas acerca do castigo de alguns vícios. Pareceram-me muito mais horrorosas de ver, mas, como não sentia a pena, não me causaram tanto temor como nesta visão, na qual o Senhor quis que eu deveras sentisse aquelas torturas e aquela aflição no espírito, como se o corpo as estivesse padecendo.

Como isto foi não sei, mas bem entendi ser grande mercê, e querer o Senhor que eu visse, com meus olhos, de onde me havia livrado sua misericórdia. Em verdade, nada é ouvir, discorrer, ou mesmo meditar, a respeito da diversidade dos tormentos, como eu de outras vezes havia feito, embora de quando em vez, porque a feição de minha alma não é ser levada por temor; ou ler que os demônios atenazam as almas e lhes dão outros diferentes suplícios. Tudo é nada a respeito da verdadeira pena, que é coisa muito diversa. Numa palavra, é tão diferente como o debuxo o é da realidade; e o queimar-se aqui na Terra é sofrimento muito leve em comparação com aquele fogo de lá.

4. Fiquei tão aterrada, e ainda agora o estou enquanto isto escrevo, apesar de o ter visto há quase seis anos, que, de temor, tenho a impressão de me faltar o calor natural aqui onde estou. Desde então, ao que me recordo, toda vez que tenho trabalhos ou dores, logo me parece nada o que se pode passar na Terra; e assim, penso que, em parte, nos queixamos sem motivo. Foi esta, repito, uma das maiores mercês que me tem feito o Senhor. Valeu-me em demasia, quer para perder o medo às tribulações e contradições desta vida, quer para me esforçar a padecê-las e a dar graças ao Senhor, por me ter livrado, ao que agora me parece, de males tão perpétuos e terríveis.

5. De então para cá, como disse, tudo se me afigura fácil em comparação de sofrer um só instante o que lá padeci. Admiro-me de como, ao haver lido diversas vezes livros nos quais se dá alguma ideia das penas do inferno, não as temesse, nem as levasse em muita conta. Onde estava eu? Como podia achar descanso em caminho que ia ter a tão mau lugar? Sede bendito, Deus meu, para sempre! E como deixastes ver que me queríeis muito mais do que eu a mim mesma! Quantas vezes,

Senhor, me livrastes de tão tenebroso cárcere e como tornava eu a meter-me nele contra vossa vontade!

6. Daí também cobrei, além da imensa pena que me dá a vista dos muitos que se condenam, sobretudo desses luteranos que já pelo Batismo eram filhos da Igreja, os fortes ímpetos de salvar almas, que me fariam, tenho por certo, padecer mil mortes de muito boa vontade para livrar, ainda que uma só, de tão severos tormentos. Considero comigo que, vendo aqui na Terra uma pessoa a quem amamos, com grande trabalho ou dor, nossa própria natureza nos move à compaixão; e quanto maior o seu sofrimento, mais nos afligimos. Que será ver uma alma metida, sem esperança de fim, no trabalho que é o sumo dos trabalhos? Quem o poderá sofrer? Não há coração que o pondere sem grande lástima. Com efeito, se ainda aqui, sabendo que mais cedo ou mais tarde há de ter fim, ou ao menos acabará com a vida, nos movemos a tanta compaixão, não sei como podemos sossegar, à lembrança desse outro mal que não acaba, quando vemos tantas almas que a cada dia o demônio arrasta consigo.

7. Isso também me faz desejar que, em matéria que tanto nos importa, não nos contentemos enquanto não fizermos tudo que pudermos da nossa parte. Nada deixemos por fazer; e praza ao Senhor seja servido de nos dar graça para isso! Faço ainda esta consideração: embora eu fosse tão perversa, vivia com algum cuidado de servir a Deus e não fazia certas coisas que vejo fazerem no mundo, como quem bebe um copo de água. Afinal de contas, padecia graves enfermidades, e com muita paciência dada pelo Senhor. Não era inclinada a murmurar, nem falar mal do próximo, nem capaz, ao que me parece, de querer mal a alguém. Não tinha cobiça nem, ao que me lembro, tive jamais inveja, de modo a ser ofensa grave ao Senhor. Tinha ainda outras boas qualidades, pois, embora tão ruim, sentia quase sempre o temor de Deus. Entretanto, vi a morada que já tinham preparado para mim os demônios! Verdade é que, segundo minhas culpas, ainda me parecia merecer

maior castigo. Digo, contudo, que era terrível tormento, e perigoso é contentarmo-nos com pouco. Sobretudo, não sei como pode ter sossego ou satisfação a alma que ainda cai, passo a passo, em pecado mortal. Sim, por amor de Deus, fujamos das ocasiões, que o Senhor virá em nosso auxílio, como fez comigo. Praza a Sua Majestade que não me largue de sua mão, de modo que eu torne a cair, pois já vi onde hei de ir parar. Não o permita o Senhor, por quem Sua Majestade é. Amém.

8. Depois de ter visto essas e outras grandes coisas e segredos que, da glória futura dos bons e da pena dos maus, o Senhor, só por sua bondade, quis mostrar-me, andava eu a desejar modo e ocasião de poder fazer penitência de tanto mal e merecer um pouquinho para granjear tanto bem. Desejava fugir de todo comércio com as criaturas e, uma vez por todas, apartar-me por completo do mundo. Não se quedava meu espírito, mas seu movimento não era de inquietação, senão delicioso. Bem via ser dádiva de Deus e calor concedido por Sua Majestade à alma para que assimilasse outros manjares mais suculentos do que até então.

9. Pondo-me a imaginar o que poderia fazer por Deus, convenci-me de que a primeira coisa era seguir o que Sua Majestade tivera em vista quando me chamara à Religião, e guardar minha regra com a maior perfeição possível. No mosteiro em que eu estava havia muitas servas de Deus, e nele era o Senhor bem servido. Mas, em razão da grande penúria, as monjas saíam amiúde e passavam tempos em lugares onde podiam ficar com toda honestidade e religião. Além disso, a regra não fora estabelecida, nem era observada em seu primitivo rigor, senão de acordo com a Bula de mitigação[56], como, aliás, em toda a ordem, e havia ainda outros inconvenientes, pois me parecia demasiado o regalo por ser a casa grande e deleitosa. O pior para mim eram as saídas, embora eu muito usasse de-

---

56. A regra da Ordem do Carmo havia sido mitigada pelo Papa Eugênio IV em 1432.

las, porque algumas pessoas, as quais os prelados não podiam descontentar, gostavam de me ter em sua companhia e os importunavam com pedidos, de modo que eles me mandavam ir. O resultado seria, segundo se iam encaminhando as coisas, que eu pouco poderia estar no mosteiro. Devia em parte ser isto astúcia do demônio para não me deixar em casa, porquanto, ao comunicar a algumas o que me ensinavam meus confessores, era grande o proveito.

10. Aconteceu certa vez, ao estar com várias pessoas, perguntar uma delas[57], a mim e a outras, por que não seríamos monjas à maneira das descalças? E acrescentou que era bem possível fundar um mosteiro. Como já andava com esses desejos, comecei a tratar da fundação com aquela senhora viúva, minha companheira[58], que também suspirava por similar desejo. Ela se pôs a traçar planos para lhe dar renda, e agora vejo que não eram muito realizáveis, mas então, com o desejo que tínhamos, tudo nos parecia possível.

Da minha parte, ainda não estava bem resolvida porque sentia imenso contento na casa em que estava. Tanto esta, de fato, como minha cela, eram muito do meu gosto. Combinamos, contudo, encomendar com fervor o caso a Deus.

11. Um dia, depois da Comunhão, mandou-me Sua Majestade de modo categórico que trabalhasse nessa empresa com todas as minhas forças, fazendo-me grandes promessas de que se não deixaria de fundar o mosteiro e neste seria Ele muito bem servido. Disse-me que devia ser dedicado a São José; que este glorioso santo nos guardaria a uma porta, Nossa Senhora à outra, e Cristo andaria conosco; que a nova casa se tornaria uma estrela donde se irradiaria grande esplendor; que, embora as ordens religiosas estivessem relaxadas, eu não devia crer fosse

---

57. Sucedeu este fato na cela de Santa Teresa, na Encarnação, e quem sugeriu a fundação de um mosteiro reformado foi sua sobrinha Maria de Ocampo que, na Descalcez, recebeu o nome de Maria Batista.

58. Dona Guiomar de Ulloa.

Ele pouco servido nelas; que refletisse no que seria do mundo caso não houvesse religiosos. Ordenou-me, enfim, referir isso ao meu confessor, e, de sua parte, rogar-lhe que não fosse contrário à projetada obra, nem estorvasse a sua realização.

12. Teve essa visão tão grandes efeitos e, de tal maneira me penetraram as palavras do Senhor, não pude duvidar que viessem dele. Senti imensa pena porquanto imaginei em parte os desassossegos e trabalhos que me sobreviriam. Vivia, aliás, demasiado contente no meu convento, e se antes já tratava do negócio, não era com tanta determinação nem certeza de que se realizaria. Agora não tinha para onde fugir e, ao ver que seria origem de grande desassossego, estava em dúvida acerca do que deveria fazer. Por fim, foram muitas as vezes que o Senhor tornou a falar-me a respeito do assunto, sugerindo-me tantas causas e razões convincentes que conheci ser sua vontade e, não me atrevendo a fazer outra coisa, resolvi dizê-lo a meu confessor[59], e dei-lhe, por escrito, conta de tudo que se passava.

13. Não ousou ele dizer-me, com formalidade, que abandonasse meu intento, mas via que, segundo a razão natural, não era possível, porquanto minha companheira, que havia de fazer o mosteiro, dispunha de pouquíssimo, ou melhor, de quase nenhum cabedal. Disse-me que me entendesse com meu prelado[60] e fizesse o que este me ordenasse.

Eu não tratava dessas visões com o provincial, de modo que foi aquela senhora quem lhe disse que queria fundar o mosteiro. Ele, sempre muito favorável a tudo que é de religião, concordou a pleno, prometeu-lhe todo o apoio necessário e disse-lhe que tomaria a casa sob sua jurisdição. Trataram da renda que se havia de ter e da vontade que tínhamos, por muitas causas, de que nunca houvesse mais de treze religiosas.

---

59. O Padre Baltasar Álvarez.
60. O Padre Gregório Fernández.

Antes de começarmos a tratar do negócio, escrevemos ao santo Frei Pedro de Alcântara todo o sucesso; ele nos aconselhou que não deixássemos de fazer, e acerca de todos os pontos nos deu seu parecer.

14. Mal se começou a saber do projeto do lugar, veio sobre nós tão grande perseguição que levaria muito tempo a referir. Choveram os ditos e as risadas; tinham tudo em conta de disparate. A mim diziam que estava bem em meu mosteiro; à minha companheira perseguiam tanto, que a traziam atribulada. Eu não sabia o que fazer; chegava a pensar que em parte tinham razão. Ao estar assim muito aflita e ao encomendar-me a Deus, começou Sua Majestade a consolar-me e animar-me. Disse-me que por aqui veria o que tinham passado os santos fundadores das ordens religiosas; muito maiores perseguições do que eu podia imaginar me restavam a passar, mas ordenou que não tivesse medo. Acrescentava, de quando em quando, algumas palavras destinadas à minha companheira; e era admirável ver como logo ficávamos consoladas e com ânimo para resistir a todos. O fato é que na cidade, entre as pessoas de oração e mesmo entre todas, quase não havia uma que então não fosse contra nós e não tivesse tudo por imenso disparate.

15. Foram tantos os comentários e tal o alvoroto, mesmo no meu mosteiro, que pareceu duro ao provincial ter de enfrentar a todos e, ao mudar de opinião, recusou-se a admitir a futura casa. Alegou que a renda era diminuta, além de pouco segura, e que eram muitos os que nos contradiziam. Em tudo devia ter razão; o fato é que voltou atrás e retirou a licença.

Nós duas tivemos a impressão de serem esses os primeiros golpes e sentimos imenso pesar, sobretudo eu, por ver a oposição do provincial, pois seu consentimento ter-me-ia servido de desculpa aos olhos de todos. Chegaram as coisas a tal ponto, que já não queriam absolver a minha companheira se não desistisse do projeto, porque, segundo diziam, estava obrigada a fazer cessar o escândalo.

16. Foi ela falar a um letrado eminente[61], elevado servo de Deus, da Ordem de São Domingos, e deu-lhe conta de tudo. Isto foi antes que o provincial retirasse a licença, porquanto em toda a cidade não tínhamos quem nos quisesse dar parecer, assim, diziam que nos guiávamos só por nossas cabeças. Deu essa senhora relação de tudo e conta da renda que tinha de seu morgado ao santo varão, cheia de desejo de que nos ajudasse, porque era o maior letrado que havia então no lugar, e poucos o excediam na sua ordem. De minha parte, também lhe disse tudo que tencionávamos fazer e algumas das causas que nos moviam. Não lhe toquei em revelação alguma; apenas disse as razões naturais que me moviam, pois não queria que nos desse o parecer senão de acordo com estas.

Ele nos pediu um prazo de oito dias para responder, e perguntou se estávamos resolvidas a fazer o que nos dissesse. Respondi-lhe que sim, mas ainda que o afirmasse, e penso que o cumpriria, nunca perdi a segurança de que o mosteiro se havia de fundar. Minha companheira tinha mais fé: nunca se resolveria a deixar o projeto por coisa alguma que lhe dissessem.

17. Quanto a mim, como disse, tinha certeza de que não se deixaria de fazer; mas, embora tomasse por verdadeira a revelação, não lhe daria fé senão porque não fosse contrária ao que está na Sagrada Escritura ou às leis da Igreja que somos obrigados a cumprir. Em verdade, parecia-me ser de Deus; mas se aquele letrado me dissesse que não o podíamos fazer sem ofender ao Senhor e ir contra a consciência, penso que logo me apartaria daquilo e buscaria outro meio; conquanto, por então, não me desse o Senhor outro senão aquele.

Dizia-me, depois, o servo de Deus que se tinha encarregado do caso com firme determinação de fazer tudo para nos dissuadir, porque já tinha vindo à sua notícia o clamor do povo e também a ele, como a todos, que o projeto parecia desatino. Ao saber que o tínhamos procurado, um cavaleiro lhe mandou

---

61. O Padre Pedro Ibàñez.

avisar que visse bem o que fazia e não nos ajudasse. Pondo-se, porém, a estudar o que nos havia de responder e examinando o negócio, o intento que tínhamos, e o conjunto de ordem e religião que tencionávamos estabelecer, assentou consigo que era muito do serviço de Deus e que não se devia deixar de realizar.

Respondeu-nos que nos apressássemos a concluí-lo, e ensinou-nos os meios e modos a empregar; conquanto a fazenda fosse pouca, alguma coisa cumpria fiar de Deus. Disse mais: que quem o contradissesse fosse a ele, pois se encarregava de responder. Com efeito, sempre nos ajudou, como depois direi.

18. Com essa decisão, saímos muito consoladas, e também porque algumas pessoas santas, que antes nos eram contrárias, já estavam mais aplacadas, e algumas nos ajudavam.

Uma destas era o cavaleiro santo já citado, o qual, tão virtuoso como era, ao ver que o nosso projeto, baseado de todo na oração, traçava caminho tão perfeito, embora os meios lhe parecessem muito difíceis e impraticáveis, mudara de opinião e achava que podia ser coisa de Deus.

O Senhor, por certo, o movera e, da mesma forma, agira com o clérigo que já mencionei e a quem fiz as primeiras confidências. Esse mestre[62], que é para toda a cidade espelho de virtude, como pessoa enviada por Deus para remédio e aproveitamento de muitas almas, já se tinha resolvido a me ajudar no negócio.

Ao estar a coisa nestes termos, sempre com o auxílio de muitas orações, compramos a casa em bom sítio. Era pequena, mas disto nada se me dava, pois me dissera o Senhor que entrasse de qualquer modo e depois veria o que Sua Majestade havia de fazer. E quão bem o tenho visto! Assim, embora reconhecesse que a renda não seria suficiente, tinha fé no Senhor, que nos havia de favorecer e prover a tudo por outros meios.

---

62. Mestre Gaspar Daza. Cf. capítulo 23.

CAPÍTULO 33

Prossegue na mesma matéria da fundação do mosteiro do glorioso São José. Diz como lhe mandaram que não se envolvesse nela. Por quanto tempo a deixou e alguns trabalhos de que padeceu. Como a consolava o Senhor.

1. Ao estar os negócios neste ponto e quase concluídos, porquanto no dia seguinte se haviam de lavrar as escrituras, foi em rigor quando nosso padre provincial mudou de parecer. Creio que o fez por inspiração divina segundo se viu depois; porque ao atender às minhas orações, ia o Senhor aperfeiçoando a obra e dispondo que se fizesse de outro modo. Desde que o provincial não a quis admitir, logo me mandou o confessor que não cuidasse mais da empresa. Entretanto, sabe o Senhor os grandes trabalhos e aflições que me havia custado trazê-la a tal ponto. Como abandonamos tudo e ficaram as coisas paradas, mais se confirmou a opinião de que eram disparates de mulheres, e cresceu a murmuração contra mim, apesar de que, até então, tudo havia feito por mandado de meu provincial.

2. Estava muito malquista em meu mosteiro, por querer fazer casa de mais estreita clausura. Diziam que, ao assim proceder, as ofendia; que ali podia também servir a Deus, pois havia outras melhores do que eu; não tinha amor a meu convento; melhor seria procurar renda para ele do que para outra obra. Umas eram de opinião que me metessem no cárcere; outras, bem poucas, tomavam minha defesa com timidez. Bem via eu que em muitas coisas tinham razão; dizia-lhes algumas vezes o que me tinha levado a agir, mas como não podia con-

tar o principal, que era a ordem expressa do Senhor, não sabia como proceder, e, em geral, calava. Recebi de Deus uma imensa mercê, que foi não me perturbar com todos esses contratempos; pelo contrário, com tanta facilidade e contentamento, os deixei, como se nada me houvesse custado. Isto ninguém podia crer, nem ainda as almas de coração que tratavam em minúcias comigo; julgavam-me muito magoada e corrida, e até meu próprio confessor não conseguia convencer-se de todo. Quanto a mim, como me parecia ter feito tudo que estava a meu alcance, não me julgava obrigada a mais para cumprir o que me ordenara o Senhor, e permanecia em meu mosteiro, onde vivia muito contente e satisfeita. Ainda que jamais pudesse deixar de crer que se havia de fazer, já não via meio, nem sabia como, nem quando; contudo, tinha-o por muito certo.

3. O que me fez sofrer muito foi que, uma vez, meu confessor, como se eu houvesse dado algum passo contra sua vontade, me escreveu que me convencesse de que tudo era sonho e me emendasse para o futuro; não quisesse inventar novidades e não falasse mais em fundação, pois bem via o escândalo que resultara. E acrescentou outras coisas que muito me magoaram. Devia o Senhor querer que também daquela parte, que mais me havia de doer, não deixasse de me advir trabalho. Ao estar no meio de tantas perseguições, quando me parecia que dele havia de receber consolo, deu-me isto mais pena que tudo junto. Entrei a imaginar que talvez por minha causa e culpa houvessem ofendido a Deus, e, se as visões não passavam de mera ilusão, engano era também toda a minha oração, de modo que andava, portanto, muito enganada e em mau caminho. Tais pensamentos causaram-me terrível angústia; fiquei toda perturbada e aflita ao extremo. O Senhor, porém, que nunca me faltou, pois em todos os referidos trabalhos amiúde me consolava e animava por modos que não são necessários dizer aqui, disse-me então não haver motivo para me afligir, visto que no referido negócio, longe de haver eu ofendido a Deus, muito lhe agradara e servira; devia, contudo – confor-

me ordenara o meu confessor –, recolher-me ao silêncio por enquanto, até ser oportuno tornar a cuidar da projetada obra. Tão consolada e contente fiquei, que me parecia reduzir-se a nada toda a perseguição desencadeada contra mim.

4. Aqui me ensinou o Senhor o excelso bem que é padecer por Ele trabalhos e perseguições. Vi em minha alma tamanho aumento de amor de Deus, e de muitas outras coisas, que ficava admirada; daí vem que não posso deixar de desejar trabalhos. Todos me julgavam deveras envergonhada, e, de fato, assim seria se o Senhor não me favorecesse em extremo com tão grandes mercês.

Ao longo desse tempo comecei a ter maiores os ímpetos de amor de Deus de que falei, e mais altos arroubamentos, ainda que me calasse e a ninguém desse conta dos meus lucros. O santo varão dominicano não deixava de ter por tão certo como eu que se havia de fazer a fundação; e, porque eu em nada queria envolver-me para não desobedecer ao meu confessor, negociava ele tudo com minha companheira. Juntos escreveram para Roma, e davam todos os passos necessários.

5. Também começou aqui o demônio, de boca em boca, a espalhar e dar a entender que eu tinha tido alguma visão ou revelação do caso. Vinham várias pessoas a mim, com muito medo, a dizer-me que os tempos não andavam bons e que poderiam levantar algum falso testemunho e denunciar-me aos inquisidores. Achei graça na ideia; fez-me rir, porquanto, nesse ponto, nunca temi; tinha consciência de que, em matéria de fé, ou para não ir contra a menor cerimônia da Igreja, ou por qualquer verdade da Sagrada Escritura, estava pronta a morrer mil vezes. Respondia, pois, que a esse respeito nada receassem; em bem mau estado andaria minha alma se nela houvesse coisa de tal natureza que me fizesse temer a Inquisição. Imaginasse eu haver necessidade, e seria a primeira a ir buscá-la; mas se eram imputações falsas as que me assacavam, o Senhor tomaria minha defesa e redundaria tudo em meu proveito.

Dei conta de toda a minha vida a esse padre dominicano, pois, como disse, dado que era eminente letrado, bem podia eu ficar tranquila com o que me dissesse. Fiz-lhe uma relação completa de todas as visões, do meu modo de oração e das grandes mercês que me fazia o Senhor, com a maior clareza que pude, e supliquei-lhe que tudo examinasse muito bem, visse se havia coisa contra a Sagrada Escritura e me desse seu parecer. Ele me tranquilizou muito, e penso que minhas confidências lhe foram proveitosas porque, embora já muito bom religioso, daí por diante muito mais se deu à oração. Para melhor se entregar a esse exercício, recolheu-se a um mosteiro de sua ordem em lugar muito solitário, e aí permaneceu mais de dois anos, até que, por obediência e com grande pesar, foi aonde seus merecimentos o tornavam necessário.

6. Embora não quisesse nem procurasse retê-lo, senti muito quando partiu, pela grande falta que me fazia. Mas compreendi quanto isto lhe era proveitoso, porquanto, ao estar assaz pesarosa pelo seu afastamento, o Senhor me disse que não me afligisse e me consolasse, pois ia ele por bom caminho. À sua volta, trazia a alma tão aproveitada e adiantada nas vias do espírito que, segundo me disse, por nada no mundo trocaria o tempo que ali esteve. O mesmo podia eu dizer, porque, se antes me infundia segurança e consolação só com seu saber, agora o fazia também com a experiência do espírito, que já era profunda, acerca das coisas sobrenaturais. Deus o trouxe aliás no preciso tempo em que viu Sua Majestade ser necessário para ajudar a essa sua obra e trabalhar para esse mosteiro, cuja fundação era querida pelo Senhor.

7. Acolhi-me, como disse, ao silêncio, sem me envolver nem falar do negócio, cinco ou seis meses, e nunca o Senhor me mandou o contrário. Eu não compreendia a causa, mas não podia perder o pensamento de que se havia de fazer.

Decorrido esse tempo, e removido daqui o reitor do Colégio da Companhia de Jesus, trouxe Sua Majestade outro muito espiritual[63], douto e de ânimo esforçado, justamente quando eu me via bem necessitada. Com efeito, como o que me confessava tinha superior, e os da Companhia têm em extremo esta virtude de não se moverem senão de acordo com a vontade de seus maiores, embora ele entendesse bem meu espírito e tivesse desejo de me ver ir muito adiante, não ousava dar decisão em algumas circunstâncias, por muitas causas que para isso tinha. Já ia minha alma com ímpetos tão veementes que muito sentia ver-se atada, mas não saía do que ele me ordenava.

8. Estando eu um dia com forte tribulação, parecendo-me que o confessor não me cria, disse-me o Senhor que não me afligisse, pois bem depressa aquela pena teria fim. Alegrei-me muito; pensei que ia morrer em breve, e, quando me lembrava, sentia muito contentamento. Depois vi com clareza que se tratava da vinda do mencionado reitor, pois nunca mais se me ofereceu ocasião da mesma pena. O novo reitor não ia à mão ao ministro, que era meu confessor, antes lhe dizia que me consolasse, sem mais receio; que não me levasse por caminho tão apertado, e deixasse obrar o Espírito do Senhor. De fato, às vezes minha alma, com os grandes ímpetos do espírito, ficava, por assim dizer, quase sem poder respirar.

9. Ao visitar-me esse reitor, mandou-me o confessor que lhe falasse com toda liberdade e clareza. Eu costumava sentir imensa contradição quando tinha de me abrir assim; mas eis que, ao entrar no confessionário, senti no interior um não sei que, como não me recordo ter sentido com ninguém, nem antes nem depois. Não há comparações que o deem a entender, porque foi um gozo espiritual, uma intuição de que aquela alma compreenderia a minha e de que havia afinidade entre ambas; e isto, torno a dizer, não sei de que maneira. Sim, porquanto se eu já lhe houvesse falado, ou se tivesse informações a seu respeito, não seria muito que sentisse gosto com a esperança de ser compreendida; mas nunca havíamos trocado palavra, nem dele ouvira antes falar.

---

63. O Padre Gaspar de Salazar.

Mais tarde, vi ao claro que meu espírito não me enganara, pois de seu trato resultou, sob todos os pontos de vista, grande proveito para meus negócios e para minha alma. A sua maneira de dirigir é muito adequada às pessoas que o Senhor parece já ter elevado muito alto, porquanto as faz correrem e não irem passo a passo. Procura sempre desapegá-las de tudo e mortificá-las, tendo-lhe o Senhor dado para isso, assim como para muitas outras coisas, extraordinário talento.

10. Ao tratar com ele, logo compreendi seu modo de proceder e vi que era alma pura, santa, que tinha dom especial do Senhor para discernir espíritos. Fiquei muito consolada. Pouco depois, entrou uma vez mais o Senhor a instar comigo para que tornasse a tratar do negócio do mosteiro, e mandou-me que dissesse a meu confessor e ao referido reitor muitas razões e causas para que não me estorvassem. Algumas destas lhes causaram impressão, porque o padre-reitor nunca duvidou de que fosse Espírito de Deus, tendo com muita ponderação e solicitude estudado todos os seus efeitos. Por fim, em virtude de muitos motivos, não ousaram criar-me empecilhos.

11. Tornou meu confessor a dar-me licença para me dedicar à obra com todas as forças. Bem via eu em que trabalho me metia, por estar só e ter pouquíssimos recursos. Ficou assentado que se faria tudo com o maior segredo, de modo que procurei que uma de minhas irmãs[64], que vivia fora daqui, comprasse a casa e fizesse as obras, como se a ela pertencesse, com o dinheiro que o Senhor, por certas vias, nos enviou em quantidade para a compra. Seria longo narrar como o Senhor proveu pouco a pouco as necessidades. Quanto a mim, tinha o maior cuidado de não dar passo contra a obediência; mas agia em segredo, consciente de que, se o dissesse a meus prelados, tudo estava perdido, como da vez passada, e ainda pior.

---

64. Dona Joana de Ahumada, casada com Dom João de Ovalle, a qual residia em Alba.

Em conseguir dinheiro, fazer as diligências necessárias, organizar planos e dirigir obras, passei imensos trabalhos, e alguns bem sozinha. Minha companheira fazia o que estava em suas mãos, mas podia pouco, tão pouco que era quase nada. Apenas a obra era feita em seu nome e com seu favor; todo o trabalho restante era meu, de tantos modos que agora me espanto de como pude aguentar. Algumas vezes dizia na minha aflição: Senhor meu, como me ordenais coisas que parecem impossíveis? Se, embora sendo mulher, tivesse liberdade! Mas atada por tantas partes, sem dinheiro e sem ter onde o buscar, nem para as despesas do Breve, nem para coisa alguma: que posso fazer, Senhor?

12. Certa vez, ao estar numa necessidade sem saber o que resolver, nem com que pagar aos oficiais, apareceu-me São José – meu verdadeiro pai e senhor – e deu-me a entender que os contratasse, pois não me faltariam recursos. Assim o fiz sem ter um real[65]; e o Senhor me proveu por certos meios que deixavam pasmos os que vinham a saber.

Pus-me a achar muito pequena a casa, e de fato o era, a tal ponto que parecia impossível convertê-la em mosteiro. Pensei em adquirir outra, também muito acanhada, junto da nossa, para a transformar em Igreja; mas não havia meio de realizar a compra, nem dinheiro para isso, e tampouco eu sabia o que fazer. Eis que um dia, ao acabar de comungar, ouvi do Senhor estas palavras: *"Já te disse que entres como puderes"*. Depois, a modo de exclamação, acrescentou: *"Ó cobiça do gênero humano, que até a terra pensas que te há de faltar! Quantas vezes dormi eu ao relento, por não ter onde buscar abrigo!"*

Fiquei muito temerosa e vi que o Senhor tinha razão. Vou ver a casinha, traço meus planos, e acho meios de fazer um mosteiro regular, ainda que bem pequeno. Desde então não pensei em comprar mais terreno; procurei adaptá-la, de modo a se po-

---

65. *Ninguna "blanca"*, pequena moeda.

der nela viver, fazendo tudo, grosseiro e tosco, apenas o necessário para não prejudicar a saúde, e assim há de se proceder sempre.

13. Quando ia comungar no Dia de Santa Clara, apareceu-me esta santa com muita formosura. Disse-me que tivesse coragem e prosseguisse no meu empreendimento, pois não deixaria de me ajudar. Cobrei-lhe extrema devoção. Em prova do cumprimento de sua promessa, um mosteiro de sua ordem, situado perto do nosso, nos tem ajudado a viver. Ainda mais: pouco a pouco a bem-aventurada santa elevou os meus anelos a tanta perfeição que a pobreza por ela instituída em seus mosteiros se observa também neste e vivemos de esmolas. Pouco trabalho não me custou estabelecer isso como regra sancionada pelo Santo Padre, de modo a não se poder fazer outra coisa e jamais termos renda. Mais ainda faz o Senhor, talvez pelos rogos da bendita santa, pois sem peditório algum nos provê do necessário com muita fartura. Seja bendito por tudo. Amém.

14. Por esses mesmos dias, ao estar na Festa da Assunção de Nossa Senhora num mosteiro da ordem do glorioso São Domingos, enquanto considerava os muitos pecados que em tempos idos havia confessado naquela casa, e várias coisas de minha ruim vida, sobreveio-me um arroubamento tão grande que quase perdi de todo os sentidos. Sentei-me e penso que nem pude ver a elevação nem ouvir a missa, o que me deixou algum escrúpulo. Em tal estado pareceu-me ver que me recobriam duma veste de grande brancura e esplendor. Ao princípio, não enxergava quem ma vestia; depois vi Nossa Senhora a meu lado direito e meu pai São José ao esquerdo, que me adornavam com aquelas vestes. Tive a intuição de que me faziam compreender que estava limpa de meus pecados. Depois de assim vestida com excelsa delícia e glória, logo me pareceu que a Senhora me tomava as mãos nas suas. Disse-me que eu lhe causava muito contentamento com a minha devoção ao glorioso São José; estivesse certa de que o mosteiro se faria conforme os meus desejos; nele muito bem servido seriam o Senhor, ela

e São José; não receasse que neste ponto houvesse relaxação, embora se fundasse sob uma jurisdição que não era do meu gosto, pois Ela e seu Esposo nos guardariam e já seu Filho nos havia prometido andar conosco. Para sinal da verdade de suas promessas, dava-me aquela joia.

Pareceu-me, então, que me punha ao pescoço um colar de ouro demasiado formoso, do qual pendia uma cruz de elevado valor. Esse ouro e essas pedras preciosas são tão diferentes das de cá, que não se pode estabelecer comparação; é sua formosura muito superior ao que na Terra podemos imaginar. Não é capaz o entendimento de perceber de que matéria era a veste, nem pode a imaginação reproduzir a alvura que apraz ao Senhor representar-nos; todas as coisas cá de baixo se nos afiguram, por assim dizer, mero debuxo a carvão.

15. Era sublime a formosura que vi em Nossa Senhora, conquanto não tenha podido observar nenhum dos traços em particular, senão, em conjunto, a beleza do rosto. Estava vestida de branco, cercada de esplendor imenso, mas suave, que não deslumbra. Não vi tão ao claro o glorioso São José, embora percebesse bem que estava ali, como nas visões de que falei nas quais não se veem imagens. Parecia-me Nossa Senhora assaz jovem.

Depois de estarem assim comigo, por algum tempo – e eu com excelso gozo e glória, como jamais talvez havia tido, nem quisera ver findar –, pareceu-me vê-los subir ao céu, rodeados de inumeráveis Anjos. Fiquei com suma saudade, mas tão consolada, enlevada, absorta em oração e enternecida, que algum tempo estive quase fora de mim, sem conseguir falar nem fazer movimento. Causou-me essa visão veemente ímpeto de me consumir no serviço de Deus. Foram tais os seus efeitos em mim e de tal modo tudo se passou, que jamais pude, por mais que o procurasse, duvidar de que fosse coisa de Deus. Deixou-me demasiado consolada e com imensa paz.

16. O que disse a Rainha dos Anjos acerca da jurisdição deveu-se a eu sentir muito não pôr o mosteiro sob a obediência de nossa ordem, mas tinha-me dito o Senhor que não convinha fazê-lo. Deu-me as razões pelas quais de nenhum modo era isto conveniente, e disse-me que mandasse a Roma, por certa via que também me indicou, prometendo que por esse meio viriam as licenças. Assim se cumpriu, pois até então nunca o negócio tivera solução e, depois que enviamos por onde o Senhor me ensinou, veio tudo muito bem. Também para o que sucedeu mais tarde, foi muito conveniente que se tivesse prestado obediência ao bispo[66], mas nesse tempo não o conhecia eu, nem imaginava que prelado seria. Permitiu o Senhor que fosse tão bom e favorecesse tanto essa casa, como era preciso para a formidável contradição que se levantou contra ela – como direi em seguida – e para trazê-la ao estado em que ora se acha. Seja aquele que assim fez tudo bendito para sempre. Amém.

---

66. Dom Álvaro de Mendoza.

CAPÍTULO 34

Trata de como nesse tempo foi conveniente que se ausentasse do lugar em que vivia. Diz a causa, e conta como a mandou seu prelado a consolar uma senhora de alta nobreza que estava muito aflita. Começa a tratar do que então lhe sucedeu. Narra a grande mercê que lhe fez o Senhor de, por seu intermédio, mover a que o servisse mui deveras uma pessoa de elevada posição, em quem ela encontrou depois favor e amparo. Tudo quanto diz é muito digno de nota.

1. Apesar de me esforçar para que não viessem a saber da obra empreendida, foi impossível levá-la a cabo tão em segredo que dela não se tivesse notícia. Algumas pessoas acreditavam, outras não. Eu tinha demasiado receio de que, quando o provincial se inteirasse dos boatos, ordenar-me-ia a não cuidar da fundação, e, assim, tudo ficaria parado.

Proveu, porém, o Senhor a tudo da seguinte maneira. Numa grande cidade[67], a mais de vinte léguas deste lugar, sucedeu achar-se uma senhora[68] muito aflita e desolada em consequência da morte do marido. Tamanho era o abatimento no qual se encontrara que temiam por sua saúde. Teve ela notícia desta reles pecadora, porque assim quis o Senhor, permitindo que lhe dissessem bem de mim, pelos muitos proveitos que daí resultariam. Essa senhora, que era de alta nobreza, conhecia muito o nosso provincial e, posto que sabia

---

67. Toledo.
68. Dona Luiza de la Cerda, filha do Duque de Medina-Coeli e viúva de Arias Pardo de Saavedra, um dos mais ricos senhores da Espanha.

não haver clausura no meu mosteiro, teve, por inspiração do Senhor, grande desejo de me ver, com a intuição de que eu a consolaria. Não pôde resistir e logo procurou ter-me em sua casa, enviando, para este fim, mensageiro ao provincial que estava bem longe. Este me mandou ordem, com preceito de obediência, para partir de imediato com alguma companheira. Recebi-a na noite de Natal.

2. Causou-me tal ordem alguma perturbação e muita mágoa ao perceber que o motivo de quererem levar-me era o bom conceito que de mim faziam. Vendo-me tão ruim, não o podia sofrer. Encomendei-me muito a Deus e estive todo o tempo de Matinas, ou parte considerável dele, em grande arroubamento. Disse-me o Senhor que não deixasse de ir e não desse ouvidos a objeções; poucos me aconselhariam sem temeridade; trabalhos teria, mas resultaria demasiada glória para Deus; quanto à fundação do mosteiro, convinha ausentar-me até vir o Breve. Acrescentou ter o demônio armado grande trama para quando o provincial voltasse, mas eu nada temesse porque Ele me ajudaria.

Fiquei muito animada e consolada. Disse tudo ao reitor, e ele me respondeu que, em absoluto, não deixasse de ir. Diziam outros que era absurdo; que seria alguma invenção do demônio para daí me originar prejuízo; que eu devia pedir ao provincial revogação da ordem.

3. Obedeci ao reitor e, confortada pelo que havia entendido na oração, parti sem medo, mas com imensa confusão ao ver a que título me levavam e como se enganavam tanto a meu respeito. Isso me fazia importunar mais o Senhor para que não me largasse de sua mão. Consolava-me muito pensar que havia casa da Companhia de Jesus na cidade para onde ia; parecia-me que, se continuasse sujeita àqueles padres, como aqui, viveria com alguma segurança.

Foi o Senhor servido que aquela senhora se consolasse tanto, que logo começou a melhorar a olhos vistos, e cada dia se achava menos atribulada. Maravilharam-se todos, pois – como disse – a saudade a definhava de pouco a pouco. Por certo agiu assim o Senhor pelas muitas preces que faziam pessoas virtuosas, minhas conhecidas, para que tudo me corresse bem. Era a senhora tão temente a Deus e tão piedosa, que a sua religiosidade supriu o que me faltava. Tomou-se de grande afeição por mim, e eu, por ver sua bondade, também lhe queria muito; mas tudo se me convertia em cruz, porque os regalos me davam cruéis tormentos, e o fazerem tanto caso de mim trazia-me grande temor. Andava minha alma tão encolhida, que não ousava descuidar-se, nem dela se descuidava o Senhor, pois, enquanto ali estive, me favoreceu com excelsas mercês. Davam-me estas tanta liberdade e inspiravam-me tal desprezo por tudo quanto via – tanto maior quanto mais preciosas eram as coisas – que, podendo ter muita honra de servir àquelas damas, as tratava tão lhanamente como se fora da mesma linhagem.

4. Tirei disto considerável proveito, e não deixava de o dizer à senhora. Vi que era mulher tão sujeita a paixões e fraquezas como eu; compreendi quão pouco se hão de estimar as grandezas humanas, e como, quanto maior é um senhor, mais cuidados e trabalhos tem. Acompanha-o uma preocupação de guardar a compostura correspondente à sua nobreza, que lhe tira todo o gosto da vida. Até o comer é fora de tempo e de acerto, porquanto tudo há de ser regulado de acordo com a dignidade e não com o temperamento; diversas vezes os manjares são mais conformes à nobreza do que ao gosto.

O resultado foi que aborreci por completo o desejo de ser senhora. Deus me livre, todavia, de má compostura para com as pessoas assaz distintas. Esta a quem me refiro, embora seja das principais do reino, é muito simples; creio que poucas haverá mais humildes. Tinha eu pena – e ainda tenho – de a ver forçada a todo instante a contrariar suas inclinações para obedecer às exigências de sua nobreza. Das pessoas de casa pouco se podia fiar, embora fossem boas as que a cercavam; mas era preciso cuidar de não falar nem atender mais a uma do que a outra, sob pena de ficar malquista e favorecida.

Redunda isso em verdadeira sujeição. Uma das mentiras do mundo é chamar senhores às pessoas de alta classe, que mais me parecem escravos em mil pontos.

Foi o Senhor servido de que, durante o tempo que estive naquela casa, todos progredissem no serviço de Sua Majestade; contudo, não deixei de sofrer alguns trabalhos e invejas que de mim tinham algumas pessoas pela muita afeição que me votava aquela senhora. Suspeitavam, porventura, algum interesse ou pretensão da minha parte. Devia permitir o Senhor que me dessem algum sofrimento essas coisas e outras de diversos modos, para que eu não me embebesse no regalo que por outra parte havia, e de tudo foi servido tirar-me com aproveitamento de minha alma.

6. Quando estava na referida cidade, coincidiu ir ali um religioso[69], pessoa muito importante, com quem eu havia tratado algumas vezes, anos atrás. Fui ouvir missa num mosteiro de sua ordem, próximo à casa onde eu estava, e deu-me vontade de saber as disposições daquela alma, pois desejava que fosse muito servo de Deus. Levantei-me para ir falar-lhe, mas pareceu-me depois que era perder tempo, pois já me achava recolhida em oração, e tornei a sentar-me e perguntar a mim mesma que tinha eu com aquilo. Se não me engano, por três vezes fiz assim. Por fim, pode mais o Anjo bom que o mau: fui chamá-lo, e veio falar comigo num confessionário.

Como havia muitos anos que não nos víamos, pus-me a perguntar-lhe por sua vida, e ele pela minha. Comecei a contar-lhe que a minha tinha sido de muitos tormentos da alma. Instou em demasia para que lhos contasse. Respondi que não eram para ser sabidos, nem lhos podia eu relatar. Tornou-me

---

69. O Padre Frei Garcia de Toledo, da ordem do glorioso São Domingos.

ele que o padre dominicano[70], de quem falei, estava a par de tudo e, sendo muito seu amigo, lho contaria; portanto, não me importasse de lho confiar também.

7. O caso é que nem esteve em suas mãos deixar-me de importunar, nem nas minhas, creio eu, escusar-me de lho dizer. Sendo tanto o pesar e pejo que costumo ter quando trato dessas coisas, com ele e com o reitor acima mencionado, não tive pena alguma, antes, me consolei muito. Contei-lhe tudo sob segredo de confissão.

Achei-o mais avisado que nunca, embora tivesse admirado sempre sua grande inteligência. Considerei os raros talentos e predicados que tinha para fazer muito bem, caso se desse de todo ao Senhor, porque, de uns anos para cá, não posso ver pessoa que muito me agrade sem logo querer vê-la entregue a Deus por completo. É isto com tais ânsias, que algumas vezes não me posso conter. Desejo que todos o sirvam, mas, quando se trata dessas pessoas que me satisfazem, é com imenso ímpeto, de modo que muito suplico ao Senhor por elas. Com o religioso em questão assim aconteceu.

8. Rogou-me que o encomendasse a Deus, mas não tinha necessidade de mo pedir, porque já não poderia eu fazer outra coisa. Vou logo aonde costumava isolar-me para fazer oração e, muito recolhida, começo a falar ao Senhor com extrema simplicidade[71], como a Ele me dirijo muitas vezes, sem saber o que digo. Então, é o amor que fala, e está a alma tão fora de si que não olha a diferença que há dela para Deus. O amor que sabe lhe ter Sua Majestade a faz esquecer-se de si mesma; parece-lhe estar nele, tê-lo como coisa própria que ninguém lhe pode tirar, e diz desatinos. Depois de pedir ao Senhor, com abundantes lágrimas, que chamasse muito deveras a seu serviço aquela alma que, embora tão boa, não me contentava de

---

70. Pedro Ibáñez.
71. No original: *con un estilo abobado*.

todo, porquanto eu a queria muito santa, recordo-me de lhe ter suplicado: Senhor, não me haveis de negar essa mercê; vede que bom elemento para nosso amigo!

9. Ó bondade e condescendência grande de Deus! Como não considera Ele as palavras, senão os desejos e o amor com que se dizem! Como sofre que uma criatura como eu fale a Sua Majestade com tanto atrevimento! Bendito seja para sempre, por toda a eternidade!

10. Lembro-me também de que naquela noite, enquanto orava, senti grande aflição ao pensar que eu mesma talvez vivesse em inimizade de Deus, sem saber se estava ou não em sua graça. Não é que o quisesse perscrutar, mas desejava morrer para não me ver em vida onde não tinha segurança de não estar morta. Não podia haver para mim morte mais dura do que o receio de ter talvez ofendido a Deus; via-me apertada com essa perda e, transbordante de ternura, derretida em lágrimas, suplicava-lhe que não o permitisse. Entendi, então, que bem me podia consolar e ficar certa de que estava em graça; porque semelhante amor de Deus, as mercês que Sua Majestade me concedia e os sentimentos que me inspirava não podiam existir em alma que estivesse em pecado mortal.

Infundiu-me o Senhor confiança de que havia de fazer o que eu lhe suplicava a respeito daquela pessoa, e encarregou-me de lhe transmitir umas palavras. Senti-o muito, porquanto não sabia como as dizer. Dar recados à terceira pessoa é sempre o que mais me custa, em especial quando ignoro como os tomará ou se zombará de mim. Fiquei muito aflita, mas, afinal, senti-me tão persuadida a obedecer que, segundo me lembro, prometi a Deus não deixar de transmitir as suas palavras. Escrevi-as, entretanto, pela grande vergonha que tinha, e assim as entreguei ao religioso.

11. Pelo efeito que neste produziram, bem se viu ser coisa de Deus. Determinou-se muito deveras a dar-se à oração, ainda que não o fizesse de imediato. O Senhor, como o queria para

si, por meu intermédio mandava dizer-lhe certas verdades que, sem eu as entender, vinham tão a propósito, que o espantavam e ao mesmo tempo deviam dispô-lo a crer que eram de Sua Majestade. Quanto a mim, embora miserável, muito suplicava ao Senhor que o atraísse de todo para si e lhe desse aborrecimento pelas satisfações e coisas da vida. Seja Ele para sempre louvado, que o fez com tamanha perfeição que, sempre que me fala esse religioso, fico maravilhada. Se eu não o houvesse visto, teria por duvidoso fazer-lhe o Senhor em tão breve tempo tão altas mercês, e trazê-lo tão ocupado em si, que já não parece viver para as coisas deste mundo.

Sua Majestade o tenha de sua mão, pois se ele for assim adiante – como espero no Senhor que acontecerá, visto ter sólido e profundo conhecimento de si próprio – há de ser um de seus mais assinalados servos e de grande proveito para muitas almas. Com efeito, em pouco tempo adquiriu muita experiência das coisas do espírito, porquanto o Senhor concede seus dons como e quando quer, sem que dependam da antiguidade ou dos serviços. Não digo que isto não ajude muito, mas o fato é que amiúde não dá o Senhor em vinte anos a uns a contemplação que num só ano dá a outros. A causa, Sua Majestade o sabe.

O engano está em imaginarmos que os anos nos fazem entender o que só com a experiência podemos alcançar. Erram, portanto – repito –, muitos que, sem serem espirituais, querem discernir espíritos. Não digo, todavia, que um homem douto não possa dirigir quem é espiritual se ele próprio não o for. Poderá fazê-lo, mas deste modo: veja que tudo nas coisas exteriores e interiores de ordem natural vá conforme à luz da razão; e, nas sobrenaturais, que esteja de acordo com a Sagrada Escritura. No mais, não se atormente, nem julgue entender o que não entende, nem afogue os espíritos que, já neste ponto, outro maior Senhor os governa, e não estão sem superior.

12. Não se espante, nem tenha as coisas por impossíveis; tudo é possível ao Senhor. Procure antes avigorar a fé e humilhar-se; ademais, veja que nesta ciência faz o Senhor, porventura, mais sábia uma velhinha do que a ele, com toda a sua doutrina. Com essa humildade, aproveitará mais às almas e a si do que caso se arvore de contemplativo sem o ser. Sim, porque torno a dizer: se lhe falta a experiência e não tem sobeja humildade para se convencer de que tais coisas, embora não as entenda, não são impossíveis, ganhará pouco, e ainda menos dará a ganhar às almas que dirige. Se tiver humildade, não tenha medo, que o Senhor não permitirá que se engane nem engane os outros.

13. Este padre, de quem falo, em muitas coisas recebeu do Senhor experiência; por outro lado, procurou estudar tudo o que por estudo se pode adquirir acerca dessa matéria, pois é muito douto. Quanto ao que não entende por experiência, pergunta-o a quem a tem, e, assim, ajudado pelo Senhor que lhe dá grande fé, muito se tem aperfeiçoado, e faz progredir algumas almas, em cujo número está a minha. Sabendo o Senhor em quantos trabalhos me havia eu de ver, e tendo Sua Majestade de levar consigo alguns dos que me governavam, parece ter determinado que ficassem outros que, além de me ajudarem em numerosas dificuldades, têm-me feito imenso bem. Transformou-o o Senhor por inteiro, de maneira que ele mesmo quase não se conhece, por assim dizer; tem-lhe dado forças corporais para a penitência, ao passo que antes não as tinha e vivia enfermo. Tornou-o animoso para todo bem e deu-lhe outras graças, pelas quais se vê com clareza ser muito particular chamamento do Senhor. Seja bendito para sempre.

14. Creio que todo esse bem lhe tem vindo das mercês que recebe na oração, que são bem reais. Em algumas circunstâncias, já tem querido o Senhor manifestá-lo, porquanto se sai delas como quem já se compenetrou da verdade do mérito que se ganha em sofrer perseguições. Deus é grande, e nele espero que a alguns de sua ordem e a toda ela há de vir muito

bem por meio desse religioso. Já se vai entendendo isto. Tenho tido elevadas visões, nas quais me tem dito o Senhor grandes maravilhas dele, do reitor da Companhia de Jesus de quem falei[72] e de outros dois religiosos da Ordem de São Domingos[73], sobretudo de um. No adiantamento espiritual deste, demonstrado por obras, o Senhor dá a entender algumas coisas que me revelara a seu respeito. Muitas, sobretudo, foram as revelações acerca de um religioso de quem trato.

15. Um fato quero agora consignar aqui. Certa vez, ao com ele estar no locutório, era tanto o amor de Deus que minha alma percebia arder na sua, que me punha quase absorta. É que verificava o poder da graça de Deus que, em tão pouco tempo, o elevara a tão sublime estado. Sentia grande confusão vendo-o com suma humildade aceitar algumas coisas que eu lhe dizia a respeito da oração. Pouco humilde era eu em tratar assim com pessoa semelhante, mas o Senhor mo devia sofrer pelo meu grande desejo de o ver adiantar-se em demasia. Faziam-me tanto proveito suas palavras, que pareciam atear-me na alma novo fogo para servir ao Senhor, como se, então, principiasse.

Ó Jesus meu, quanto faz uma alma abrasada em vosso amor! Como a devíamos ter em grande conta e suplicar ao Senhor que a deixasse nesta vida! Quem tivesse o mesmo amor, haveria de andar sempre atrás dessas almas se fosse possível.

16. Grande coisa é para um enfermo achar outro ferido do mesmo mal; muito se consola ao ver que não está só. Ajudam-se um ao outro a padecer e até a merecer, pois de excelente modo se escoram os que já estão determinados a arriscar mil vidas por Deus e desejam que se lhes ofereçam ocasiões de as perder, como soldados que, para ganharem os despojos e se fazerem ricos, desejam que haja guerra, convencidos de que não o alcançarão por outro meio. É este seu ofício: trabalhar.

---

72. O Padre Gaspar de Salazar.
73. Os padres Pedro Ibáñez e Domingos Báñez, mormente o primeiro.

Oh! Grande coisa é, quando o Senhor dá luz, entender o que se ganha em padecer por Ele! Não se compreende bem enquanto não se dá de mão a tudo. Com efeito, quem está preso a alguma coisa, é sinal de que a estima; se a estima, é forçoso que terá pesar de deixá-la e, desse modo, já anda tudo imperfeito e perdido. É o caso de dizer: perdido anda quem anda atrás do perdido. E que maior perdição, que mais cegueira e desventura do que ter em muito o que nada é?

17. Torno agora ao que dizia. Ao contemplar aquela alma, sentia eu grande regozijo e contentamento, porquanto me parecia querer o Senhor patentear os tesouros com que a enriquecera. Vendo a mercê que me fizera em lhos dar por meu intermédio, considerava-me indigna de tê-la recebido, e mais apreciava as graças que a ele outorgara o Senhor e para com este mais obrigada me julgava, do que se as houvesse concedido a mim. Desfazia-me em louvores ao verificar que Sua Majestade atendera à minha súplica e satisfazia os meus desejos de que incitasse semelhantes pessoas a servi-lo com fervor.

Em tamanho estado de deleite, já não podia suportá-lo; minha alma ficou enlevada e perdeu-se, para mais ganhar. Cessaram para ela as considerações e, ao ouvir aquela língua divina, pela qual parecia falar o Espírito Santo, entrei em grande arroubamento, que me fez quase perder os sentidos, embora pouco durasse. Vi Cristo, com magnífica majestade e glória, a mostrar o sumo contentamento do que ali ocorria. Assim mo disse, querendo dar-me a ver com clareza que a semelhantes colóquios está sempre presente, e muito lhe agrada que nos deleitemos em falar dele.

De outra vez, estando o citado religioso longe deste lugar[74], vi que os anjos o levantavam da terra com imensa glória. Por essa visão compreendi que sua alma muito progredia. Assim era deveras, pois suportou com muito contentamento

---

74. A cidade de Ávila.

que uma pessoa a quem fizera grande bem e remediara não só a alma, como a honra, levantasse contra ele um falso testemunho assaz aviltante; fez outras obras muito do serviço de Deus e padeceu várias perseguições.

18. Não me parece caber agora declarar mais coisas, mas, se Vossa Mercê julgar conveniente, pois as conhece, poderei escrevê-las para glória de Deus. Todas as profecias feitas a mim – quer as referentes a esse mosteiro, já indicadas, e outras de que falarei, quer algumas a respeito de diferentes sucessos – se cumpriram. Alguns fatos, três anos antes de se realizarem; uns, mais cedo, outros, mais tarde, eram-me revelados pelo Senhor; e sempre os comuniquei ao meu confessor, como também àquela viúva, amiga minha, com quem tinha licença de me abrir, conforme já disse. Soube que ela os referia a outras pessoas, e estas sabem que não minto; nem Deus permita que em nenhuma coisa, quanto mais em matéria tão grave, deixe de usar de toda verdade.

19. Ao, de súbito, ter expirado um meu cunhado[75], e estando eu com muita pena porque não tinha ele cuidado de se confessar amiúde, me foi dito, durante a oração, que minha irmã[76] morreria da mesma maneira e que eu devia procurar induzi-la a estar sempre preparada. Contei o ocorrido ao meu confessor, e este, não me tendo deixado ir, ouvi o aviso várias vezes. À vista disso, disse-me ele que fosse, pois nada havia de perder.

Vivia minha irmã numa aldeia[77]. Ao lá chegar sem nada dizer do que me levava à sua casa, conforme podia, lhe dei luz, pouco a pouco, em todas as coisas. Fiz que se confessasse amiúde e que em todos os pontos fosse cuidadosa de sua alma. Como era muito boa, assim o fez. No fim de quatro ou cinco

---

75. Dom Martin de Guzmán y Barrientos, casado com Dona Maria de Cepeda, irmã mais velha de Santa Teresa.

76. A mesma Dona Maria de Cepeda.

77. Castellanos de la Cañada.

anos, continuando sempre nesse costume e tendo em muito boa disposição a consciência, morreu sem que alguém a visse, e sem poder confessar. O que lhe valeu foi que, segundo costumava, não havia mais de oito dias que se confessara.

Essa circunstância muito me consolou quando recebi a notícia de sua morte. Esteve muito pouco no purgatório. Menos de oito dias depois, creio eu, ao acabar de comungar, apareceu-me o Senhor e quis que visse como a levava à glória. Em todos os anos decorridos entre a predição e a morte, não me saía da memória o que me tinha sido revelado, nem o esquecia também minha companheira. Esta, quando soube que era morta minha irmã, veio a mim toda espantada de ver como tudo se havia cumprido.

Seja Deus louvado para sempre, que tanto cuidado tem das almas para que não se percam.

CAPÍTULO 35

Prossegue a mesma matéria da fundação deste mosteiro de nosso glorioso pai São José. Diz por que meios dispôs o Senhor que nele se viesse a guardar a santa pobreza. Motivo de sua volta da casa daquela senhora. Refere algumas outras coisas que sucederam.

1. Estando eu, como ficou dito, com aquela senhora, em cuja casa passei mais de meio ano, ordenou o Senhor que tivesse notícia de mim uma beata de nossa ordem, residente a mais de setenta léguas deste lugar, a qual, devendo vir por estes lados, fez um rodeio de várias léguas para me falar. Fora movida pelo Senhor, no mesmo ano e mês que eu, a fundar outro mosteiro de nossa ordem e, ao desejar fazê-lo, vendeu tudo quanto tinha e foi, a pé e descalça, a Roma, impetrar o Breve para a fundação.

2. É mulher de muita penitência e oração, a quem fazia o Senhor muitas mercês. Apareceu-lhe Nossa Senhora e mandou-a dedicar-se a essa obra. Levava-me tanto a dianteira no serviço do Senhor, que eu me sentia envergonhada na sua presença. Mostrou-me os despachos que trazia de Roma e, nos quinze dias que passou comigo, assentamos o que havíamos de estabelecer nos dois mosteiros. Até lhe falar, eu não tivera notícia de que nossa regra, antes de ser mitigada, prescrevia que nada de próprio tivéssemos. Nunca pensei em fundar sem rendas, pois era meu intento que não tivéssemos cuidado com o necessário para viver. Não considerava eu as muitas preocupações que traz consigo o ter uma propriedade.

Essa bendita mulher, ensinada decerto pelo Senhor, conhecia muito bem, embora não soubesse ler, o que eu ignorava ao andar sempre a ler as Constituições. Logo que mo disse, pareceu-me bem; apenas temi que não mo haviam de consentir, antes, diriam que era desatino e que eu não fizesse coisa que desse ocasião de padecerem outras por minha imprudência. Se só de mim se tratasse, nem pouco nem muito me detivera; pelo contrário, teria por grande regalo a perspectiva de observar os conselhos de Cristo Senhor Nosso, porque grandes desejos de pobreza já me havia dado Sua Majestade.

A mim, não duvidava ser o melhor. Desde certo tempo queria que fosse possível ao meu estado pedir esmola por amor de Deus, e não ter casa nem coisa alguma. Temia, contudo, que não só as outras vivessem descontentes, se não lhes desse o Senhor iguais desejos, mas que também resultasse alguma distração, porque via alguns mosteiros pobres não muito recolhidos. Não considerava que a falta de recolhimento era causa de serem pobres, e não a pobreza origem da distração, pois esta não faz ficarem mais ricas, nem falta Deus jamais a quem o serve. Enfim, tinha pouco robusta a fé, o que não acontecia àquela serva de Deus.

3. Como eu em tudo costumava, comecei a tomar pareceres; mas quase ninguém – nem o meu confessor, nem os letrados que consultei – achei que aprovasse o meu intento. Aduziam tantas razões, que me punham perplexa, porquanto sabia que a pobreza era de nossa regra e conhecia ser ela de mais perfeição, não podia persuadir-me a ter renda. Se acontecia alguma vez ficar convencida com os argumentos, o tornar à oração e olhar a Cristo tão desnudo e pobre na cruz, não permitiam suportar a ideia de ser rica. Suplicava-lhe com lágrimas que providenciasse de maneira a me ver pobre como Ele.

4. Achava tantos inconvenientes em ter renda, via ser isto causa de tantos desassossegos e mesmo distração, que não fazia senão discutir com os letrados. Escrevi o que se passava ao religioso dominicano que nos assistia; respondeu-me, por escrito, em duas folhas cheias de teologia e argumentos em contesta-

ção para me fazer desistir, assegurando-me que tinha estudado muito o caso. Respondi por minha vez que, para deixar de seguir minha vocação e de cumprir o voto de pobreza que tinha feito e a obediência aos conselhos de Cristo com inteira perfeição, não queria aproveitar-me da teologia e renunciava, neste caso, ao benefício de sua ciência.

Quando achava alguma pessoa do mesmo parecer que eu, alegrava-me muito. Aquela senhora, com quem estive, ajudou-me em demasia; quanto aos outros, alguns no primeiro momento diziam lhes parecer bem o que pretendia; mas depois de melhor considerarem, achavam tantos inconvenientes, que tornavam atrás e instavam muito comigo para que não o realizasse. A estes eu respondia que, visto tão depressa mudarem de parecer, queria guiar-me pelo primeiro.

5. Nesse tempo foi o Senhor servido que, atendendo aos meus rogos, viesse o santo Frei Pedro de Alcântara à casa daquela senhora, que nunca o tinha visto. Como era verdadeiro amante da pobreza, que observava havia tantos anos, e sabia bem os tesouros nela encerrados, ajudou muito e mandou que de nenhum modo deixasse de levar avante o meu intento. Com esse parecer e apoio, de quem melhor o podia dar, por ser fruto de larga experiência, assentei não andar mais a buscar outros.

6. Certo dia, com fervor, encomendei a Deus o caso; disse-me o Senhor que de nenhum modo deixasse de estabelecer em pobreza o mosteiro; que tal era a vontade de seu Pai e a sua, e que Ele viria em meu socorro. Foi isto num grande arroubamento e com efeitos tão poderosos, que em absoluto não pude duvidar de que fosse obra de Deus.

Disse-me uma vez mais, que, na renda, estava a confusão, e acrescentou várias coisas em louvor da pobreza, assegurando-me que não falta o necessário para viver a quem o serve. Essa falta, como já disse, nunca a temi por mim. Mudou também o Senhor o coração do "Padre Presentado"[78], isto é, do religioso

---

78. Este título na Ordem de São Domingos equivale ao de "licenciado

dominicano que me escrevera e aconselhara a não fundar sem renda, como acima referi. Já eu estava muito contente com o que ouvira e com ter mais pareceres; afigurava-se-me ter toda a riqueza do mundo desde que me determinei a ser mendiga por amor de Deus.

7. Nesse tempo, levantou meu provincial o preceito, sob obediência que me havia imposto, de fazer companhia à citada senhora, permitindo-me, conforme fosse de minha vontade, partir ou em sua casa permanecer ainda algum tempo. Estavam próximas as eleições no meu mosteiro, e fui avisada de que muitas religiosas queriam dar-me o cargo de prelada. Para mim, só pensar nisso era tão grande tormento que, com facilidade, me determinaria a sofrer por Deus qualquer martírio, mas a este de nenhuma sorte me podia resolver. É que, sem falar no trabalho considerável por serem inúmeras as religiosas, a par de outras coisas de que nunca fui amiga, pois era grande minha aversão a exercer cargos e sempre os recusara, havia – a meu ver – perigo para a consciência. Louvei, pois, a Deus, de não me achar lá e escrevi às minhas amigas que não me dessem voto.

8. Demasiado contente de me achar longe daquele rebuliço, disse-me o Senhor que: em absoluto, não deixasse de ir; se eu desejava cruz, uma cruz excelente lá me esperava e, portanto, não a desprezasse; fosse com ânimo e sem demora, que Ele me ajudaria. Fiquei muito aflita e não fazia senão chorar ao pensar que a cruz era ser prelada e, como disse, não me podia convencer de que isto por algum modo fosse bom para minha alma, nem achava razoável semelhante coisa.

Contei-o ao meu confessor. Mandou-me que procurasse partir de imediato, pois claro estava ser maior perfeição; mas, como o calor era intenso e bastava que eu lá me achasse para as eleições, podia deter-me alguns dias para não me fazer mal a jornada. O Senhor, no entanto, havia ordenado outra coisa, e

---

em teologia".

forçoso foi obedecer. Era grande o desassossego que trazia em mim e o não poder ter oração, por me parecer que faltava ao que o Senhor me ordenara, permanecendo onde estava a meu gosto e com regalo, não querendo ir oferecer-me ao trabalho. Bem se via não serem mais que palavras, pensava eu, meus protestos para com Deus... Por que razão, podendo estar onde era mais perfeito, não o havia de fazer? Se me fosse preciso morrer, morresse! Além de tudo, sentia apertada a alma, e tirava-me o Senhor todo gosto na oração... Por fim, fiquei em tal estado; foi tão grande meu tormento que supliquei àquela senhora que houvesse por bem deixar-me ir. Já então meu confessor, ao ver o que eu sofria, moveu-o Deus também como fizera comigo, de modo que me mandara partir.

9. A senhora sentia tanto minha partida, que me dava novo tormento, pois lhe custara muito alcançar licença do provincial, ao cabo de o importunar por vários modos. Foi extremo seu pesar, e considero imensa graça haver consentido; mas, como era muito temente a Deus, disse-lhe eu, além de muitas outras coisas, que se podia fazer grande serviço ao Senhor e dei-lhe esperança de ainda nos revermos, de modo que, por fim, o teve por bem.

10. Já eu não tinha desgosto de partir, porque, ao entender que era mais perfeição e serviço de Deus, com o gozo de o contentar superei a pena de deixar aquela senhora, que eu vi tão sentida, e outras pessoas às quais muito devia, sobretudo meu confessor, que era da Companhia e com quem me achava muito bem. Quanto maiores consolações eu perdia pelo Senhor, tanto mais contentamento achava nessa perda. Não podia entender isto, porque via ao claro estes dois sentimentos contrários: folgar, consolar-me, alegrar-me do que me pesava na alma. Com efeito, estava consolada, sossegada e podia ter muitas horas de oração. Ia meter-me num fogo, bem o via, porque já o Senhor tinha-me dito que me esperava grande cruz, embora nunca a imaginasse tão grande como depois experimentei; já partia alegre e ansiosa por entrar antes na batalha, pois o

Senhor assim queria. Deste modo, enviava-me Sua Majestade o esforço e alentava minha fraqueza.

11. Não podia, repito, entender o que se passava em mim. Ocorreu-me esta comparação: possuía eu uma joia ou qualquer coisa que me dê grande deleite, vim a saber que a deseja uma pessoa a quem amo e quero contentar mais que a mim mesma. Para satisfazer o seu desejo, sinto grande prazer em ficar sem o que me é caro, e esse prazer excede ao meu próprio contentamento, desvanece a pena que deveria advir-me, quer da falta da joia ou objeto amado, quer da perda da satisfação que achava em possuí-lo. Do mesmo modo, agora eu não podia, por mais que quisesse, ter pena de deixar pessoas tão pesarosas pela minha partida, ao passo que em outros tempos, decerto grata como sou, ficaria muito aflita.

12. Para o negócio dessa bendita casa, o não me deter nem sequer um dia foi de tal importância, que não sei como se poderia concluir se eu não houvesse partido sem demora. Ó grandeza de Deus! Espanto-me muitas vezes quando relembro estas coisas e vejo quão particularmente queria Sua Majestade ajudar-me para que se fizesse este cantinho de Deus, que assim o considero, e morada em que Sua Majestade se deleita. Disse-me, uma vez, na oração, ser essa casa para Ele um paraíso de delícias. De fato, parece Sua Majestade ter escolhido as almas que trouxe para cá, em cuja companhia vivo com grande, mui grande confusão; porquanto eu mesma não as saberia desejar tão boas para esta vida de tanta austeridade, oração e pobreza. Levam tudo com imensa alegria e contentamento; cada uma se acha indigna de haver merecido o lugar que ocupa. Há em especial algumas às quais chamou o Senhor do meio de muita vaidade e gala, arrancando-as do mundo onde poderiam viver contentes seguindo suas leis; e aqui se veem alagadas de tamanha abundância de consolações, que reconhecem com clareza terem recebido cento por um do que deixaram, e não se fartam de dar graças a Sua Majestade. A outras mudou o Senhor de bem para melhor. Às assaz novas dá fortaleza e luz para que

não possam desejar outra coisa e entendam que, mesmo a se tratar de modo humano, vive em maior descanso quem está apartado de tudo o que há na vida. Às mais velhas e de pouca saúde, infunde forças para observarem a mesma austeridade e penitência que as outras.

13. Ó Senhor meu, como se manifesta o vosso poder! Não é mister buscar razões para o que quereis, pois, ao transcender toda razão natural, tornais todas as coisas possíveis e dais bem a entender que nos basta amar-vos deveras e deixar em absoluto tudo por Vós, para que, Senhor meu, torneis tudo fácil. Calha bem dizer, neste ponto, que "fingis trabalho em vossa lei" (Sl 93,20) porque não vejo eu, Senhor, nem sei como "é estreito o caminho que para Vós leva" (Mt 7,14). Vejo que é estrada real e não vereda, estrada que conduz com a maior segurança quem a segue em verdade e arrojo. Nada de precipícios, nada de tropeços que façam cair: longe estão, porque as ocasiões também estão longe. Vereda, e vereda ruim, chamo eu o caminho estreito que está ladeado à direita por um vale demasiado profundo, onde se pode cair, e, à esquerda, por um despenhadeiro. Haja um pequeno descuido, e logo se despenham os viandantes e se despedaçam.

14. Quem vos ama de verdade, Bem meu, anda seguro, trilha caminho largo, estrada real. Longe está o despenhadeiro; mal haja tropeçado um pouquinho e logo, Senhor, lhe dais a mão. Não se perderá, por queda alguma, nem mesmo por muitas, se tiver amor a Vós e não às coisas do mundo; anda pelo vale da humildade. Não posso entender que temor é esse, de entrar, de modo resoluto, no caminho da perfeição.

O Senhor, por Sua divina essência, nos faça compreender o perigo que é a confiança em situações tão claramente arriscadas como as que encontramos ao lidar com as vicissitudes humanas e que a verdadeira segurança consiste em avançar com determinação pelo caminho de Deus. Nele ponhamos os olhos! Ao assim fazer, não haja medo de que tenha ocaso este

Sol de justiça! Não nos deixará caminhar nas trevas para nos perdermos se antes não o houvermos abandonado.

15. Os mundanos não temem andar entre leões, dos quais parece cada um lhes tirar um pedaço; às feras comparo as honras, os deleites e os contentamentos tão decantados do mundo. Entretanto, no serviço do Senhor, dir-se-ia que o demônio faz terem medo até de míseros insetos. Espanto-me mil vezes, e dez mil quisera com abundância chorar e clamar a todos publicando minha grande cegueira e maldade, para os ajudar de algum modo a abrirem os olhos. Aquele que tudo pode lhos abra por sua bondade e não permita que me torne eu a cegar. Amém.

CAPÍTULO 36

Prossegue na matéria começada e diz como se concluiu e fundou o mosteiro do glorioso São José. Relata as grandes contradições e perseguições originadas pela tomada de hábito das religiosas, os trabalhos e tentações que em grande número lhe sobrevieram, e como de tudo a fez sair vitoriosa para honra e glória do Senhor.

1. Ao já ter partido daquela cidade, vinha eu muito contente pelo caminho, determinando-me a sofrer com o maior amor tudo que ao Senhor aprouvesse.

Na mesma noite em que aportei a esta terra, chegam os despachos para o mosteiro, com o Breve de Roma. Fiquei admirada, e os que sabiam como o Senhor tinha apressado a minha vinda, por igual se espantaram, compreendendo a que ponto esta era necessária, e vendo em que conjuntura me trouxera o Senhor. Com efeito, encontrei aqui o bispo e o santo Frei Pedro de Alcântara e outro fidalgo muito servo de Deus, em cuja casa se hospedava aquele homem, por ser pessoa em quem os servos de Deus achavam apoio e acolhimento.

2. Esses dois conseguiram que o bispo admitisse o mosteiro sob sua jurisdição. Não foi coisa fácil, por ser sem rendas; mas era esse prelado tão amigo de pessoas que via determinadas a servir ao Senhor, que logo se afeiçoou à nova casa e resolveu favorecê-la. A aprovação do santo velho e o muito que instou com uns e com outros para que nos ajudassem, foi o que aplanou tudo. Se eu não viesse em tal ocasião, não sei –

repito – como se poderia fazer, porquanto esse santo homem pouco se demorou aqui, talvez menos de oito dias; estava bem enfermo e daí a muito breve prazo o levou o Senhor consigo. Parece que o tinha guardado Sua Majestade até se concluir a fundação, pois andava muito mal havia longo tempo, não sei se mais de dois anos.

3. Fez-se tudo debaixo de grande segredo, que, a não ser assim, nada se poderia realizar, de tal modo era o povo contrário ao projeto, como se viu depois. Ordenou o Senhor que um de meus cunhados[79] estivesse bem doente, e, sua esposa, fora daqui. Em tanta necessidade, deram-me licença para ir tratar dele, e dessa maneira nada transpareceu. Algumas pessoas não deixaram de ter alguma suspeita, mas não acreditavam de todo. Coisa admirável! A doença não durou mais do que foi mister para o negócio. Desde que houve necessidade de sua saúde para que eu me desocupasse e a casa ficasse desembaraçada, logo lha restituiu o Senhor, tão de pronto que ele ficou maravilhado.

4. Tive demasiado trabalho em alcançar aprovação de uns e de outros. Era preciso lidar, dum lado, com o enfermo, e de outro, com os operários, a fim de acabarem a casa a toda pressa dando-lhe forma de mosteiro, pois faltava muito. Não estava aqui minha companheira porque sua ausência nos parecera necessária para mais dissimular o que se passava. Eu via que todo o êxito dependia da brevidade, por muitos motivos, um dos quais era o receio de que, duma hora para outra, me mandassem voltar ao meu mosteiro. Foram tantas dificuldades que pensei ser essa a grande cruz que me estava aparelhada, embora me parecesse, apesar de tudo, pequena, em comparação com a que me anunciara o Senhor.

5. Por fim, ao estar tudo pronto, foi o Senhor servido que, no Dia de São Bartolomeu, tomassem o hábito algumas no-

---

79. Dom João de Ovalle, esposo de Dona Joana de Ahumada, irmã da santa.

viças[80]. Colocou-se o Santíssimo Sacramento, e, assim, com todas as autorizações e formalidades requeridas, fundou-se o nosso mosteiro do esplendoroso pai São José no ano de 1562. Estive presente à tomada de hábito, ao lado de outras duas monjas de nosso convento que, por coincidência, estavam fora. Como a casa em que se estabeleceu o mosteiro era a residência de meu cunhado, que, segundo disse, a tinha comprado para melhor dissimular o negócio, estava eu ali com licença. Aliás, para nada faltar à obediência, a respeito de tudo tomava sempre parecer de letrados. Estes, ao ver que, por várias razões, adviria do meu intento muito proveito para toda a ordem, me diziam que podia continuar a realizá-lo, embora em segredo e com cautela para não o saberem meus prelados. A não ser assim, pela mínima imperfeição que achassem no meu modo de proceder, deixaria – creio – mil mosteiros, quanto mais um. Isto é certo, porque, conquanto desejasse vê-lo estabelecido a fim de nele mais me apartar de tudo e corresponder à minha vocação, levando vida de maior perfeição e inteira clausura, eram meus desejos acompanhados de tal desprendimento, que, se eu julgasse ser mais serviço de Deus abandonar tudo, logo o faria, como antes, com muito sossego e paz.

6. Foi para mim como que um antegozo da glória ver instalado o Santíssimo Sacramento e recebidas sem dote, porque este não se exigia, quatro órfãs pobres, todas grandes servas de Deus. Nosso intuito, desde o princípio, fora, com efeito, recebermos pessoas que, com seu exemplo, pudessem ser fundamento do edifício que pretendíamos elevar para nele termos vida de grande perfeição e oração. Via eu assim realizada, conforme os meus anelos, uma obra que sabia ser para o serviço do Senhor e honra do hábito de sua gloriosa mãe.

Grande também era minha consolação por haver executado o que tanto me ordenara o Senhor e dado a esta cidade

---

80. Foram quatro, que se chamaram na religião: Antônia do Espírito Santo, Maria da Cruz, Úrsula dos Santos e Maria de São José.

mais uma Igreja, dedicada – como antes não havia – a meu pai, o glorioso São José. Não que julgasse ter para isso feito algo! Nunca pensei tal coisa, nem penso; sempre entendi que tudo foi obra do Senhor. O que fazia, de minha parte, era com tantas imperfeições que – bem vejo – mais havia motivo para me culparem do que para me agradecerem; contudo, era grande regalo para mim ver que, embora tão má, me havia Sua Majestade tomado para tão grande obra. Era tal meu contentamento, que estava fora de mim, absorta em profunda oração.

7. Acabado tudo, cerca de três ou quatro horas depois, arremeteu o demônio contra mim num combate espiritual que agora direi. Sugeriu-me que talvez tivesse sido malfeito tudo quanto fizera, pois quem sabe se eu não transgredira a obediência, uma vez que agi sem ordem de meu provincial? Bem me parecia que este havia de ficar descontente ao ver o mosteiro sob a jurisdição do Ordinário, sem que se lhe desse aviso prévio; por outro lado, também pensava que talvez não se importasse, porque ele mesmo não o tinha querido admitir, e eu continuava, em pessoa, sob sua obediência. Viveriam contentes as que estavam em tanta clausura? E se lhes viesse a faltar o pão? Não fora um disparate meu empreendimento? Se eu tinha meu mosteiro, para que me metera a fundar outro?

Todas as ordens recebidas do Senhor, os muitos pareceres e as orações quase contínuas durante mais de dois anos, tudo se tinha apagado de minha memória, como se nunca houvesse existido. Parecia-me haver procedido de acordo apenas com o meu pensamento e desejo. A fé e as outras virtudes estavam então suspensas na minha alma e eu me via sem forças para usar delas e me defender de tantos golpes.

8. Sugeria-me ainda o demônio outras coisas: como queria encerrar-me em mosteiro tão acanhado, tendo tantas enfermidades? Como havia de suportar tanta penitência, deixando casa tão vasta e deleitosa, onde sempre vivera tão contente, com tantas amigas? As que compunham o novo mosteiro talvez não fossem de meu agrado. Havia-me obrigado ao que es-

tava acima de minhas forças e viria talvez a ficar desesperada. Não seria tudo ardil do demônio para me tirar a paz e quietação? Se eu vivesse desassossegada, não poderia ter oração e acabaria por perder a alma...

Estas e outras sugestões semelhantes, todas concomitantes, apresentava-me o demônio ao espírito; e não estava em minhas mãos pensar em outra coisa. Além de tudo, sentia tão grande aflição, obscuridade e trevas na alma, que não sei como descrever. Vendo-me assim, fui para diante do Santíssimo Sacramento, em tal estado que nem me podia encomendar ao Senhor. Minha angústia assemelhava-se à duma pessoa que está em agonia. Desabafar com alguém não ousava, porquanto nem sequer ainda tinha confessor designado...

9. Oh! Valha-me Deus, que vida esta tão miserável! Não há contentamento seguro, nem estado constante! Havia tão pouquinho, não trocaria – penso – meu contentamento por nenhum outro da Terra; e agora, o mesmo motivo que o causara de tal sorte me atormentava que não sabia o que fazer de mim. Oh! Se considerássemos com advertência as coisas da nossa vida, cada qual veria por experiência em quão pouco apreço se hão de ter tanto os contentamentos como os descontentamentos dela.

Certo é que tenho este por um dos mais duros transes que passei na vida. Parecia adivinhar meu espírito os inúmeros sofrimentos que me esperavam, dos quais nenhum, no entanto, seria tão grande como este, caso tivesse durado mais. O Senhor, porém, não deixou que padecesse muito sua pobre serva, porque nunca nas tribulações me faltou com seu socorro, e, assim, me amparou também desta vez. Deu-me um pouco de luz para entender a verdade e ver que em tudo era o demônio que me queria aterrar com suas mentiras. Comecei a relembrar minhas grandes determinações de servir ao Senhor e meus desejos de padecer por Ele; e pensei que, para os cumprir, não havia de andar à busca de descanso. Se surgissem trabalhos, seriam fonte de merecimentos, e se viessem tristezas, desde que as aceitasse por amor de Deus, servir-me-

-iam de purgatório. Que havia a temer? Já que eu desejava sofrimentos, bons eram estes, pois na maior contradição está o maior lucro. E por que razão me havia de faltar ânimo para servir àquele a quem tanto devia?

Com estas e outras considerações, ao dominar-me, prometi, diante do Santíssimo Sacramento, esforçar-me quanto pudesse para obter licença para nesta casa[81] ficar em definitivo, assim como prometi clausura, desde que em boa consciência me fosse possível fazê-lo.

10. Mal fiz isto, no mesmo instante fugiu o demônio, deixando-me tranquila e contente, como desde então tenho estado. Tudo quanto se observa nesta casa – a clausura, as penitências e o demais – é para mim em extremo leve e suave. É tão imensa minha felicidade, que algumas vezes entro a pensar que coisa mais saborosa poderia escolher na Terra? Não sei se em parte é por isso que gozo de mais saúde do que nunca, ou se é o Senhor que, ao ver ser necessário e justo observar eu o mesmo que todas, quer dar-me o consolo de o poder cumprir, embora com algum custo. É coisa esta que faz pasmarem todas as pessoas que conhecem minhas enfermidades. Bendito seja aquele que tudo nos dá e cujo poder tudo faz possível.

11. Fiquei bem cansada de tal luta, mas ri do demônio ao ver que tudo fora obra sua. Creio que foi permissão do Senhor. Como eu nunca soube que coisa era o descontentamento de ser monja, nem sequer por um momento, em mais de vinte e oito anos que o sou, quis Ele não só me dar a entender que grande graça nisso me fez e de que tormento me livrou, mas também infundir-me experiência para que, se mais tarde visse alguma irmã tentada nesse ponto, ao invés de me espantar, me compadecesse e soubesse consolá-la.

Passada essa tormenta, queria, após a refeição, descansar um pouco, porquanto não havia quase parado toda aquela noite, e nas anteriores tivera sempre trabalho e preocupações,

---

81. O Convento de São José de Ávila.

além do cansaço de todos os dias. Já circulavam, porém, notícias do ocorrido, quer na cidade, quer no meu mosteiro, e, neste, reinava grande alvoroço pelas razões já referidas, que não pareciam destituídas de procedência.

Logo a prelada me mandou ordem para voltar de imediato. Ao recebê-la, deixo minhas monjas bem penalizadas e parto sem detença. Bem vi que não poucos trabalhos estavam à minha espera, mas, como já a fundação estava feita, muito pouco se me dava. Fiz oração e supliquei ao Senhor que me favorecesse, e a meu pai São José, que me trouxesse de novo à sua casa. Ofereci a Deus o que ia sofrer e, mui contente de se me oferecer ocasião de por Ele padecer e de lhe prestar algum serviço, parti, certa de que logo me lançariam no cárcere. Confesso que se isso acontecesse, muito me agradaria, porquanto exausta de tratar com tanta gente, bem precisava de não falar a pessoa alguma e descansar um pouco.

12. Desde que cheguei, dei conta de meu procedimento à prelada, e esta se aplacou um pouco. Mandaram chamar o provincial para julgar a causa. Quando veio, fui submetida a juízo, com bem grande contentamento de ver que padecia um pouquinho pelo Senhor, pois não tinha consciência de haver ofendido na mínima coisa a Sua Majestade. Em nada tinha ido contra a minha ordem; antes, procurava, com todas as minhas forças, engrandecê-la, e, para isso, sofreria de boa vontade a morte, pois todo o meu desejo era que se observasse a regra com a maior perfeição. Recordei-me do julgamento de Cristo, e vi que o meu nada era. Acusei-me de muito culpada, e, aliás, tal parecia a quem não estava informado de todas as razões de meu procedimento.

Recebi do provincial áspera repreensão, embora não tão rigorosa quanto merecia o delito e lhe aconselhavam muitas pessoas, de modo que eu mesma não me quis desculpar porque assim determinara fazer. Pedi-lhe, em vez de que me perdoasse, castigasse, e não ficasse descontente comigo.

13. Em alguns pontos bem via eu que me condenavam sem motivo, porquanto diziam que o tinha feito para ser tida

em grande conta, para dar que falar ao povo e coisas semelhantes. Entendia, porém, com deveras clareza que falavam a verdade quando alegavam que eu era pior que muitas outras e, ao não guardar a muita religião estabelecida no meu mosteiro, como pretendia guardá-la em outro com mais rigor? Era escandalizar o povo e introduzir novidades... Tudo isto não me causava perturbação nem pena, embora eu mostrasse tê-la para não dar mostras de fazer pouco apreço do que me diziam. Por fim, recebi ordem, diante das monjas, de justificar meu procedimento, e fui obrigada a fazê-lo.

14. Como meu interior estava em paz e o Senhor me ajudava, dei minhas razões de maneira que nem o provincial, tampouco as que ali estavam, acharam em que me condenar. Depois que fiquei a sós com ele, falei mais ao claro. Mostrou-se muito satisfeito e prometeu que, se fosse adiante o negócio, logo que se restabelecesse a paz na população, me daria licença para voltar ao novo mosteiro. Com efeito, a cidade toda, em peso, estava alvoroçada, como agora direi.

15. Dois ou três dias depois, juntaram-se alguns dos regedores com o corregedor e alguns membros do cabido, e todos, a uma voz, disseram que de nenhum modo se havia de tolerar o mosteiro, pois daí resultaria manifesto prejuízo ao bem público. Tratariam, pois, de tirar o Santíssimo Sacramento, e em absoluto não sofreriam que a fundação fosse avante. Convocaram todas as ordens, cada uma representada por dois letrados, para que dessem seu parecer. Uns calavam, outros condenavam. Por fim, concluíram que se desfizesse de imediato a casa. Só um presentado[82] da Ordem de São Domingos, embora contrário, não ao mosteiro, mas à total pobreza em que foi fundado, ponderou que não era coisa que sem mais nada se desfizesse; olhassem bem; tempo havia para tudo; o caso era da alçada do bispo, e outras coisas deste gênero. Muito valeram esses argumentos, pois era tal a fúria, que foi felicidade

---

82. Frei Domingos Báñez.

não terem posto logo o plano em execução. É que, em suma, o convento se havia de manter: o Senhor queria a sua fundação e pouco podiam todos contra a sua divina vontade. Quanto aos nossos contrários, como julgavam justas suas razões e eram movidos por bom zelo, não ofendiam a Deus; mas faziam padecer a mim e a todas as pessoas que nos favoreciam. Estas eram em pequeno número e foram alvo de muita perseguição.

16. Estava tão amotinado o povo, que não se falava em outra coisa. Todos só faziam condenar-me, e iam ora ao provincial, ora ao meu mosteiro. Eu nenhuma pena sentia de quanto diziam de mim: era como se o não dissessem; mas receava que desfizessem a fundação. Isto me causava sumo pesar, como também ver que perdiam crédito e passavam por muitos trabalhos as pessoas que me ajudavam; pois, do que contra mim diziam, julgo poder afirmar que antes me alegrava. Tivera eu bastante fé, e nenhuma alteração sentiria, mas qualquer falta numa virtude é suficiente para deixar todas as outras entorpecidas, e assim passei muito magoada os dois dias em que se reuniram na cidade as juntas de que falei: e, ao estar deveras angustiada, disse-me o Senhor: "Não sabes que sou poderoso? Que receias?" E assegurou-me que não se desfaria o mosteiro. Com isto, fiquei muito consolada.

Remeteram os do povo informação escrita ao conselho real, e deste veio ordem para que se lavrasse e se lhe enviasse um relatório do ocorrido.

17. Estava assim iniciado um grande pleito, porquanto a cidade mandou seus representantes à Corte, e forçoso foi mandá-los também por parte do mosteiro. Mas não havia dinheiro, nem eu sabia como agir. Ainda bem que, por providência do Senhor, meu padre provincial nunca me determinara que deixasse de tratar do negócio; porque é tão amigo de toda a virtude que, embora não ajudasse, não queria ser contrário. Contudo, não me permitiu vir para cá até ver em que paravam as coisas. Essas servas de Deus estavam a sós, e mais faziam com suas preces do que eu com todas as nego-

ciações em que andava metida, ainda que tivesse de empregar demasiada diligência.

Por vezes, tudo parecia falhar, mormente no dia anterior à chegada do provincial, porquanto a priora me ordenou que não me envolvesse em mais nada, o que implicava ficar tudo abandonado. Voltei-me para Deus e disse-lhe: "Senhor, a casa não é minha: por Vós foi feita; agora, já que não há quem trate dos negócios, faça-o Vossa Majestade". Com isso fiquei tão sossegada e sem pensar como se tivesse o mundo todo a negociar por mim; e logo considerei certo o êxito.

18. Um sacerdote[83], grande servo de Deus e amigo de toda perfeição, que sempre me ajudara, foi à Corte tratar do negócio, e ali muito trabalhou. O cavaleiro santo, já citado, fazia por demais, e de todas as formas nos favorecia. Nele, em tudo, achei sempre um pai e como tal ainda o tenho.

Incutia o Senhor tanto zelo aos nossos defensores, que tomavam a peito a nossa causa como se fosse negócio que de perto lhes interessasse, do qual dependesse a sua vida ou a sua honra, e isso só por julgarem que se tratava de serviço do Senhor. No número dos que mais trabalhavam por nós, estava aquele clérigo mestre em teologia[84] de quem já falei. Viu-se com clareza que o ajudava Sua Majestade, porque, tendo-o delegado o bispo como seu representante numa grande junta realizada a nosso respeito, apesar de nela se achar sozinho contra todos, afinal os aplacou ao sugerir-lhes certos meios que bastaram para os entreter. Contudo, nenhum foi suficiente para que não dessem a vida, como se costuma dizer, pela destruição do mosteiro. O servo de Deus a que me refiro foi quem deu hábito às noviças e colocou o Santíssimo Sacramento. Sofreu por nossa causa não poucas perseguições. Durou quase meio ano a tempestade, e relatar por miúdo as provações que passamos tomaria muito tempo.

---

83. Padre Gonzalo de Aranda.
84. O mestre Gaspar Daza.

19. Admirava-me que o demônio pelejasse com tanto furor contra pobres mulheres, e os nossos adversários julgassem capaz de causar grande dano à cidade uma comunidade a levar vida tão austera e composta apenas de doze religiosas e a priora, pois não devem ser mais. Se prejuízo ou erro houvesse, seria para elas próprias, mas trazer o mosteiro dano à cidade era disparate. Entretanto, achavam tais inconvenientes, que, com boa consciência, lhe faziam oposição. Por fim, propuseram este acordo: se houvesse rendas, suportariam a fundação e permitiriam que fosse adiante. Estava eu já tão cansada de ver o trabalho de todos os nossos amigos, mais que do meu, que não me pareceu mau ter rendas até se restabelecer a calma, com a intenção de as deixar mais tarde. Por ser ruim e imperfeita chegava a imaginar, outras vezes, que porventura seria essa a vontade do Senhor, pois do outro modo nada se conseguiria, e já me inclinava ao acordo.

20. Começamos a tratar do negócio e, na véspera de ser concluído, ao orar eu à noite, disse-me o Senhor, além de outras coisas, que não fizesse tal, pois se começássemos a ter rendas, não conseguiríamos depois licença para as deixar. Na mesma noite apareceu-me o Frei Pedro de Alcântara, que era morto. Ciente da grande oposição e perseguição movida contra nós, antes de morrer escrevera-me que folgava de ver o tamanho ímpeto com que a fundação era contrariada. Era sinal de que se havia de servir ao Senhor neste mosteiro em demasia, visto o demônio tanto se empenhar em nos combater, mas que eu, em absoluto, não concordasse em ter rendas. Por duas ou três vezes, renovava na carta as mesmas palavras de persuasão, prometendo-me que, se eu assim procedesse, tudo se viria a fazer segundo minha vontade. Já o tinha eu visto duas vezes depois de morto, e contemplara sua grande glória, de modo que a visão não me fez temor, senão muito gozo. Aparecia sempre com o corpo glorificado, cheio de muita felicidade, e imensa também era a glória que em mim produzia sua vista. Quando o vi pela primeira vez, recordo-me de que, ao revelar-me o muito

que gozava, me disse, entre outras coisas, que ditosa penitência fora a sua, pois lhe tinha alcançado tão grande prêmio.

21. Já tendo falado, salvo engano, a respeito destas aparições[85], aqui só contarei que dessa vez me mostrou rigor, dizendo apenas que de nenhum modo admitisse rendas: e por que não queria eu tomar seu conselho? E logo desapareceu.

Fiquei atemorizada, e, sem mais demora, no dia seguinte referi o ocorrido ao cavaleiro, a quem eu em tudo acudia como ao mais dedicado; disse-lhe que em absoluto não consentisse em haver rendas e deixasse o pleito ir adiante. Ele, nesse ponto, estava muito mais firme do que eu, e folgou muito; confessou-me depois com que má vontade tratara do acordo.

22. Pouco depois, novo incidente. Outra pessoa serva de Deus, movida de bom zelo, quando o negócio já ia bem encaminhado, propôs que se sujeitasse o caso ao critério dos letrados. Daqui surgiram numerosas inquietações, porquanto alguns dos que me ajudavam foram da mesma opinião; e de todos os engodos do demônio, foi esse o mais traiçoeiro. Em tudo me ajudou o Senhor. Dito assim, em suma, não se pode dar bem a entender o que se passou nesses dois anos, desde que foi começada esta casa até que se concluiu. O primeiro ano e a última metade do segundo, foram os tempos mais trabalhosos.

23. Já um tanto aplacada a cidade, usou de boa indústria em nosso favor o padre presentado dominicano que nos auxiliava. Estava fora, mas trouxe-o o Senhor a tempo de nos fazer muito bem. Parece só o ter trazido Sua Majestade para tal fim: pois mais tarde me disse que não tivera motivo para vir, e só por acaso tinha sabido o que se passava. Demorou-se aqui apenas o necessário. Antes de partir, obteve, por certos meios, licença de nosso padre provincial para vir eu a esta casa, acompanhada de mais algumas, a fim de dar começo à reza do Ofício e ensinar as que já aqui estavam. Parecia quase impossível

---

85. Capítulo 27.

alcançar a permissão tão depressa. Foi imenso consolo o que tive no dia em que viemos.

24. Ao orar na igreja antes de entrar no mosteiro, num quase arroubamento, vi Cristo. Pareceu-me que me recebia com muito amor e me punha na cabeça uma coroa, agradecendo o que eu tinha feito por sua Mãe.

Outra vez, estando todas no coro em oração depois de Completas, vi Nossa Senhora cercada de excelsa glória e revestida dum manto branco, debaixo do qual parecia abrigar-nos a todas. Entendi quão elevado grau de glória daria o Senhor às religiosas desta casa.

25. Logo que se principiou a rezar o ofício, foi muita a devoção que o povo começou a ter para com este mosteiro. Recebemos mais noviças, e pôs-se o Senhor a mover os que mais nos tinham perseguido para muito nos favorecerem e nos assistirem com esmolas. Já aprovavam o que tanto haviam reprovado e, pouco a pouco, desistiram do pleito, declarando-se convencidos de ser esta casa obra de Deus, pois tinha querido Sua Majestade que fosse adiante, apesar de tanta oposição. Agora, ninguém julgaria acertado ter-se deixado de fundar o mosteiro, e todos são tão solícitos em nos prover de tudo, que, sem esmolarmos nem pedirmos coisa alguma, o Senhor os desperta para que nos socorram. Deste modo, vivemos sem nos faltar o necessário, e espero no Senhor que será sempre assim. Sendo tão poucas as religiosas, se fizerem o que devem – como Sua Majestade agora lhes dá graça para fazerem –, segura estou de que não as abandonará, e assim não terão de ser pesadas ou importunas, porquanto o Senhor velará por elas como até agora.

26. É para mim imenso consolo ver-me aqui metida entre almas tão desapegadas. Sua preocupação é achar meios de irem adiante no serviço do Senhor. A soledade lhes dá tal consolo e felicidade, que sofrem com o pensamento de verem alguém, embora dos seus parentes muito próximos, que

não contribua para mais as inflamar no amor de seu esposo. Assim é que não vem a esta casa quem disto não trate, porque nem as contenta nem acha contentamento. Não sabem falar senão de Deus; de modo que só as entende e só é entendido quem tem a mesma linguagem.

Guardamos a regra de Nossa Senhora do Carmo, a primitiva, sem mitigação[86] como a redigiu Frei Hugo, cardeal de Santa Sabina, a qual foi dada em 1248, no quinto ano do pontificado do Papa Inocêncio IV.

27. Dou por bem empregados todos os trabalhos que passamos. Agora, não obstante haver algum rigor porque jamais se come carne – exceto por necessidade – há jejum de oito meses e outras coisas prescritas pela regra primitiva, e tudo parece pouco às irmãs, e por isso ainda se entregam a práticas que nos têm parecido necessárias para maior perfeição na observância da regra. Espero no Senhor que há de ir muito adiante o que está começado, como me prometeu Sua Majestade.

28. A outra casa, que a beata[87] de que falei procurava fazer, também fora favorecida pelo Senhor. Fundou-a em Alcalá, e não lhe faltou oposição em demasia, nem deixou de passar grandes trabalhos. Sei que se guarda nela perfeita observância desta nossa regra primitiva. Praza ao Senhor seja tudo para sua glória e seu louvor, bem como para honra da gloriosa Virgem Maria, cujo hábito trazemos. Amém.

29. Penso que se enfadará Vossa Mercê com a extensa relação que fiz deste mosteiro; todavia, é bem insuficiente em relação aos muitos trabalhos que custou sua fundação e às maravilhas que o Senhor tem operado. De tudo há muitas testemunhas que sob juramento podem atestá-lo. Rogo a Vossa

---

86. A regra primitiva foi dada aos Eremitas do Monte Carmelo por Santo Alberto, Patriarca de Jerusalém, por volta de 1209. Inocêncio IV, depois de mandar examiná-la e corrigi-la, aprovou-a em 1247 segundo o bulário romano.

87. Maria de Jesus. Cf. capítulo 35.

Mercê por amor de Deus que, se resolver rasgar o que aqui vai escrito, ao menos guarde a parte referente a este mosteiro para, depois de minha morte, dá-la às irmãs que nele estiverem. As vindouras sentir-se-ão animadas a servir com fidelidade a Deus e a procurar que não caia o começado, antes vá sempre avante, vendo o muito que Sua Majestade fez por intermédio de criatura tão ruim e baixa.

E, pois o Senhor tão particular e com clareza quis que, com a sua proteção, se fundasse este mosteiro, parece-me que agirá muito mal e será muito castigada aquela que introduzir algum princípio de relaxamento na perfeição por Ele próprio estabelecida desde o começo e, pela sua graça, observada com tanta suavidade. Muito bem se vê que é tolerável: pode praticar-se com descanso e proporciona grande felicidade para viverem nesta paz as que quiserem a sós gozar de Cristo, seu Esposo. Sim, porquanto é isso o que hão de sempre pretender: viver sós com ele. Não serão mais de treze[88], pois tomados muitos pareceres, cheguei à conclusão de que convém ser assim, e tenho visto por experiência que, para manter o espírito agora reinante, e viver de esmolas sem peditório, não podem ser em maior número. Mais crédito deem sempre a quem, à custa de grandes trabalhos e com oração de muitas pessoas, procurou o que seria melhor. No grande contentamento, na alegria e pouca dificuldade em praticar a observância com que todas temos vivido nos anos decorridos desde que estamos nesta casa, tendo as irmãs muito mais saúde do que dantes, torna-se patente ser isto o que convém fazer. Se a algumas parecer áspero nosso gênero de vida, lancem a culpa à sua falta de espírito, e não ao que se observa aqui, pois pessoas delicadas e não sadias, porquanto fortes de espírito, com tanta suavidade o podem observar. Vão para outro mosteiro, onde se salvarão segundo o espírito que as anima.

---

88. Mais tarde determinou a santa que houvesse vinte religiosas em cada mosteiro, incluindo neste número três Irmãs de véu branco ou conversas.

CAPÍTULO 37

Trata dos efeitos que lhe ficavam na alma quando lhe fazia o Senhor alguma mercê. Dá, ademais, muito boa doutrina. Diz como se há de procurar e ter em muita conta adquirir mais um grau de glória. Por nenhum trabalho deixemos bens que são perpétuos.

1. Custa-me referir outras mercês do Senhor, já sendo tão grandes as que relatei, pois dificilmente se poderá crer que Deus as tenha feito à pessoa tão ruim como eu; mas, a fim de obedecer ao Senhor que mo ordenou e a Vossas Mercês[89], direi algumas coisas para glória sua. Praza a Sua Majestade que a alguma alma faça bem o ver que a criatura tão miserável tem querido o Senhor assim favorecer. Que não fará Ele por quem o tiver servido de verdade? Razão é para que se animem todos a contentar Sua Majestade, pois já nesta vida dá tais prendas de seu amor.

2. A princípio, cumpre entender que, nessas mercês outorgadas por Deus à alma, há mais e menos. Em algumas visões, a glória, o deleite e a consolação excedem tanto ao que o Senhor dá em outras, que pasmo de ver tanta disparidade no mesmo gozo, ainda nesta vida. Acontece, com efeito, ser tal a plenitude das delícias infundidas por Deus numa visão ou num arroubo, que parece impossível haver mais a ambicionar na Terra, e a alma é incapaz de desejar ou de pedir maior contentamento.

---

89. Os padres Pedro Ibáñez e Garcia de Toledo.

Entretanto, depois que o Senhor me deu a entender quão grande é a diferença que há no céu entre o que uns gozam e o que gozam outros, bem vejo que, também aqui em baixo, não há limitação no dar, quando ao Senhor apraz. Quisera eu, da minha parte, não ter medida em servir a Sua Majestade e gastar por Ele toda a minha vida, minhas forças e minha saúde, de modo a não perder, por culpa minha, um pouquinho de mais gozar. E assim digo: se me dessem a escolher entre padecer todos os tormentos imagináveis até o fim do mundo e depois subir um pequeno grau a mais na glória, ou, sem sofrimento algum, ir gozar de uma glória um pouco mais baixa, eu, de muito boa vontade, tomaria todos os tormentos a troco de gozar um pouquinho mais da compreensão das grandezas de Deus, pois vejo que mais o ama e louva quem mais o entende.

3. Não digo que não me contentaria nem me teria por muito venturosa de estar no céu, mesmo no último lugar, pois, tendo visto o que me fora aparelhado no inferno, compreendo que grande misericórdia me faria nisto o Senhor. Praza a Sua Majestade levar-me para seu reino, e não olhar meus grandes pecados! O que digo é que eu, ainda à custa de imensos sacrifícios, se estivesse ao meu alcance e o Senhor me desse graça para trabalhar muito, não quereria por minha culpa perder o mínimo grau de glória. Miserável de mim, que com tantas culpas tudo havia perdido!

4. Convém notar também que, em cada mercê – visão ou revelação – que me fazia o Senhor, ficava minha alma com grande lucro. Algumas visões, sobretudo, deixavam inúmeros proveitos.

De ver a Cristo, ficou impressa em mim sua excelsa formosura, e assim a tenho sempre. Para isto bastaria uma só vez; quanto mais fazendo-me o Senhor tão amiúde essa mercê! Ficou-me outro proveito inestimável e foi o seguinte. Tinha eu defeito assaz grande do qual me advieram danos consideráveis: ao começar a perceber que uma pessoa gostava de mim, se ma caía em graça, cobrava-lhe tanta afeição, que prendia em demasia a memória em sua lembrança. Não tinha intento de ofender a Deus, apenas gostava de ver e de pensar nela e em suas boas qualidades, mas era coisa tão prejudicial, que a alma com isto perdia muito. Depois que vi a grande formosura do Senhor, nunca mais achei quem – comparado a Ele – me parecesse formoso, ou pudesse ocupar meu espírito. Só com um volver de olhos interior à imagem que guardo na alma, fico com tanta liberdade neste ponto, que tudo quanto vejo desde então se me afigura digno de asco comparado às excelências e graças que acho no meu Senhor! Não há ciência nem regalo de espécie alguma que me pareça estimável, a par do que é ouvir uma só palavra daquela boca divina! E quanto mais, quando tantas tenho ouvido! A menos que o Senhor, por meus pecados, tire-me essa lembrança, tenho por impossível ocupar alguém meu pensamento de modo a não me achar livre, por um pouquinho que me recorde deste Senhor.

5. Aconteceu-me a alguns confessores mostrar amizade, porque sentia segurança e sempre quero muito aos que governam minha alma. Como, em verdade, os considero representantes de Deus, é a eles que mais se afeiçoa meu coração. Por serem circunspectos e servos de Deus, eles temiam que houvesse apego em demasia nessa afeição, embora santa, e eram rigorosos comigo. Isso sucedeu depois que comecei a viver por inteiro sujeita à obediência dos diretores, pois antes não lhes cobrava tanto afeto. Ria comigo mesma, vendo-os assim tão enganados, e tratava de os sossegar, embora nem sempre lhes dissesse com clareza a que ponto me sentia e estava desprendida de tudo. Dentro de pouco tempo, à medida que falavam mais comigo, conheciam eles de quantas graças eu era devedora ao Senhor e deixavam dessas suspeitas que, aliás, só ocorriam no princípio.

Ao ver o Senhor e com Ele conversar com tamanha constância e por inteiro, comecei a cobrar-lhe maior amor e confiança. Compreendi que é Deus, mas é também Homem e não se espanta das fraquezas dos homens, pois bem conhece nossa miserável natureza sujeita a muitas quedas em consequência do primeiro pecado que Ele veio reparar. Embora seja Senhor, posso tratar com Ele como com um amigo. Verifiquei que não é como os potentados da Terra, que fazem consistir todo o seu poderio no aparato externo. Marcam os dias e horas para suas audiências e só certas pessoas lhes podem falar em particular. Se um pobrezinho tem algum negócio, à custa de quantos rodeios, empenhos e trabalhos o chega a tratar! E que será falar com o Rei! Aqui, se proíbe a entrada à gente pobre e sem brasões; não há remédio senão recorrer aos mais privados que, por certo, não serão pessoas que têm o mundo debaixo dos pés, porquanto os desta têmpera não temem, nem devem, e por isso dizem as verdades: não são feitos para os palácios onde não se deve usar de tal franqueza. Na corte é forçoso calar o que se desaprova, e nem sequer se ousa ter pensamento contrário, pelo receio de ser desfavorecido.

6. Ó Rei da glória e Senhor de todos os reis, vosso império não é uma armação de pauzinhos; é reino que não tem fim! Como não há necessidade de terceiros para chegar a Vós! Só de contemplar vossa pessoa, logo se vê que sois o único que mereceis ser chamado Senhor. É tal a majestade que mostrais, que não há necessidade de séquito nem de gente de guarda para dar a conhecer que sois Rei. É pouco provável que um rei da Terra, ao estar só, se fará reconhecer como tal; por mais que se queira dar a conhecer, não o acreditarão, pois, em si mesmo, não tem mais que os outros. É mister que se veja aparato régio para crer, e assim é justo que use de certas pompas que conferem autoridade, pois se não as tivesse, não o respeitariam. É que não lhe vem de si a aparência de poderoso: de outros lhe há de vir a autoridade.

Ó Senhor meu! Ó Rei meu! Quem saberia representar agora a majestade que tendes! É impossível deixar de ver que sois imperador por Vós mesmo. Enche de assombro a vista de Vossa Majestade; mais espanta, porém, Senhor meu, a par de tanta grandeza, ver vossa humildade e o amor que mostrais a uma criatura como eu. Em tudo podemos tratar e falar convosco como quisermos, desde que passa o primeiro espanto e temor de ver a Vossa Majestade, ficando-nos, entretanto, outro maior temor para nunca mais vos ofendermos. Não é, porém, por medo de castigo, Senhor meu, porquanto este em nenhuma conta se tem em comparação do mal que é perder a Vós.

7. São esses os efeitos dessa visão, sem falar em outros bens consideráveis que deixa na alma. Se é de Deus a mercê, logo se entende pelos efeitos quando a alma tem luz; pois, como tenho dito diversas vezes, em certas ocasiões quer o Senhor que esteja em trevas e privada dessa claridade, de modo que não é de admirar que tema quem, como eu, se vê tão sem virtudes. Aconteceu-me agora mesmo passar oito dias, de tal sorte que parecia não haver em mim vislumbre de conhecimento do que devo a Deus, nem lembrança de suas mercês. Tinha a alma tão néscia e absorta não sei em que, nem como – não com maus pensamentos, mas incapaz de os ter bons –, que me ria de mim, e gostava de considerar a baixeza da criatura quando não anda Deus sempre a nela agir. Bem vê a alma que não está sem Ele nesse estado, pois não é como nas grandes tribulações que me acometem por vezes, como já referi; mas, embora lance lenha e faça o pouco que está a seu alcance, não consegue atear o fogo do amor de Deus.

Por grande misericórdia divina, ainda há e aparece fumaça para que ela perceba não estar esse fogo de todo extinto. Só o Senhor o torna a acender porque, então, por mais que a alma se esforce, sopre e conserte a lenha, parece que mais o abafa com suas diligências! Creio que o melhor é render-se por inteiro e reconhecer que, só por si, de nada é capaz, e ocupar-se, como já disse, em outras obras meritórias. É, porventura, para que a elas se entregue e entenda por experiência própria quão pouco de si pode, que lhe tira o Senhor a oração.

8. Certo é que me regalei hoje com o Senhor, e ousei queixar-me de Sua Majestade, dizendo-lhe: Deus meu! Não basta que me conserveis presa nesta vida miserável, e que por vosso amor eu o aceite e me submeta a viver onde só encontro embaraços para vos gozar, onde sou forçada a comer, dormir, ocupar-me de negócios e tratar com todos? Bem sabeis, Senhor meu, ser para mim tormento imenso que, entretanto, suporto por amor a Vós. E é possível que nos poucos momentos que me restam para estar convosco, ainda vos escondais de mim? Como conciliar isso com a vossa misericórdia? Como o pode sofrer o amor que me tendes? Creio, Senhor, que se fora possível esconder-me de Vós como vos escondeis de mim, jamais consentiríeis, por esse amor que, segundo julgo e estou convencida, me tendes. Mas Vós estais comigo e sempre me vedes... Não pode ser assim, Senhor meu; reconhecei, suplico-vos, que é fazer agravo a quem tanto vos ama.

9. Estas e outras coisas me têm acontecido dizer, tendo sempre em vista, porém, quão benigno era o lugar que me estava preparado no inferno em comparação do que eu merecera. Algumas vezes, o amor tanto me desatina que não sei mais de mim, e é muito convencida que prorrompo nessas queixas; e tudo me permite o Senhor. Louvado seja tão bom Rei! Quem seria capaz de ir aos da Terra com esses atrevimentos? Ainda ao Rei, não me maravilho de que não se ouse falar, pois se lhe deve reverência, assim como aos senhores principais; mas, já anda o mundo de tal sorte que a vida é curta para aprender as etiquetas, novidades e fórmulas de polidez, se queremos gastar, por outro lado, algum tempo no serviço de Deus. Eu me benzo de ver o que se passa. O caso é que já não sabia como lidar com o mundo, quando aqui me encerrei, porque logo se leva a mal quando há descuido em dar às pessoas tratamentos muito superiores aos que merecem. Tão deveras o tomam por afronta que é preciso dar satisfações e justificar a intenção,

quando ocorre alguma inadvertência; e, ainda, praza a Deus que o creiam!

10. Torno a afirmar que, de fato, não sabia como viver. A pobre da alma chega a ficar cansada. Vê que lhe mandam ocupar sempre em Deus o pensamento, e que é necessário assim fazer para se livrar de muitos perigos. Por outro lado, sabe que não se há de apartar uma linha das etiquetas do mundo, sob pena de dar ensejo a tentações aos que puseram nesses melindres sua honra. Vivia eu já cansada, e era um nunca acabar de dar satisfações, porquanto não conseguia, apesar de toda atenção e do máximo estudo, deixar de nisto cometer numerosas faltas, as quais – repito –, no mundo não são consideradas leves.

E será que para as comunidades religiosas, onde seria justo haver dispensa neste ponto, se achará desculpa? Não, pois dizem que os mosteiros devem ser corte e escola de polidez. A falar a verdade, não posso entender isto. Penso que talvez algum santo tenha dito que hão de ser as casas religiosas cortes para formar os que querem ser cortesãos do céu, e inverteram o sentido das suas palavras. Com efeito, não sei como poderá quem, por justiça, deve estar de contínuo ocupado em contentar a Deus e aborrecer o mundo, andar com tais ocupações e com tão grande cuidado de agradar aos mundanos em coisas que variam tão amiúde. Ainda seria suportável se, de uma vez por todas, pudéssemos aprendê-las; mas até para o cabeçalho das cartas já é mister haver cátedra onde se ensinem os tratamentos ou títulos a dar e os modos de dizer. Ora se deixa a margem num lado do papel, ora no outro; e a quem se costumava tratar de magnífico já se há de chamar ilustre.

11. Não sei onde isto há de parar, pois não completei ainda cinquenta anos, e já tenho visto tantas mudanças que não sei mais viver. Que hão de fazer os que nascem agora se viverem muito? Por certo tenho pena dos que são espirituais e se veem por algum santo intento obrigados a viver no mundo; que terrível cruz têm nesta matéria! Se todos acordassem em se fingir

de ignorantes e consentissem em passar se por tais nessa ciência, de muito trabalho se livrariam.

12. Vejo agora em que tolices estou metida! Ao tratar das grandezas de Deus, vim a discorrer acerca das baixezas do mundo. Já que o Senhor me fez a mercê de o deixar, quero sair dele por inteiro. Lá se avenham os que com tanto trabalho sustentam essas ninharias. Praza a Deus que na outra vida, que é imutável, não as paguemos! Amém.

CAPÍTULO 38

Em que trata de várias grandes mercês que lhe fez o Senhor ao mostrar-lhe alguns segredos do céu, assim como de outras elevadas visões e revelações que Sua Majestade houve por bem conceder-lhe. Diz os efeitos que produziam e o grande aproveitamento que lhe deixavam na alma.

1. Certa noite, adoecida a ponto de querer dispensar a oração, tomei um rosário para rezar em voz alta, de modo a não recolher o entendimento, ainda que, no exterior, estivesse retirada num oratório. Quando, porém, o Senhor quer, de pouco valem nossas diligências! Ao cabo de bem pouco tempo sobreveio-me um arrebatamento do espírito com tanto ímpeto que não houve resistência possível. Parecia-me estar dentro do céu, e as primeiras pessoas que lá vi foram meu pai e minha mãe. Contemplei coisas tão sublimes em tão breve tempo como o de dizer uma Ave-Maria, que fiquei bem fora de mim, tendo por excessiva tal mercê...

Isto de ser em tão breve tempo não asseguro; seria mais, talvez; todavia, parece muito pouco. Temi alguma ilusão, contudo, não me parecia haver engano. Não sabia o que fazer porque tinha grande vergonha de ir ao confessor relatar isto, não por humildade, creio eu, senão pelo temor de que zombasse de mim e me perguntasse se eu era São Paulo ou São Jerônimo para ver as coisas do céu. Por haverem tido esses gloriosos santos coisas semelhantes, mais intimidada ficava eu e não fazia senão chorar de modo copioso porquanto me parecia disparate. Por fim, embora muito sentia, fui ao confessor, pois jamais ousei calar coisa alguma, por mais que me custasse dizê-la, pelo grande medo que tinha de ser enganada. Ele, como me visse tão aflita, muito me consolou com boas palavras de modo a me tirar toda pena.

2. Com o andar do tempo, aconteceu, e ainda acontece, algumas vezes, ir-me o Senhor mostrando maiores segredos.

Querer a alma ver mais do que se lhe representa é impossível, não há meio algum; assim, não via eu de cada vez senão o que me queria mostrar o Senhor. Era tanto que a menor parcela bastaria à alma para ficar deslumbrada e com muito proveito, estimando e tendo em pouco todas as coisas da vida.

Quisera eu poder dar a conhecer alguma parte mínima do que entendia nessas revelações e, ao pensar como o poderia exprimir, reconheço que é impossível. Só a diferença entre a luz que vemos e a que ora se me mostrara é tal, apesar de ambas serem luz, que não há comparação. Mesmo a claridade do sol parece muito desbotada. Em suma, não alcança a imaginação, por mais sutil que seja, pintar nem debuxar como é esse esplendor, nem coisa alguma das que o Senhor me dava a entender com tão soberano deleite que não se pode exprimir. Todos os sentidos gozam em tão alto grau e com tamanha suavidade que não se pode assaz encarecer e, portanto, é melhor calar-me.

3. Uma vez havia estado o Senhor assim, mais de uma hora, a mostrar-me coisas admiráveis; parecia não se poder tirar de meu lado. Disse-me: "Vê, filha, o que perdem os que são contra mim, não deixes de lhos dizer".

Ai, Senhor meu! Quão pouco aproveitam minhas palavras, os que se cegam com suas obras, se Vossa Majestade não lhes der luz! Algumas pessoas a quem esclarecestes tiraram proveito da comunicação que lhes fiz de vossas grandezas, mas, ao vê-las, Senhor meu, manifestadas à criatura tão vil e miserável, admiro-me de que me tenham crido. Bendito seja vosso nome e bendita vossa misericórdia pois, ao menos no que me toca, sensível melhora se tem operado em minha alma.

Depois de tais graças, quisera ela estar sempre junto de Vós e não tornar a viver porque grande desprezo me ficou de tudo o que há na Terra. Parece-me cisco, e vejo quão baixo descemos, ocupando-nos com coisas que passam.

4. Quando fazia companhia àquela senhora[90] já citada, certa vez sobreveio-me uma crise do coração com as fortes dores que – conforme deixei dito – costumava ter, mas de que não sofro mais. Por ser muito caridosa, a senhora quis que eu visse suas ricas e valiosas joias de ouro e pedrarias, mormente um adereço de diamantes deveras apreciado. Supôs ela que assim me proporcionava agradável distração. Mas eu me ria por dentro e, ao mesmo tempo, sentia pena, ao ver, dum lado, o que os homens estimam e, do outro, o que nos reserva o Senhor. Pensava que, mesmo com esforço, me seria impossível apreciar aquelas coisas, a menos que o Senhor me tirasse a lembrança de outras.

É grande senhorio esse para a alma, tão grande que – segundo creio – só o entenderá quem o tiver; é o natural e verdadeiro desapego que não nos advém de esforço nosso: é tudo obra de Deus. Mostra-nos Sua Majestade semelhantes verdades de tal maneira que se gravam em nosso espírito, e vemos ao claro que por nós mesmos não poderíamos adquiri-las assim em tão breve tempo.

5. Também fiquei um pouco temerosa da morte, que eu sempre temera muito. Parece-me ela agora coisa demasiado fácil para quem serve a Deus, pois, num momento, se vê a alma livre deste cárcere e posta em descanso. Fazer Deus evolar-se o espírito nesses arrebatamentos e mostrar-lhe coisas tão sublimes, afigura-se-me muito semelhante ao que se passa quando sai do corpo uma alma, e, num instante, se vê de posse de todo o bem. Não falemos das dores do último arranco, que delas

---

90. Dona Luiza de la Cerda, em Toledo.

nenhum caso se há de fazer; tanto mais que os que deveras tiverem amado a Deus e dado de mão as coisas desta vida, com mais suavidade devem morrer.

6. Penso que também me valeu muito esse gênero de visão para que me ajudasse a conhecer nossa verdadeira pátria e ver que aqui na Terra somos peregrinos. Grande coisa é contemplar o que há por lá e saber onde havemos de viver; porque, se alguém tem de se mudar para uma terra, de grande ajuda lhe é, para passar as fadigas da viagem, já ter visto que é lugar onde há de viver muito a seu descanso. Também deixa facilidade para considerar as coisas celestiais, e procurar que nelas esteja nossa conversação. Só o olhar para o céu produz recolhimento, porquanto, como aprouve ao Senhor mostrar uns vislumbres do que há por lá, a alma se põe a pensar no que viu. Por vezes, os que me acompanham e consolam são os que lá vivem, segundo me foi dado saber. Vejo-os como, de fato, vivos, enquanto os desta vida parecem-me tão mortos a ponto de que todo mundo, sinto, não me faz companhia, sobretudo quando tenho os ímpetos de que falei.

7. Tudo quanto vejo com os olhos do corpo é como se fora sonho ou farsa; o que já tenho visto com os olhos da alma, eis o que desejo, e, por estar tão distante, sinto-me morrer. Em suma, é grandiosa a mercê que faz o Senhor a quem dá semelhantes visões; são de muito proveito e ajudam a alma a levar sua cruz, que é deveras pesada porquanto nada a satisfaz, tudo a enfastia. Se o Senhor não permitisse que de quando em vez o esquecesse, ainda que volte logo a saudade, não sei como poderia viver. Bendito e louvado seja Ele para todo o sempre!

Praza a Sua Majestade – pelo sangue que seu Filho derramou por mim –, que, pois se dignou a dar-me a entender alguma parte de tão grandes bens e fazer-me começar de certo modo a gozar deles, não me aconteça como a Lúcifer, que, por sua própria culpa, perdeu tudo. Não o permita, por quem é! Não pouco temor tenho algumas vezes, embora, por outro lado, de muito ordinário encontre segurança na misericórdia de Deus, que, depois de me haver tirado de tantos pecados, não quererá soltar-me de sua mão para que eu me perca. Isso digo a Vossa Mercê para que suplique sempre.

8. As graças que ficam ditas não são tão grandes, a meu ver, como esta que agora direi, por conta das muitas causas e inapreciáveis bens que dela me ficaram, além de grande fortaleza na alma. Cada mercê, aliás, considerada de per si, é de tal valor que não se podem comparar umas com as outras.

9. Numa vigília do Espírito Santo, depois da missa, fui a um sítio bem apartado, onde me costumava retirar para ter oração, e comecei a ler num cartusiano[91] o trecho referente à festa. Ao chegar aos sinais que hão de ter os principiantes, os proficientes e os perfeitos para entenderem se está com eles o Espírito Santo, e ao ler o que se refere a esses três estados, pareceu-me, tanto quanto podia perceber, que, por bondade de Deus, não deixava Ele de estar comigo. Pus-me a louvá-lo, a recordar-me de que em outros tempos, ao ler o mesmo texto, via muito bem que estava destituída de tudo aquilo. Agora, pelo contrário, achava tudo em mim e conhecia as grandes mercês que do Senhor havia recebido. Nesse ponto, comecei a considerar o lugar que no inferno merecera pelos meus pecados; e dava muitos louvores a Deus, pois quase não reconhecia minha alma, a tal ponto se achava transformada. No meio dessas considerações, sobreveio-me possante ímpeto sem entender eu a sua causa. A alma parecia querer sair do corpo, não cabendo mais em si, nem se achando capaz de esperar tanto bem. Era ímpeto tão excessivo, que não podia resistir e, em meu parecer, diferente de outras vezes. Não entendia o que tinha a alma, nem o que pressentia, de tão alterada que estava. Busquei arrimo, porquanto, sem forças em absoluto, nem sequer sentada podia estar.

10. Ao assim estar, vejo sobre minha cabeça uma pomba bem diferente das de cá, não tinha penas nas asas senão umas

---

91. *A vida de Cristo*, por Ludolfo de Saxônia, monge cartuxo.

pequenas conchas que lançavam por toda parte grande esplendor. Era bem maior que uma pomba ordinária. Parecia-me ouvir o ruído que fazia com as asas: durou talvez o espaço de uma Ave-Maria. Já estava a alma em tal enlevo que, perdendo-se a si, a perdeu de vista.

Acalmou-se o espírito com a presença de tão bom hóspede, pois o ser tão maravilhosa a mercê, penso eu, era o que a princípio o tinha desassossegado e espantado. Mal começou a gozar, logo perdeu o medo e entrou em quietação com o gozo, ficando em êxtase.

11. Grandiosa foi a glória desse arroubamento. Fiquei o resto da Páscoa tão embevecida[92] e tonta que não sabia o que fazer, nem explicar como merecera, em minha baixeza, tão alto favor, tão insigne graça. Desde esse dia percebo em mim imenso aproveitamento, fiquei com mais elevado amor de Deus e com as virtudes mais fortalecidas. Seja bendito e louvado para sempre. Amém.

12. De outra vez, vi a mesma pomba sobre a cabeça dum padre da Ordem de São Domingos[93], com a diferença de que muito mais se estendiam os raios e resplendor de suas asas. Foi-me revelado que ele traria muitas almas para Deus.

13. Noutra ocasião, vi Nossa Senhora pôr um manto muito alvo no presentado dessa mesma ordem ao qual me tenho referido algumas vezes. Disse-me ela que dava tal manto porque fora servida por meio de seu auxílio à fundação deste mosteiro, e em sinal de que, para o futuro, guardaria a pureza de sua alma de modo a preservá-la de pecado mortal. Tenho por certo que isso se deu, e tanto quanto se pode entender é indubitável, tamanha a sua penitência nos poucos anos que ainda viveu e tamanha a santidade de sua morte. Um frade, que o acompanhava então, contou-me que ele, antes de expirar, lhe

---

92. No original: abobada.
93. O padre de que se trata nesta visão e na seguinte é, segundo atesta o Padre Graciano, o Padre Frei Pedro Ibáñez.

disse que era assistido por Santo Tomás. Morreu com grande gozo e desejo de sair deste desterro. Depois, algumas vezes me tem aparecido com muita glória, revelando-me várias coisas. Era tão sublime sua oração que, próximo ao seu fim, querendo distrair-se dela em razão da extrema fraqueza, porque tinha frequentes arroubamentos, não o conseguia. Escreveu-me pouco antes de morrer e perguntara de que meio se valeria, pois ao acabar de dizer missa, ficava arroubado por muito tempo, sem o poder evitar. Deu-lhe o Senhor, no fim, o prêmio do muito que o havia servido toda a vida.

14. Quanto ao reitor da Companhia de Jesus[94], de quem por vezes tinha feito menção, tive conhecimento de altas mercês que o Senhor lhe fazia, as quais não indico para não me alongar. Sofreu, certa feita, grande trabalho: foi muito perseguido e viu-se em extrema aflição. Ao ouvir a missa um dia, vi Cristo na cruz, durante a elevação da Hóstia; encarregou-me de lhe transmitir algumas palavras de consolo e outras de aviso do que estava por vir, lembrando-lhe quanto havia padecido por ele e animando-o a se preparar para sofrer. Deu-lhe isso muito consolo e ânimo, e tudo se passou depois como o Senhor me havia dito.

15. Dos da ordem desse padre, que é a Companhia de Jesus, e de toda a ordem junta, tenho visto grandes coisas. Por vezes, os vi no céu com bandeiras brancas nas mãos, além de outras coisas, repito, que deles tenho entendido, deveras admiráveis. Daí resulta que voto a essa ordem grande veneração, porquanto tenho tratado muito com os seus membros e vejo que sua vida corresponde ao que deles me deu a entender o Senhor.

16. Uma noite, quando orava, começou o Senhor a trazer-me à memória quão má tinha sido minha vida, dizendo-me algumas palavras que me infundiram grande confusão e pesar.

---

94. O Padre Gaspar Salazar, ou, segundo outros, o Padre Baltasar Álvarez.

Com efeito, ainda quando não proferidas com severidade, suas palavras causam tal mágoa e dor, que deixam a alma aniquilada. Uma só a faz progredir mais no conhecimento de si mesma do que muitos dias de meditação acerca de nossa miséria, porque todas têm um cunho de verdade a que não se pode resistir. Representou-me o Senhor as afeições tão frívolas que eu tivera e disse-me que devia considerar grande graça a que me fazia ao querer e admitir que lhe fosse dedicado um amor, outrora tão mal gasto, como era o meu.

Em outras vezes: que me recordasse do tempo em que eu parecia, em virtude de minha honra, em ir contra a sua. E ainda noutras: que ponderasse quanto lhe devia, pois quando Ele estava a me fazer mercês, maior ofensa recebia de mim. Incorrendo eu em alguma falta, o que não é raro, de tal maneira dá-me Sua Majestade luz para a perceber, que fico, por assim dizer, aniquilada e, como muitas vezes incorro, sucede isso amiúde. Acontecia-me ser repreendida pelo confessor e, ao querer buscar consolo na oração, achava aí a repreensão verdadeira.

17. Retomo o fio do que dizia. Como o Senhor me começou a trazer à memória minha ruim vida, pensei, no meio de minhas lágrimas, que talvez me quisesses fazer alguma mercê, pois na ocasião não me recordava de ter cometido falta recente. Digo assim porque, muito de ordinário, quando alguma particular mercê recebo, é depois de me ter eu aniquilado no interior. Penso que o Senhor assim faz para que eu melhor veja quão longe estou de as merecer.

Pouco depois, foi arrebatado meu espírito com tal ímpeto que me pareceu ficar quase de todo fora do corpo. De fato, em tal estado, se a alma continua unida ao corpo, não o percebe. Vi a humanidade sacratíssima com tão sobeja glória como jamais vira. Por uma notícia clara e admirável, se me manifestou estar em repouso no seio do Pai. Não saberei dizer como foi, porque, sem ver, sentia-me na presença daquela divindade. Tamanho fora o vigor com que me abalara, que passei muitos dias, ao que me recordo, sem poder voltar a mim e sempre parecia ver aquela majestade do Filho de Deus, embora – bem o percebia – não fosse como da primeira vez. Mas, por mais breve que haja sido, imprime-se sua presença na imaginação de maneira a, durante algum tempo, não se poder apagar. E daí resulta se ter não só grande consolo, como também muito proveito.

18. Mais três vezes recebi a mercê dessa visão. É, segundo me parece, a mais altiva das visões com que o Senhor me tem favorecido, e imensos são os efeitos benéficos que produz. Purifica por inteiro a alma e tira toda a força à nossa sensualidade. É chama possante que parece abrasar e aniquilar todos os desejos da vida. Conquanto, glória a Deus, já não os tivesse de coisas profanas, aqui me foi declarado com perfeição como tudo é vaidade e quão vãs são as grandezas da Terra. É ensinamento profundo que eleva os desejos à pura verdade. Deixa impressa uma reverência que não sei explicar, bem diferente de tudo quanto se pode adquirir aqui embaixo. Causa à alma grande espanto ver que teve – e outros têm – a ousadia de ofender a majestade do Altíssimo.

19. Já falei dos efeitos que causam as visões e outras graças; ademais, afirmei haver maior e menor fruto, o desta última é grandioso.

Quando me aproximava, desde então, para comungar, recordei-me daquela majestade infinita que tinha visto e considerei que é o mesmo Deus que está no Santíssimo Sacramento – tanto mais que muitas vezes quer o Senhor que o veja na Hóstia –, de modo que sentia que os cabelos se me eriçavam na cabeça. Ficava quase aniquilada. Ó Senhor meu! Se não encobrísseis vossa grandeza, quem ousaria ir tantas vezes juntar coisa tão suja e miserável com a vossa imensa majestade? Bendito sejais, Senhor! Louvem-nos todos os anjos e as criaturas todas, porquanto assim proporcionais vossas graças à nossa fraqueza para que gozemos de tão soberanas mercês sem nos deixarmos apavorar pelo vosso grande poder, como gente fraca e miserável, a ponto de nem ousarmos gozá-las.

20. Poderia acontecer-nos o que sei com certeza haver ocorrido a um lavrador que encontrara um tesouro. Ao ver-se, de súbito, possuidor de tantas riquezas que muito superavam seu mesquinho ânimo, por não saber como aproveitá-las entrou a se afligir, a ponto de pouco a pouco definhar, e afinal, vir a morrer. Se, ao invés de as achar juntas, as recebesse aos poucos, e com elas provesse à sua subsistência, viveria mais contente do que quando pobre e não teria perdido a vida.

21. Ó Riqueza dos pobres, com quão admiração sabeis sustentar as almas! Sem que vejam de uma vez tão grandes riquezas, pouco a pouco as ides mostrando!

Quando contemplo, desde então, majestade tão suprema dissimulada em coisa tão mesquinha como é a hóstia, não me canso de admirar tão excelsa sabedoria. Não sei como me atreveria a me aproximar do Senhor se Ele, que me fez e ainda faz tão grandes mercês, não me desse coragem e força. Sem Ele, tampouco poderia eu dissimular e deixar de dizer em altas vozes tão maravilhosos prodígios. Sim, que sentirá uma miserável como eu, carregada de abominação e que, com tão pouco temor de Deus, gastou a vida ao se acercar desse Senhor de tão imensa majestade nas ocasiões em que lhe apraz mostrar-se aos olhos de minha alma? Uma boca que ofendeu com tantas palavras o mesmo Senhor, como há de tocar naquele corpo deveras glorioso, cheio de pureza e piedade? Na verdade, muito maior é a mágoa e aflição da alma, por não ter servido a Deus, ao ver o amor que lhe mostra aquele rosto de tanta formosura com suma ternura e afabilidade, do que o temor que lhe causa a majestade que nele vê.

Mas ah! Quais foram meus sentimentos em duas ocasiões em que vi o que agora vou referir?

22. Em verdade, Senhor meu e glória minha, quase me atrevo a dizer que, de algum modo, pela imensa aflição que senti na alma, mereci alguma coisa em vosso serviço. Ai de

mim que não sei o que digo e quase não sou quem fala enquanto isto escrevo! É que me acho perturbada e como fora de mim, por trazer à memória semelhantes coisas. Se de mim viera o sentimento, bem poderia alegar ter feito alguma coisa por Vós, Senhor meu, mas já que nem bom pensamento pode haver se o não dais, nada fiz de minha parte: sou eu a devedora, Senhor, e Vós o ofendido.

23. Uma vez, quando chegava a comungar, vi com os olhos da alma mais ao claro do que se vê com os olhos do corpo, dois demônios de mui abominável figura que pareciam rodear com os corpos a garganta do pobre sacerdote. Vi meu Senhor, com a majestade que falei, na partícula que eu ia receber, posto naquelas mãos que com clareza conheci serem criminosas. Entendi estar aquela alma em pecado mortal.

Que seria, Senhor meu, ver vossa formosura entre figuras tão abomináveis? Estavam os demônios como amedrontados e aterrorizados diante de Vós, e creio que de boa vontade fugiriam se os deixásseis ir. Acometeu-me tão grande perturbação que nem sei como pude comungar e fiquei com grande temor, parecendo-me que, se fora visão de Deus, não teria permitido Sua Majestade que eu percebesse o mau estado daquele infeliz. Disse-me o próprio Senhor que rogasse por ele, assim havia permitido para me dar a entender quanta força tem as palavras da consagração, e como não deixa Deus de estar ali, embora seja mau o sacerdote que as pronuncia. Acrescentou que ponderasse sua grande bondade, que se põe em mãos inimigas só para bem meu e de todos.

Tive compreensão nítida de como os sacerdotes têm mais obrigação de ser bons do que os outros; vi que coisa atroz é receber o Santíssimo Sacramento com indignidade e a que ponto o demônio é senhor da alma em pecado mortal. Essa visão de grande proveito me foi; deu-me profundo conhecimento de quanto devia a Deus. Seja Ele para sempre bendito!

24. Aconteceu-me, de outra vez, um fato semelhante que me deixou demasiado aterrada. Ao estar em certo lugar, morreu um homem que, como vim a saber, vivera deveras mal durante muito tempo. Havia dois anos que andava enfermo e dera em alguns pontos mostras de se haver emendado. Morrera sem confissão, mas, apesar de tudo, eu não acreditava que devesse ser condenado. Enquanto lhe amortalhavam o corpo, vi que muitos demônios o agarravam e pareciam divertir-se com ele, torturando-o, espetando-o com grandes garfos e lançando-o de um para outro lado, o que me causou enorme pavor. Quando vi que o levavam a enterrar com as mesmas honras e cerimônias que os demais, considerei a bondade de Deus em não querer que fosse infamada aquela alma, nem conhecida como inimiga sua.

25. Eu estava atônita com o que tinha visto; durante todo o Ofício não avistei nenhum demônio; depois, quando baixaram o corpo à sepultura, era tanta a multidão dos que estavam dentro para nele pegar que fiquei fora de mim com aquela vista e tive necessidade de não pouco ânimo para dissimular. Considerava o que fariam naquela alma, quando do triste corpo se assenhoreavam de tal modo. Prouvera ao Senhor que todos os que estão em mau estado presenciassem, como eu, espetáculo tão horripilante! Penso que contribuiria muito para que se movessem a bem viver.

Tudo isto me faz mais conhecer o que devo a Deus e de que males me livrou. Fiquei muito temerosa, até que dei conta do caso a meu confessor, pois suspeitava de alguma ilusão do demônio para infamar aquela alma, embora não fosse tida por muito cristã. Verdade é que, não o tendo em conta de ilusão, sempre que me recordo desse fato, sinto temor.

26. Já que comecei a referir visões de defuntos, quero contar algumas coisas que o Senhor me revelou de várias almas. Direi poucas, para abreviar e por não ser necessário, quero dizer, porque não me parece haver proveito.

Disseram-se que tinha morrido um antigo provincial[95] nosso, com o qual eu tinha tratado e dele recebido alguns favores. Na ocasião da morte, governava outra província, e era pessoa de grande virtude. Com a notícia do falecimento, fiquei bem perturbada e temi por sua salvação, porquanto tinha sido prelado durante vinte anos, o que sempre me inspirava temor, por me parecer muito perigoso ter encargo de almas. Com grande aflição entrei num oratório. Dei-lhe todo o bem que tinha feito em minha vida – que bem pouco seria – e disse ao Senhor que suprisse com seus méritos o que faltava àquela alma para sair do purgatório.

27. Ao isto pedir ao Senhor, do melhor modo que podia, pareceu-me vê-lo sair das profundezas da terra a meu lado direito, e logo o vi subir ao céu com imensa alegria. Em virtude de ser bem velho, apareceu-me como tendo apenas trinta anos e até menos, com o rosto resplandecente. Foi rápida essa visão, mas deixou-me consolada em extremo: não pude mais ter pesar de sua morte, embora visse aflitas muitas pessoas, pois era muito querido. Tanta consolação sentia minha alma, que nada se me dava, nem podia duvidar de ser boa a visão; quero dizer, tinha certeza de não ser enganosa.

Não havia mais de quinze dias que tinha morrido. Não me descuidei, todavia, de procurar que o encomendassem a Deus e também o fiz, mas não com o fervor com que faria se não o tivesse visto, porquanto, quando o Senhor me mostra assim alguma alma e depois a quero encomendar a Sua Majestade, tenho impressão de que é dar esmola ao rico. Soube depois – porque morreu muito longe daqui – a morte que o Senhor lhe deu. Foi de tão grande edificação que deixou a todos admirados do conhecimento, lágrimas e humildade com que findou seus dias.

28. Tinha morrido no meu mosteiro, há pouco mais de um dia e meio, uma religiosa grande serva de Deus. Durante o Ofício de Defuntos que por ela se recitava no coro, uma

---

95. O Padre Gregório Fernandes.

religiosa lia uma lição, e eu, de pé ao lado, a ajudava a dizer o versículo, quando, no meio da lição, pareceu-me ver a alma, que saía do mesmo lugar que a precedente e ia para o céu. Não foi uma visão imaginária como aquela, senão das outras sem imagem, das quais já falei, que deixa tanta certeza quanto as que se veem.

29. Outra monja, de dezoito ou vinte anos, morrera no mesmo convento. Tinha vivido sempre enferma e era muito serva de Deus, amiga do coro e bem virtuosa. Estava eu certa de que não entraria no purgatório porque tinha passado por muitas enfermidades, antes, lhe sobrariam méritos. Durante as horas canônicas[96], antes que a enterrassem, ao decorrerem umas quatro horas depois da morte, vi que saía do mesmo lugar e ia para o céu.

30. Ao estar num colégio da Companhia de Jesus e padecer os grandes trabalhos de alma e de corpo que sofria algumas vezes – como já disse – e ainda sofro, sentia-me, de tal sorte, que me parecia nem sequer poder ter um bom pensamento durante a recitação das quatro horas menores do Ofício Divino que as religiosas rezam no coro, de manhã. Morrera durante a noite um irmão daquela casa, e estando eu como podia a encomendá-lo a Deus e ouvindo por ele missa de um padre da Companhia, sobreveio-me um grande recolhimento. Vi-o subir ao céu com muita glória e o Senhor ia com ele. Entendi que era particular favor ir acompanhado por Sua Majestade.

31. Um frade de nossa ordem, muito bom religioso, estava enfermo com gravidade. Quando eu ouvia missa, veio-me um recolhimento e vi que morrera e subira ao céu sem entrar no purgatório. Expirou na mesma hora em que tive a visão, como vim a saber depois. Admirei-me de não ter passado pelo lugar de expiação. Foi-me dado a entender

---

96. Durante a recitação das quatro horas menores do Ofício Divino que as religiosas, de manhã, rezam no coro.

que, por ter sido religioso que tinha correspondido bem à sua profissão, havia lucrado as Bulas da ordem referentes ao purgatório. Não sei por que razão entendi isto; deve ser, penso, porquanto o ser religioso não consiste no hábito, isto é, não basta vesti-lo para gozar dos privilégios do estado de mais perfeição que é a vida religiosa.

32. Não quero referir mais destas coisas, embora sejam muitas as que tenho visto por mercê do Senhor, pois – repito – não vejo utilidade. Mas, de todas as almas que me foram mostradas, nunca entendi que deixasse alguma de passar pelo purgatório, exceto esses dois padres, o santo Frei Pedro de Alcântara e o padre dominicano de que falei. De algumas almas aprouve ao Senhor mostrar-me os graus que têm de glória, revelando-me os lugares que ocupam no céu. É grande a diferença que há de umas a outras.

CAPÍTULO 39

Prossegue na mesma matéria ao dizer as grandes mercês que lhe fez o Senhor. Refere como Sua Majestade lhe prometeu favorecer as pessoas pelas quais intercedesse e como lhe concedeu esse favor em algumas ocasiões assinaladas.

1. Certa vez, ao muito importunar o Senhor por uma pessoa a quem devia obrigações, para que lhe desse vista, pois a tinha perdido quase por completo, sentia grande compaixão e receio de não ser atendida por causa de meus pecados. Apareceu-me o Senhor, como de outras vezes. Começou a mostrar-me a chaga da mão esquerda e, com a outra mão, tirava um grande cravo que nela estava metido. Parecia-me que, envolta com o cravo, arrancava também alguma carne e bem deixava ver sua grande dor, que muito me magoava. Disse-me que quem tinha passado aquilo por meu amor, sem dúvida, melhor ainda faria o que lhe pedisse. Prometeu-me nunca deixar de atender a meus rogos, pois já sabia que eu nada havia de pedir senão em vista de sua glória, e assim me concedia o que lhe suplicara. Fez-me ver que, mesmo quando eu não o servia, sempre me tinha concedido todas as graças que lhe pedira, melhor do que as sabia eu desejar. Quanto mais o faria agora, ao ter certeza do meu amor; não duvidasse eu, portanto, de suas promessas.

Em menos de oito dias, penso, restituiu o Senhor a vista àquela pessoa. Meu confessor logo o soube. Bem pode ser que não fosse devido às minhas orações, mas, como tinha tido essa visão, convenci-me de que a mim fizera Sua Majestade essa mercê e dei-lhe muitas graças.

2. Outra vez, passava mal uma pessoa[97] atacada duma enfermidade muito dolorosa, que não nomeio por ignorar de que natureza era. Havia dois meses que sofria tão cruciantes dores que se despedaçava. Meu confessor, que era o reitor já mencionado, foi à casa dela, teve grande compaixão e disse-me que não deixasse de ir vê-la porque era pessoa a quem podia visitar por ser meu parente. Fui e, à sua vista, senti tanta piedade que comecei, com muita instância, a pedir sua saúde ao Senhor. Vi com clareza, tanto quanto posso julgar, a mercê que me fez, porque logo no outro dia ficou o enfermo bom daquela dor por inteiro.

3. Tive, em certa ocasião, imenso pesar por saber que uma pessoa, a quem eu era muito obrigada, queria dar um passo deveras contra Deus e a própria honra, estando já muito resolvida a fazê-lo. Era tanta minha aflição que não sabia que remédio empregar para dissuadi-la, pois parecia não haver meio algum. Supliquei a Deus, muito de coração, que Ele mesmo remediasse, mas, enquanto não via passado o perigo, não encontrava alívio minha mágoa.

Neste estado fui a uma ermida bem apartada, como as temos neste mosteiro e, ao ficar na de Cristo atado à coluna e suplicar-lhe que me fizesse essa mercê, ouvi que me falavam em voz muito suave à semelhança dum murmúrio. Assombrada, arrepiaram-se os meus cabelos. Queria entender o que me diziam, mas não consegui, porquanto foi coisa muito rápida. Passado o assombro, que foi momentâneo, senti no interior tal sossego, gozo e consolo que me admirei de que só com ouvir uma voz – que isto percebi com os ouvidos corporais –, sem entender palavra, tão grande efeito se produzisse na mi-

---

97. Dom Pedro Mexia, primo da santa.

nha alma. Compreendi que minha súplica seria atendida e, embora nada ainda houvesse mudado, deixei de sentir pesar, tal qual se vira feito o que desejava, como depois se realizou. Contei aos meus confessores[98], que eram dois grandes letrados e servos de Deus.

4. Soube que uma pessoa que resolvera servir de verdade a Deus e, durante algum tempo, se dera à oração, ao receber muitas mercês do Senhor, tinha deixado esse santo exercício por certas ocasiões bem perigosas, das quais não se apartara. Deu-me isto imensa pena pela pessoa a quem eu queria e devia muito. Durante mais de um mês, salvo engano, não fazia eu senão suplicar a Deus que tornasse essa alma para si. Pondo-me em oração, um dia, vi junto de mim um demônio que, com muita raiva, fez em pedaços uns papéis que tinha na mão. Isto me deu grande consolo, parecendo-me ter alcançado o que pedia. Assim foi, pois soube mais tarde que se havia ela confessado com grande contrição, voltando-se tão deveras para Deus que, espero em Sua Majestade, há de ir sempre em progresso. Amém.

5. É deveras amiúde converter Nosso Senhor, a meu pedido, as pessoas que estão em pecado grave e trazer outras a mais perfeição. Quanto a livrar almas do Purgatório e conceder-me outras coisas assinaladas, são tantas as mercês que me tem feito o Senhor, que, se houvesse de dizer todas, seria cansar a mim e a quem me lesse. É coisa muito notória, da qual há numerosas testemunhas. Não podia eu deixar de crer que o Senhor o fazia por minha oração, sem falar em sua bondade, que é o principal. Logo me vinha muito escrúpulo; mas já são tantos os fatos e tão conhecidos por outras pessoas, que não me dá pena crê-lo assim. Louvo, pois, a Sua Majestade e fico confusa, porquanto me reconheço por mais devedora; e com isto, em meu parecer, cresce em mim o desejo de servi-lo e torna-se mais vivo o amor. O que mais me admira é que, ao se

---

98. Os padres Garcia de Toledo e Domingos Báñez, ambos dominicanos.

tratar de coisas que o Senhor vê não serem convenientes, por mais que eu queira e me esforce, não consigo pedi-las com a mesma instância, o mesmo zelo e fervor dos pedidos de outros favores que Sua Majestade me há de conceder. Quanto a estes, sinto que os posso solicitar inúmeras vezes, com insistência; e se não ando com tal desvelo, parece que me fazem sempre tê-los presentes.

6. É grande a diferença que há entre esses dois modos de pedir. Não sei como o declarar. Algumas vezes, embora peça – pois não deixo de procurar interceder junto ao Senhor, mesmo sem sentir em mim o fervor ordinário –, por mais que me interesse o negócio, sou como uma pessoa que tem atada a língua e quer falar, mas não pode, ou, se fala, é de modo que bem percebe não ser entendida. Outras vezes, é como quem fala em voz clara e distinta a quem vê que de boa vontade o está ouvindo. Do primeiro modo, pedimos como em oração vocal, digamos assim; do outro, em elevada contemplação, na qual o Senhor faz sentirmos que nos ouve, que recebe nossas súplicas e folga de no-las deferir.

Seja Ele bendito para sempre, que tanto dá e tão pouco lhe dou eu. Com efeito, que pensa, Senhor meu, quem não se desfaz todo por Vós? E quanto, quanto, quanto – e outras mil vezes o posso dizer – me falta para isto! Não vivo conforme ao que vos devo, e só por essa razão não havia de desejar viver, sem falar em outras muitas razões. Com quantas imperfeições me vejo! Que frouxidão em vosso serviço! É certo que algumas vezes, creio, quisera estar fora de meu juízo, para não entender tanto mal de mim. Aquele que pode, dê remédio!

7. Ao estar na casa daquela senhora[99] de quem falei, tinha necessidade de andar com cuidado e considerar sempre a vaidade que há em todas as coisas da vida, porquanto era muito estimada e recebia muitos louvores. Poder-me-ia apegar

---

99. Dona Luísa de la Cerda.

a muitas coisas se pusesse em mim os olhos, mas só os punha naquele que vê tudo conforme a verdade e suplicava-lhe que não me deixasse de sua mão.

8. Por falar em verdadeira vista, penso nos grandes trabalhos que sofrem em tratar com as criaturas aqueles a quem Deus elevou ao conhecimento da verdade acerca de todos os bens deste mundo, onde ela anda tão encoberta, como me disse o Senhor uma vez. Quero deixar declarado que muitas coisas das que aqui escrevo não são de minha cabeça, senão ouvidas desse meu mestre celestial. Mormente quando digo: Isto ouvi, ou disse-me o Senhor; tenho grande escrúpulo de pôr ou tirar alguma única sílaba que seja. Quando não me lembro bem de tudo com exatidão, escrevo-o como dito por mim; ou também porque algumas coisas serão minhas. Não chamo meu ao que é bom, pois sei que nada há em mim que o seja, exceto o que, tão sem merecimentos de minha parte, me tem dado o Senhor; chamo, pois, de "dito por mim" o que não me foi dado a ouvir em revelação alguma.

9. Mas ai, Deus meu! Quantas vezes queremos nas coisas espirituais julgar por nosso parecer, torcendo e forçando a verdade, como nas do mundo! Imaginamos que se há de regular nosso aproveitamento pelos anos que temos de algum exercício de oração, e até damos mostras de querer impor medida a quem sem medida alguma distribui seus dons quando quer, podendo, em meio ano, dar mais a uma alma do que à outra em muitos! Isto tenho verificado tanto em muitas pessoas que me espanto como possa haver dúvida a respeito.

10. Bem creio que não cairá nesse engano quem tiver talento para discernir os espíritos e tiver recebido do Senhor verdadeira humildade. Sim, porque julga pelos efeitos, examina a generosidade e o amor e, iluminado pelo Senhor para que o conheça, medirá, por esses sinais, o adiantamento e progresso das almas, e não pelos anos. Com efeito, em poucos meses pode um ter alcançado mais que outro

em vinte anos; pois, como digo, dá o Senhor suas graças a quem quer e também a quem melhor se dispõe. Vejo agora virem a este mosteiro umas donzelas bem jovens. Mal as tocou Deus com sua graça e lhes deu um pouco de luz e de amor, quero dizer, mal provaram as suavidades que, por algum tempo, lhes concedeu, corresponderam logo ao seu apelo. Sem se intimidarem com as dificuldades, sem nem sequer se lembrarem do pão de cada dia, encerram-se, para sempre, em casa sem renda, como quem não receia arriscar a vida por amor daquele de quem se sabem tão amadas. Deixam tudo, não querem ter vontade, nem temem viver descontentes em tanta austeridade e clausura. Todas juntas se oferecem a Deus em sacrifício.

11. De quão boa vontade aqui reconheço que me levam vantagem! Deveria eu andar envergonhada diante de Deus, porquanto o que Sua Majestade não conseguiu de mim em tantos anos decorridos desde que comecei a ter oração e receber mercês, consegue delas em três meses – e, de uma, até em três dias – com favores que lhes faz muito menores do que a mim, ainda que boa paga lhes dê Sua Majestade. E, sem dúvida alguma, não estão arrependidas do que por Ele fizeram.

12. Com o fim de nos humilharmos, quisera eu que trouxéssemos à memória os muitos anos de profissão ou de oração que temos, e não para atormentarmos aos que em pouco tempo vão mais adiante, fazendo-os voltar atrás para que meçam seus passos pelos nossos. Aos que voam como águias com as mercês que Deus lhes concede, não pretendamos fazer que andem como pintos amarrados. Ponhamos, pelo contrário, os olhos em Sua Majestade, e se virmos humildade nessas almas, soltemos as rédeas; o Senhor, que lhes faz tantas mercês, não permitirá que se caiam em algum precipício. Baseadas na verdade da fé que conhecem, abandonaram-se elas a Deus; e não as abandonaremos nós ao mesmo Senhor? Teremos a pretensão de medi-las por nossa bitola, de acordo com nosso mesquinho ânimo? Não seja assim; ao invés

de condená-las, humilhemo-nos, senão nos elevamos até os generosos feitos e propósitos que, por falta de experiência, mal logramos compreender. Sem isto, ao parecer ter em vista o proveito do próximo, ficamos sem o nosso e perdemos uma ocasião, fornecida pelo Senhor, para nos humilharmos e entendermos o que nos falta, de modo a ver quanto mais desapegadas e unidas a Deus devem estar essas almas, pois tanto se chega a elas Sua Majestade.

13. Não entendo, nem quero entender coisa alguma, senão que oração de pouco tempo que produz efeitos muito grandes (que estes logo se percebem, pois é impossível deixar tudo só para contentar a Deus sem grande veemência de amor), mais a quisera eu que a de muitos anos, quando esta no último dia está como no primeiro e nunca se resolve de modo positivo a fazer por Deus coisa que valha. É evidente, a menos que uns pequenos atos tão miúdos como grãozinhos de sal sem peso nem substância que, por assim dizer, um pássaro os levaria no bico, tenhamos por grandes obras e mortificações; digo isto porque fazemos caso de certas coisas que empreendemos pelo Senhor, tão insignificantes que seria lástima olhar para elas, ainda que fossem muitas.

É o que me acontece, ao passo que as mercês quiçá olvido a cada passo. Não digo que Sua Majestade, ao ser tão bom como é, não leve muito em conta essas pequenas obras; mas quisera eu não fazer caso delas, nem ver que as faço, pois nada são. Perdoai-me e não me culpeis, Senhor meu, pois alguma coisa me há de consolar, já que em nada vos sirvo; se em obras grandes vos servira, não faria caso de ninharias. Bem-aventurados os que vos dão glória mediante feitos magnânimos! Se houvesse algum merecimento na inveja que lhes tenho e no desejo que sinto de os imitar, não ficaria eu muito atrás em vos dar gosto; mas para nada presto, Senhor meu. Ponde Vós valor ao que há em mim, pois tanto me amais.

14. Aconteceu um dia destes que, ao chegar o Breve de Roma que autoriza este mosteiro a viver sem rendas, ficou

de todo concluída a fundação. Parece-me ter custado algum trabalho. Ao consolar-me por ver assim terminado tudo, lembrei-me de quanto sofri e louvei o Senhor que de algum modo se havia querido servir de mim; comecei a pensar em tudo que se tinha passado. Vi que em cada ato meu, que parecia de alguma importância, havia numerosas faltas e imperfeições, algumas vezes, pouco ânimo e, muito amiúde, diminuta fé. Sim, porque até esta hora vejo cumprido tudo quanto o Senhor me predisse acerca deste mosteiro; tampouco podia pô-lo em dúvida. Não sei como explicar. É que, muitas vezes, por um lado, parecia-me impossível; por outro, não podia duvidar, isto é, perder a fé de que se havia de fazer. Em suma, cheguei à conclusão de que o bem foi obra só do Senhor, e o mal, obra minha; e, assim, deixei de pensar no passado, e quisera não o trazer mais à memória para não tropeçar nas tantas faltas que cometi. Bendito seja aquele que, quando é servido, faz resultar bem de todas elas. Amém.

15. Torno a dizer que é perigoso alegar os anos que se têm de oração. Mesmo que haja humildade, pode ficar, penso eu, algum ressaibo ou pensamento de que se merece alguma coisa pelos serviços passados. Não digo que não haja merecimento e que não se receba boa paga, mas qualquer pessoa espiritual que imagine, pelos muitos anos de oração, ter adquirido direito a esses regalos de espírito, tenho por certo que não chegará ao cume. Não lhe basta ter alcançado que Deus a sustenha para o não ofender, como costumava antes de ter oração? Ainda lhe quer intentar demanda pelos seus dinheiros, como se costuma dizer? Pode ser que seja, mas a mim não me parece profunda humildade; antes, considero atrevimento, e, apesar de pouco humilde, creio que jamais ousei tal coisa. Será quiçá porque nunca servi a Deus, e, desse modo, não lhe tenho pedido salário; se, porventura, o tivesse servido, mais que nenhum outro quisera que me pagasse o Senhor.

16. Não digo que não cresça a alma e que Deus não a recompense se for humilde sua oração; o que peço é que

olvide os anos de serviço, pois tudo quanto podemos fazer é digno de asco em comparação com uma só gota de sangue que o Senhor por nós derramou. E se quem mais o serve, mais devedor lhe fica, que recompensa é essa que lhe pedimos, pois, por um maravedi[100] com que amortizamos nossa dívida, recebemos de novo mil ducados? Por amor de Deus, deixemos esses juízos que só a Ele pertencem. Sempre são más as comparações, mesmo nas coisas cá de baixo. Que será, então, no que só Deus sabe, como bem o mostrou Sua Majestade quando pagou tanto aos últimos como aos primeiros? (Mt 20,12).

17. Escrevi estas três últimas folhas em tão diferentes vezes e em tantos dias – visto, como já disse, serem poucos os meus lazeres –, que me ia esquecer do que queria relatar. É a visão seguinte:

Ao orar um dia, vi-me sozinha num vasto campo, rodeada de muita gente de todas as classes que – parecia-me – se preparavam para me agredir. Uns empunhavam lanças; outros, espadas; outros, adagas, e outros ainda estoques longos. Enfim, não me era possível sair por nenhuma parte sem me expor a perigo de morte, estava só, sem ninguém que tomasse meu partido. Cheia de aflição, por isso, e sem saber o que fazer, levantei os olhos ao céu e vi Cristo. Não estava no céu, senão no ar, bem alto, e estendia a mão para mim e me amparava, mesmo de longe, de tal maneira que eu não temia toda aquela gente; nem eles, por mais que quisessem, me podiam fazer dano.

18. Parece infrutífera essa visão e, entretanto, me fez imenso proveito, porquanto me foi dado compreender o que significava. Pouco depois, de fato, sofri assalto quase semelhante, e tomei conhecimento de então ser aquela visão uma imagem do mundo, onde tudo quanto há parece armar-se para ofender a triste alma. Não falemos nos que não servem muito ao Senhor,

---

100. Pequena moeda.

nem nas honras, riquezas, deleites e outras coisas semelhantes que, claro está, enredam, ou ao menos procuram enredar, os incautos; refiro-me aos amigos, parentes e – o que mais me espanta – a pessoas muito boas. Por todos me vi, depois, tão angustiada, pensando eles proceder bem, que não sabia como me defender, nem que partido tomar.

19. Oh! Valha-me Deus! Se me fosse dado contar os diferentes trabalhos de todo gênero que nesse tempo tive, isto é, depois do que atrás fica dito, como serviria de castigo para de todo aborrecermos o mundo!

Foi, creio eu, a maior perseguição das muitas por que tenho passado. Sim, repito, em certas ocasiões me vi tão apertada, que só achava remédio em erguer ao céu os olhos e chamar por Deus. Recordava-me bem do que tinha visto na referida visão; e bastante me serviu para não confiar muito em pessoa alguma, porque ninguém é estável senão Deus somente. Como então me mostrara, o Senhor, nesses grandes trabalhos, sempre me enviava alguém que me desse a mão, pois eu a nada me apegava e só a Deus desejava contentar. Assim fizestes para sustentar meu pequeno cabedal de virtude, que consistia tão somente em desejar servir-vos. Sede para sempre bendito!

20. Estava eu, uma vez, deveras inquieta e atrapalhada, sem me poder recolher, a sofrer grande assalto e lutar no interior, com o pensamento a vaguear por coisas imperfeitas, a ponto de nem sentir o desapego que me é ordinário. Como me vi tão ruim, entrei a temer que fossem ilusões as mercês que o Senhor me tinha feito. Estava, em suma, com a alma em completa escuridão. No meio dessa pena, começou-me a falar o Senhor e disse-me que não me afligisse; em me ver assim, entenderia que miséria seria a minha se Ele de mim se apartasse, e quão pouca segurança há enquanto vivemos nesta carne. Foi-me dada a compreensão de como é bem empregada essa guerra e contenda em vista de tal prêmio; e pareceu-me que o Senhor tinha lástima dos que vivemos neste

mundo. Acrescentou: que não me tivesse por olvidada; jamais me abandonaria, mas era mister fazer eu o que estivesse nas minhas mãos. Isto me falou o Senhor com muita benevolência e ternura, acrescentadas outras palavras em que me fazia grande mercê e que não há razão para repetir.

21. Inúmeras vezes me tem dito Sua Majestade, mostrando-me grande amor: *Já és minha e eu sou teu.*

O que eu sempre costumo repetir, e penso que com verdade, é: Que se me dá de mim, Senhor, senão de Vós? Causam-me essas palavras e regalos tão imensa confusão que, segundo já afirmei outras vezes e ainda agora o digo não raro a meu confessor, mais ânimo julgo necessário para receber tais mercês, que para passar enormes trabalhos. Na ocasião em que as recebo, estou quase olvidada de minhas obras; só tenho uma representação de minha miséria, sem discurso do entendimento, que, por vezes, também me parece sobrenatural.

22. Há dias em que me vêm umas ânsias de comungar tão fortes, que não sei se as poderia encarecer. Aconteceu que, em certa manhã, chovia tanto que não parecia possível, com tal tempo, pôr o pé na rua. Saí, contudo, porque não estava em meu mosteiro e já me sentia tão fora de mim com aquele desejo que, ainda que me apontassem lanças contra o peito, penso que as arrostaria, quanto mais água! Ao chegar à igreja, sobreveio-me um grande arroubamento. Pareceu-me ver os céus abertos e não apenas uma entrada, como tenho visto de outras vezes. Representou-se-me o trono de que já falei a Vossa Mercê e que mais de uma vez tenho contemplado e, acima dele, outro trono no qual, por um conhecimento que não sei exprimir, entendi estar a divindade, embora nada visse. Parecia-me descansar ele sobre uns animais, e o que estes significam penso já ter ouvido. Imaginei que seriam talvez figuras dos evangelistas (Ap 4,6-8). Não vi, porém, como era o trono, tampouco quem nele estava. Enxerguei apenas imensa multidão de anjos que me pareceram de incompará-

vel formosura em relação a todos quantos tenho visto no céu. Pensei que talvez fossem serafins ou querubins porquanto a beleza e a glória destes são superiores às dos outros. Pareciam inflamados. É grande – repito – a diferença entre os anjos. A felicidade de que então me senti inundada não se pode exprimir por escrito, nem sequer de viva voz: dela só pode ter ideia quem a houver experimentado.

Entendi estar ali, por junto, tudo quanto se pode desejar, mas nada vi. Disseram-me – e não sei quem o disse – que o que ali havia a fazer era compenetrar-me de que não podia entender coisa alguma e olhar como tudo era nada em comparação àquilo. Com efeito, desde então minha alma se envergonhava só de pensar que se poderia deter em alguma coisa criada, ou – o que seria pior – afeiçoar-se a ela, porque tudo me parecia um formigueiro.

23. Comunguei e assisti à missa nem sei como. Pensava que tivesse decorrido muito pouco tempo e espantei-me quando, ao som do relógio, vi que eram duas as horas que eu tinha passado naquele arroubamento e deleite. Maravilhava-me, depois, ao ver como, ao contato desse fogo de verdadeiro amor de Deus – que bem se vê é vindo do alto, pois, quando não o dá Sua Majestade, por mais que eu o queira, procure e me desfaça, não consigo acender nem sequer uma centelha –, parece que se consome o homem velho com as sua faltas, tibiezas e misérias. À semelhança da ave chamada fênix, que – segundo li – depois de queimada, renasce das próprias cinzas, a alma fica outra, com desejos diferentes e grande fortaleza; não parece a que era dantes; transformada, começa a trilhar com pureza de todo nova o caminho do Senhor.

Ao suplicar a Sua Majestade que assim acontecesse comigo e de novo começasse eu a servi-lo, disse-me Ele: "Boa comparação fizeste; cuida de não a esqueceres a fim de que procures aperfeiçoar-te sempre mais".

24. Doutra vez, ao ter a mesma dúvida que há pouco referi e pensar se seriam de Deus essas visões, apareceu-me o Senhor e disse-me com rigor: "*Ó filhos dos homens, até quando sereis duros de coração?*" Ordenou, em seguida, que uma coisa examinasse: se eu estava de todo entregue a Ele e era sua ou não; se assim estava e era, cresse que Ele não permitiria minha perda.

Fiquei deveras magoada com aquela exclamação. Tornou-me a dizer, com grande ternura e carinho, que não me afligisse, pois já sabia que, da minha parte, não deixaria eu de me oferecer a todos os trabalhos por seu serviço. Prometeu-me que se faria tudo o que eu solicitava e, com efeito, o que eu então lhe pedia se realizou. Disse-me ainda que visse como seu amor aumentava em mim, dia após dia, o que era prova de não ser obra do demônio; não pensasse que concedia Deus a este inimigo tanto domínio sobre a alma de seus servos, nem poder infundir a clareza de entendimento e a paz que eu tinha em mim. Deu-me a entender que, ao ouvir de tantas e tão autorizadas pessoas que essas mercês eram de Deus, faria mal em não lhes dar crédito.

25. Ao rezar, um dia, o salmo *Quicumque vult*[101], recebi a compreensão do modo pelo qual Deus é um só em três pessoas com clareza tamanha que muito me admirei e consolei. Fez-me imenso proveito para conhecer mais a grandeza de Deus e suas maravilhas; e assim, quando penso ou ouço falar da Santíssima Trindade, parece que entendo como pode ser, o que é para mim de muito contentamento.

26. Num Dia da Assunção da Rainha dos Anjos e Senhora nossa, dignou-se o Senhor fazer-me esta mercê: representou-se-me, num arroubamento, sua subida ao céu; vi a alegria e solenidade com que ela foi recebida e o lugar onde está. Seria incapaz de dizer como ocorreu isto. Foi excelso o gozo de meu espírito

---

101. O chamado símbolo de Santo Atanásio que se reza na Festa da Santíssima Trindade na hora de Prima.

com a vista de tão imensa glória. Fiquei com subidos efeitos, tirei por fruto maior desejo de padecer graves trabalhos e também vivas ânsias de servir a essa Senhora, pois tanto mereceu.

27. Ao estar num colégio da Companhia de Jesus enquanto comungavam os irmãos daquela casa, vi um pálio muito rico sobre suas cabeças. Isto aconteceu por duas vezes. Quando outras pessoas comungavam, não o via.

CAPÍTULO 40

Prossegue na mesma matéria e relata as grandes mercês que lhe fez o Senhor. Algumas encerram muito boa doutrina. Foi seu principal intento, como já disse, primeiro obedecer e depois relatar as graças que são proveitosas às almas. Com este capítulo termina a narração que escreveu de sua vida. Seja para glória do Senhor. Amém.

1. Certa vez em oração, senti tanto deleite interior que por me julgar indigna de tanto bem, de modo que comecei a pensar quão melhor merecia o lugar que tinha visto preparado para mim no inferno, pois, como disse, nunca me sai da memória o modo pelo qual nele me vi.

Com essa consideração, começou a mais se inflamar minha alma, e sobreveio-me um arrebatamento de espírito que não o sei descrever. Parecia-me estar mergulhada e cheia daquela majestade que já de outras vezes tenho entendido; e, nessa mesma majestade, se me deu a compreender uma verdade que é a plenitude de todas as verdades. Não sei dizer como porque nada vi.

Disseram-me – não sei quem, mas bem entendi ser a mesma verdade: – *Não é pouco isto que faço por ti: é uma das maiores graças de que me és devedora: porquanto todo dano que vem ao mundo é por não conhecerem os homens as verdades da Escritura com clareza, da qual nem um til se deixará de cumprir.*

Veio-me ao pensamento que sempre o havia crido e que todos os fiéis o creem. Tornou-me o Senhor: *Ah! Filha, quão poucos me amam com verdade! Se me amassem, não lhes encobriria Eu meus segredos. Sabes o que é amar-me de verdade? É compreender que é mentira tudo quanto não me agrada. Ao claro verás isto, que agora não entendes, pelo fruto que sentirás em tua alma.*

2. Assim tem sucedido, Deus louvado! Desde então, de tal modo me parece vaidade e mentira tudo que vejo não ir endereçado ao serviço de Deus, que não saberia exprimir a que ponto o entendo. Que lástima me fazem, quando os considero, os que vivem em trevas acerca desta verdade! Vieram-me, além disto, vários outros proveitos que relatarei aqui, e muitos outros que não saberei referir. Disse-me ainda o Senhor uma particular palavra de grandiosa benevolência. Não sei como foi, porque nada vi; mas verifiquei em mim uma mudança que tampouco sei dizer, e achei-me com invicta fortaleza e verdadeira resolução de cumprir, com todas as minhas forças, até a mínima parte da divina Escritura. Para isto, parece-me, nenhum obstáculo se apresentaria que eu não o superasse.

3. Dessa verdade divina que se me representou, ficou gravada em meu espírito uma verdade – sem eu saber como nem por quem – que me faz ter um respeito todo novo a Deus, porquanto dá a conhecer Sua Majestade e seu poder de maneira inexprimível. Sei apenas que ter tal conhecimento é dom de alto valor.

Fiquei com imensa vontade de não falar senão palavras muito verdadeiras e elevar-me acima do trato que se usa no mundo; e, assim, comecei a ter pesar de nele viver. Deixou-me essa graça com grande ternura, deleite e humildade. Parece-me, sem perceber como, que o Senhor aqui me deu em demasia. Não me ficou suspeita alguma de ilusão. Nada vi, mas compreendi o grande bem que há em não fazer caso de coisa que não sirva para mais nos chegarmos a Deus; e compenetrei-me do que é andar uma alma na verdade em presença da própria Verdade. Por meio desta compreensão, deu-me o Senhor a entender que é Ele a própria Verdade.

4. Todas essas coisas que referi me foram manifestadas ora por palavras, ora sem elas, embora as deste último gênero tenham, por vezes, mais clareza ainda do que as outras que, por palavras, se me foram ditas. Acerca dessa Verdade aprendi inúmeras verdades que muitos doutos não poderiam ensinar-me. Parece-me que estes nunca seriam capazes de as imprimir com tamanha vivacidade em meu espírito, nem conseguiriam dar-me a entender, tão ao claro, a vaidade do mundo.

Essa Verdade que, como digo, me foi manifestada, é verdade em si mesma, e é sem princípio nem fim. Todas as demais verdades dependem dessa Verdade, assim como todos os demais amores, desse Amor, e todas as demais grandezas, dessa Grandeza. Entretanto, é obscuro o que digo, em comparação à luz com que o Senhor mo quis dar a entender. É como resplandece o poder dessa Majestade, pois, em tão breve tempo, deixa tão grande proveito e tais verdades imprime na alma!

Ó Grandeza e Majestade minha! Que fazeis, Senhor meu, todo-poderoso? Vede bem a quem concedeis tão soberanos favores! Não vos recordais de que foi esta alma um abismo de mentiras, um pélago de vaidades, e tudo por minha culpa, pois, ao receber de Vós natural aborrecimento à mentira, eu mesma me enredara em muitas coisas mentirosas? Como se tolera, Deus meu, como se compreende tão excelso favor e mercê feito a quem tão mal vo-lo há merecido?

5. Ao certa vez estar nas Horas[102] com todas as religiosas, de súbito recolheu-se minha alma. Pareceu-me vê-la como um claro espelho que não tinha avesso, nem lados, nem alto, nem baixo. Estava toda luminosa e, no centro dela, foi-me dado contemplar Cristo Nosso Senhor como costumo vê-lo. Tive a impressão de que em todas as partes de minha alma o via com tanta nitidez como num espelho e, ao mesmo tempo, esse es-

---

102. Refere-se a Santa Madre à parte do Ofício Divino que se reza pela manhã.

pelho se esculpia por inteiro, não sei dizer como, no mesmo Senhor, por inefável comunicação de sumo amor.

Sei que me foi essa visão de imenso proveito, e ainda o é sempre que me volta à memória, mormente quando acabo de comungar. Foi-me dado a entender que estar uma alma em pecado mortal é cobrir-se esse espelho de densa névoa e ficar de todo negro, de modo a não refletir nem deixar ver esse Senhor, conquanto esteja Ele sempre presente a dar-nos o ser. Em relação aos hereges, está o espelho como quebrado, o que é muito pior do que tão somente obscurecido. É grande a diferença que há entre ver e exprimir essas coisas, porquanto mal se podem dar a entender. O certo é que tirei muito proveito. E que grande pesar tenho das vezes que, com minhas culpas, obscureci minha alma de modo a não ver esse Senhor!

6. Parece-me útil semelhante visão às pessoas que se dão ao recolhimento, pois ensina a considerar o Senhor no mais íntimo da alma. Essa representação interior prende mais e é muito mais frutuosa do que o buscá-lo fora de si, como tenho dito outras vezes. O mesmo ensinamento está escrito em alguns livros de oração que ensinam onde se há de buscar a Deus. Em especial, diz o glorioso Santo Agostinho: que nem nas praças, nem nos contentamentos, nem em parte alguma onde o buscava, o achou como dentro de si mesmo[103]. E é muito claro ser isto o melhor. Não é mister ir ao céu nem sair de nós mesmos, o que só serviria para cansar o espírito e distrair a alma sem auferir tanto fruto.

7. Um aviso quero dar aqui a respeito do que ocorreu nos grandes arroubamentos, para quem os tiver. Passado o tempo de união em que estão as potências arrebatadas por completo – e isto, como disse, dura pouco –, a alma permanece recolhida, incapaz de tornar a si, mesmo no exterior, e fica, entretanto, as duas potências, memória e entendimento, quase em delírio, de tão desatinadas. Eis o que, torno a dizer, acontece algumas

---

103. *Solilóquios*, capítulo 31.

vezes, sobretudo nos princípios. Procede isto, porventura, de nossa fraqueza natural que, por não poder sofrer tanta força de espírito, fica com a imaginação enfraquecida. Sei que isto se dá com algumas pessoas. Nessas ocasiões, acho bom que se vençam e deixem por ora a oração a fim de, noutra ocasião, recuperar o que houverem perdido; não insistam, porquanto daí lhes poderá vir muito mal. Disto e do quão acertado é olhar o que comporta nossa saúde, tenho experiência.

8. Em tudo há necessidade de experiência e de direção porque, chegada a alma a esses termos, encontra inúmeras dificuldades e precisa ter com quem o tratar. Se, ao buscar diretor, acabar por não o achar, creia que não lhe faltará o Senhor, pois não me faltou a mim, sendo eu quem sou. Com efeito, poucos mestres se encontram, creio eu, que tenham chegado à experiência de graças tão elevadas e, quando não a têm, são incapazes de dar remédio à alma sem a inquietar e afligir. Mas também isto o Senhor levará em conta e, portanto, o melhor é abrir-se com um confessor que seja digno, como já o disse outras vezes. Tudo que agora digo será, quiçá, amiudado, mas é que a memória não me ajuda e vejo que, mormente para mulheres, é muito importante dizer tudo ao próprio confessor. É muito mais a estas do que aos homens que o Senhor faz tais mercês. Isto ouvi do santo Frei Pedro de Alcântara e também o tenho observado. Dizia ele que neste caminho vão elas muito mais longe que os homens e dava disto excelentes razões, que não há mister repetir aqui, todas em favor das mulheres.

9. Certa vez, em oração foi-me dado a entender, com demasiada brevidade e sem representação visível – mas com extrema clareza – como se veem em Deus todas as coisas e como Ele as encerra por completo em si. Saber escrever como foi isto, não o sei; mas ficou muito impresso na minha alma. É uma das grandes mercês que me há feito o Senhor e das quais mais me causam confusão e vergonha em virtude da lembrança dos pecados que cometi.

Creio que se o Senhor tivesse se dignado de mostrar-me isto em outros tempos e o vissem os que o ofendem, nem eles nem eu teríamos coração e atrevimento para pecar. Tenho a impressão de ter visto o que vou dizer, sem poder, entretanto, afirmar que o vi de fato. Alguma coisa se deve oferecer à vista, já que poderei fazer a comparação que se segue; mas é por modo tão sutil e delicado, que o entendimento não o pode alcançar. Talvez eu mesma não saiba entender essas visões, que não parecem imaginárias, mas nas quais, ao menos em algumas, deve haver imagem até certo ponto. Como a alma está em arroubamento, não sabem depois as potências reproduzir o que ali lhes quis dar o Senhor a ver e a gozar.

10. Digamos, pois, que a divindade é como um diamante demasiado claro, muito maior que todo o mundo; ou como aquele espelho que representava a alma na visão antes referida; mas, aqui, é de modo tão superior e sublime que não o posso encarecer. Tudo quanto fazemos se vê nesse diamante, porque é de tal natureza que encerra tudo em si, e nada há que subsista fora de sua vastidão. Foi para mim um maravilhoso espetáculo ver, em tão breve espaço, tantas coisas juntas nesse claro diamante. E que grande lástima sinto cada vez que me recordo de ter considerado coisas tão feias, como eram meus pecados que se refletiam naquela claridade deveras límpida! O certo é que a essa lembrança não sei como posso resistir e, na ocasião, fiquei tão envergonhada que não sabia, creio, onde me meter.

Oh! Quem pudera dar a entender isto aos que cometem pecados muito feios e desonestos, para que se recordem de que não ficam ocultos! Com razão os sente Deus, pois na presença de Sua Majestade os cometemos e, com tanto desacato, nos desmandamos diante dele!

Vi com quanta justiça se merece o inferno por uma só culpa mortal; porque excede toda compreensão a extrema gravidade da ofensa que é pecar diante de tão excelsa Majestade a quem tanto repugnam coisas semelhantes. Mais resplandece também aqui a misericórdia do Senhor, pois vê que tudo isto sabemos, e, contudo, nos sofre.

11. Tenho pensado comigo: se só uma visão como essa deixa assim atemorizada a alma, que será no dia do juízo, quando ao claro essa mesma Majestade se manifestar a nós e nos fizer ver as ofensas com que a ultrajamos? Oh! Valha-me Deus! Em que cegueira tenho vivido! Quantas vezes tremi à lembrança do que acabo de escrever! Não se admire Vossa Mercê, senão de que eu ainda possa estar viva, a ver tais coisas e a pôr os olhos em mim! Bendito seja para sempre aquele que tanto me tem suportado!

12. Ao orar com muito recolhimento, suavidade e paz, parecia-me estar rodeada de anjos e demasiado próxima de Deus. Comecei a suplicar a Sua Majestade pela Igreja. Foi-me, então, dado a entender o grande proveito que havia de fazer uma ordem nos últimos tempos e com que fortaleza seus filhos hão de sustentar a fé.

13. Quando, em certa ocasião, rezava junto do Santíssimo Sacramento, apareceu-me um santo cuja ordem esteve um tanto decaída. Tinha nas mãos um grande livro, abriu-o e deu-me a ler as seguintes palavras escritas em letras grandes e muito inteligíveis: *Nos tempos vindouros florescerá esta ordem; haverá muitos mártires.*

14. Outra vez, durante as Matinas, no coro, vi diante de meus olhos seis ou sete religiosos que me pareceram dessa mesma ordem, com espadas nas mãos. Significava isto, penso, que hão de defender a fé, porquanto, mais tarde, ao orar, foi arrebatado meu espírito e pareceu-me estar num vasto campo onde lutavam muitos combatentes, e os dessa ordem pelejavam com grande fervor. Tinham os rostos formosos e demasiado incendidos; venciam deitando por terra numerosos inimigos e matando outros. Tive a impressão de que a batalha era contra os hereges.

15. Ao glorioso santo de que falei acima, vejo-o várias vezes; tem-me dito diversas coisas, agradecendo-me a oração que faço pela sua ordem e prometendo encomendar-me ao Senhor. Não assinalo as ordens para que não se agravem as demais. O Senhor declarará os nomes, se for servido de que se saibam; mas cada ordem ou cada um de seus membros de per si deveria esforçar-se para que, por seu meio, fizesse o Senhor tão ditosa a sua religião que, em tão grande necessidade como ora tem a Igreja, a pudesse servir. Felizes as vidas que se sacrificarem por tão nobre causa!

16. Rogou-me um dia certa pessoa que lhe alcançasse luz para conhecer se, ao aceitar um bispado, agradaria e serviria a Deus. Disse-me o Senhor depois da Comunhão: "Quando compreender com toda verdade e clareza que o verdadeiro poderio é nada possuir, então poderá aceitar", dando-me a entender que as pessoas destinadas às prelazias não as devem desejar em absoluto ou, pelo menos, não as hão de buscar.

17. Essas mercês, e muitas outras, tem feito e de contínuo faz o Senhor a esta pecadora. Penso que não há razão para as dizer todas, pois pelas que ficam ditas se pode conhecer minha alma e o espírito que me deu o Senhor. Seja bendito para sempre aquele que tanto cuidado tem tido de mim.

18. Disse-me uma vez, ao consolar-me com muito amor, que não me afligisse, pois nessa vida não podemos permanecer sempre no mesmo estado; umas vezes, teria eu fervor, e outras, não; ora sofreria desassossegos e tentações, ora gozaria de grande paz; mas pusesse nele minha esperança e não tivesse medo.

19. Entrei a pensar um dia se seria apego o achar contentamento em estar com as pessoas a quem abro minha alma e o ter afeição aos que considero muito servos de Deus, pois me consolava com eles. Disse-me o Senhor que se um enfermo, há pouco em perigo de morte, vê que lhe dá saúde o médico, não será virtude de sua parte não lhe ter gratidão e amizade. Que

seria de mim sem a assistência dessas pessoas? A conversação dos bons não prejudica. Fossem minhas palavras sempre ponderadas e santas, e, assim, não deixasse de tratar com eles, pois antes acharia proveito que prejuízo. Consolaram-me muito essas palavras, porquanto algumas vezes, por temer haver apego, queria deixar todas essas relações.

Sempre, em todas as coisas, me aconselhava este Senhor, a ponto de ensinar como me devia haver com os fracos e com algumas pessoas. Jamais se descuida de mim.

20. Sofro algumas vezes por me ver tão sem capacidade para seu serviço e forçada a perder tempo, mais do que quisera, com corpo tão fraco e ruim como é o meu. Estava eu uma vez em oração e, chegada a hora de dormir, sentia-me, de costume, com fortes dores e ameaças de vômito. Como me vi tão atada pelo corpo e, por outra parte, querendo o espírito tempo para si, fiquei tão atribulada que comecei a chorar, com demasiada aflição.

Não foi só essa vez; acontece-me amiúde sentir tédio de mim mesma e aborrecer-me deveras. Em geral, porém, vejo que não me odeio de sobejo, nem me privo do que me parece necessário. Queira Deus que eu não tenha muitas vezes alguma demasia nesse ponto! É bem provável.

Na ocasião a que me refiro, apareceu-me o Senhor a testemunhar-me muita ternura; disse-me que fizesse essas coisas por amor dele e me resignasse, pois ainda era necessária minha vida. Assim é que, tanto quanto me recordo, nunca me vejo em aflição desde que me determinei a servir com todas as forças a esse Senhor e Consolador meu que, se me deixa padecer um pouco, depois não me console tanto em virtude de não ter merecimento algum em desejar trabalhos.

Já agora não acho outra razão à vida senão o padecer, e é o que com mais amor peço a Deus. Digo-lhe algumas vezes com todo ardor da vontade: Senhor, ou morrer ou padecer, não vos peço outra coisa para mim. Dá-me consolo ouvir o relógio, porque me parece que estou um pouquinho mais perto de ver a Deus, tendo passado aquela hora de minha vida.

21. Outras vezes, estou de tal maneira que nem sinto viver, nem me parece ter vontade de morrer. É uma espécie de tibieza e obscuridade para tudo que tenho amiúde – como disse – em consequência de grandes penas interiores. Permitiu o Senhor que se tornassem públicas essas mercês que me faz Sua Majestade, como mo tinha predito há alguns anos. Com isto padeci em demasia, e até agora não é pouco o que tenho passado, como Vossa Mercê sabe, porquanto cada um o toma como lhe parece. É consolo para mim não ter sido culpa minha, pois tenho tido grande cuidado e até escrúpulo de não falar senão a meus diretores ou a pessoas a quem eles o tenham comunicado, e não por humildade, senão pela repugnância que senti de o contar, mesmo aos confessores.

Já agora, Deus louvado, embora murmurem muito de mim e com bom zelo – e alguns tenham medo de tratar comigo e até de me ouvir em confissão, e outros me digam coisas bem pesadas –, como entendo que por esse meio quis o Senhor dar remédio a muitas almas, segundo tenho visto com clareza e me lembro do muito que por uma só passaria o Senhor, muito pouco se me dá de tudo quanto dizem a meu respeito.

Não sei se contribui para esta paz haver-me Sua Majestade metido neste cantinho tão impenetrável[104], onde vivo como se já estivesse morta. Pensei que não houvesse mais memória de mim, mas não foi tanto como eu quisera, pois me vejo forçada a falar a algumas pessoas; contudo, como estou onde não me podem ver, parece-me que foi já o Senhor servido de me trazer a porto de segurança. Assim o espero de Sua Majestade. Por estar já fora do mundo, em pouca e santa companhia, olho tudo do alto, e já bem pouco se me dá do que possam falar ou saber de mim. Dou mais importância ao mínimo proveito duma alma do que a tudo quanto podem dizer a meu respeito;

---

104. O Mosteiro de São José de Ávila.

pois, desde que aqui estou, tem sido o Senhor servido que todos os meus desejos se encaminhem a esse fim. Tornou-se para mim a vida como um sonho, e quase sempre me parece estar sonhando o que vejo. Nem muito contentamento nem muita pena sinto em mim. Se algum sentimento me dão certas coisas, passa com tanta brevidade que me maravilho, de modo que em mim fica a impressão dum sonho.

E é a inteira verdade que, embora eu queira depois folgar com aquele contentamento ou ter pesar daquela pena, não está em minhas mãos, assim como não poderia uma pessoa discreta ter dor ou glória por um sonho que já passou. É que o Senhor já despertou minha alma e a arrancou daquilo que tanto sentimento lhe causava; por não estar mortificada nem morta para as coisas do mundo, não quer Sua Majestade que se torne ela a cegar.

23. Desta maneira vivo agora, senhor e padre meu. Supliquei, Vossa Mercê, a Deus que ou me leve consigo, ou me dê meios para o servir. Praza a Sua Majestade que o presente manuscrito aproveite a Vossa Mercê. Em razão dos poucos lazeres que tenho, custou-me algum trabalho; mas, por bem empregado o dou se acertei a dizer alguma coisa pela qual uma só vez alguém louve o Senhor. Com isto me daria por paga, ainda que Vossa Mercê logo o queimasse.

24. Desejaria, porém, que assim não fizesse sem que os vissem as três pessoas que Vossa Mercê sabe, pois são e têm sido confessores meus. Se é mau o que digo, convém que percam a boa opinião que têm de mim; se é bom, virtuosos e doutos como são, sei que, ao ver donde procede, hão de louvar aquele que se serviu de mim para dizê-lo.

Sua Majestade tenha sempre Vossa Mercê de sua mão e o faça um grande santo que, com seu espírito e luz, esclareça esta miserável, pouco humilde e muito atrevida, que ousou escrever acerca de tão elevados assuntos. Praza a Deus não tenha eu errado neste ponto, embora com intenção e desejo de obedecer, acertar e dar ocasião a que, por meu intermédio, se louve de algum modo o Senhor. Tal é o objeto de minhas súplicas, há muitos anos; e, como me faltam para isso as obras, atrevi-me a pôr em ordem e relatar essa minha desbaratada vida sem empregar mais cuidado nem tempo do que o justo e necessário para escrevê-la. Narrei apenas o que se passou comigo, com toda singeleza ao meu alcance.

Praza ao Senhor – pois, sendo onipotente, se quiser, pode fazê-lo – que em tudo eu faça por inteiro sua vontade; e não permita a perdição desta alma que, com tantos artifícios e indústrias, incontáveis vezes tem Sua Majestade tirado do inferno e trazido a si. Amém.

CARTA

que a santa escreveu ao Padre Frei Garcia de Toledo, remetendo o manuscrito da sua Vida.

J.H.S.

1. O Espírito Santo seja sempre com Vossa Mercê. Amém. Não seria mau encarecer a Vossa Mercê o serviço, que ora lhe presto, para obrigá-lo a ter muito cuidado de me encomendar a Nosso Senhor. Bem o poderia eu encarecer, tal foi meu sofrimento ao me ver retratada e ao trazer à memória tantas misérias minhas; embora, em verdade, possa dizer que mais senti escrever as mercês que tenho recebido do Senhor do que minhas ofensas contra Sua Majestade.

2. Obedeci ao que Vossa Mercê mandou, fui extensa, mas com a condição de que cumprirá, de seu lado, o que me prometeu, rasgando o que lhe parecer mal. Não o tinha acabado de ler, depois de escrito, e já Vossa Mercê o manda buscar. Pode ser que algumas coisas vão mal declaradas e outras estejam repetidas, porquanto disponho de tão pouco tempo que não podia reler à medida que escrevia. Suplico a Vossa Mercê que o emende e o mande copiar, no caso de o remeter ao Padre-mestre Ávila, porque poderia alguém conhecer a letra. Desejo muito que se faça de modo que ele o veja, pois foi com essa intenção que o comecei a escrever. Se lhe parecer que estou em bom caminho, ficarei muito consolada, pois terei feito o que estava a meu alcance. Em tudo faça Vossa Mercê como lhe parecer e como vir que está obrigado a fazer por quem assim lhe confia sua alma.

3. A de vossa mercê encomendarei por toda a minha vida a Nosso Senhor. Dê-se pressa, portanto, a servir a Sua Majestade, para me fazer favor, pois verá Vossa Mercê, pelo que aqui vai, quão bem empregado é dar tudo e a si mesmo – como já o começou a fazer –, a quem tão sem medida se dá a nós.

4. Seja ele bendito para sempre! De sua clemência, espero que nos havemos de ver onde mais ao claro, Vossa Mercê e eu, compreendamos as grandes misericórdias com que nos cumulou, e onde para todo o sempre o louvemos. Amém.

Acabou-se este livro em junho no ano de 1562[105].

---

105. Nesta data terminou Santa Teresa a primeira redação que escreveu, sem divisão de capítulos, a qual copiou mais tarde, e acrescentou os fatos posteriores. Seja deliberadamente, seja por inadvertência, a Santa Madre conservou no segundo manuscrito a data do original.

Conecte-se conosco:

- **f** facebook.com/editoravozes
- **◎** @editoravozes
- **𝕏** @editora_vozes
- **▶** youtube.com/editoravozes
- **☎** +55 24 2233-9033

www.vozes.com.br

Conheça nossas lojas:

www.livrariavozes.com.br

Belo Horizonte – Brasília – Campinas – Cuiabá – Curitiba
Fortaleza – Juiz de Fora – Petrópolis – Recife – São Paulo

EDITORA VOZES LTDA.
Rua Frei Luís, 100 – Centro – Cep 25689-900 – Petrópolis, RJ
Tel.: (24) 2233-9000 – E-mail: vendas@vozes.com.br